国家社会科学基金教育学一般项目
"地方高校延伸到县域办学与乡村振兴的耦合关系研究"
（BIA190164）资助成果

地方高校与乡村振兴耦合演进模式与机制研究

吕慈仙　李政　姚奇富◎著

中国社会科学出版社

图书在版编目（CIP）数据

地方高校与乡村振兴耦合演进模式与机制研究／吕慈仙，李政，姚奇富著． -- 北京：中国社会科学出版社，2024.12． -- ISBN 978-7-5227-4366-0

Ⅰ．F320.3

中国国家版本馆 CIP 数据核字第 20246SY589 号

出 版 人	赵剑英	
责任编辑	王　曦	
责任校对	阎红蕾	
责任印制	戴　宽	

出　　版	中国社会科学出版社	
社　　址	北京鼓楼西大街甲 158 号	
邮　　编	100720	
网　　址	http：//www.csspw.cn	
发 行 部	010-84083685	
门 市 部	010-84029450	
经　　销	新华书店及其他书店	

印刷装订	北京君升印刷有限公司	
版　　次	2024 年 12 月第 1 版	
印　　次	2024 年 12 月第 1 次印刷	

开　　本	710×1000　1/16	
印　　张	17.25	
插　　页	2	
字　　数	242 千字	
定　　价	96.00 元	

凡购买中国社会科学出版社图书，如有质量问题请与本社营销中心联系调换
电话：010-84083683
版权所有　侵权必究

序

  共同富裕是社会主义的本质要求，是人民群众的共同期盼，农民农村共同富裕是实现全社会共同富裕的重要组成部分。党的二十大报告提出全面推进乡村振兴，坚持农业农村优先发展，巩固拓展脱贫攻坚成果，加快建设农业强国，扎实推动乡村产业、人才、文化、生态、组织振兴。2018年，《中共中央 国务院关于实施乡村振兴战略的意见》对实施乡村振兴战略进行了全面部署。同年，教育部发布《高等学校乡村振兴科技创新行动计划（2018—2022年）》，提出"全面提升高校乡村振兴领域人才培养、科学研究、社会服务、文化传承创新和国际交流合作能力，为我国乡村振兴提供战略支撑"。2022年8月，教育部进一步提出高校面向新农业、新乡村、新农民、新生态，对接粮食安全、乡村振兴、生态文明等国家重大战略需求，服务农业农村现代化进程中的新产业新业态，促进专业设置与产业链、创新链、人才链的深度融合与有机衔接。2022年11月，国家乡村振兴局根据中共中央办公厅、国务院办公厅印发的《乡村建设行动实施方案》，指导组织实施"百校联百县兴千村"行动。2023年1月，《中共中央 国务院关于做好2023年全面推进乡村振兴重点工作的意见》提出，全面建设社会主义现代化国家，最艰巨最繁重的任务仍然在农村。地方高校作为我国高等教育的主要组成部分，承担着为地方培养人才、科学研究、社会服务、文化传承与创新等职能，并且在与区域经济社会发展联系紧密上有着与生俱来的优势。在新时代背景下，地方高校如何认识服务乡村振兴这一重大任务与时代使命？目前已经出现了哪几种主要模式？这些模式的运行状况、贡献状况、受支持状况、实施效果以及耦合关系等现状如何？这些模式有哪些特征，取得了哪些实践经验，背后存在哪些动力因素？这些都是实施乡村振兴战略的历史进程中需要我们系统解答的问题。

吕慈仙教授带领的研究团队开展了关于地方高校服务乡村振兴模式及动力的研究，具有十分重要的理论与现实意义，并在研究成果的基础上形成了这本专著。本书基于"三螺旋"理论，从混合组织视角将地方高校服务乡村振兴的运行模式提炼分为"研究院"模式、"学院"模式、"实践基地"模式三种主要模式。通过地方高校服务乡村振兴现状的调查问卷对三种主要模式的运行状况、贡献度、支持度以及实施效果等进行量化分析。从东部地区山东、浙江，中部地区湖北，西部地区贵州的部分地方高校官网中获取服务乡村振兴的各类数据、政策、案例等资料，并结合地方高校服务乡村振兴模式实施情况的访谈提纲对三种主要模式整体运行状况、典型案例进行质性分析，归纳各主要模式的实践经验，并探究其背后的"推力""拉力"等动力因素。为地方高校、县域政府以及乡村产业进一步完善相关政策，促进三方的协调发展和实现耦合成效的"螺旋上升"提供了理论指导和政策参考。

本书以习近平新时代中国特色社会主义思想为指引，以《中共中央 国务院关于实施乡村振兴战略的意见》为政策依据，提出以实现巩固拓展脱贫攻坚成果同乡村振兴有效衔接等为推进地方高校服务乡村振兴的工作准绳与具体抓手，从系统层面研究和出台地方高校服务乡村振兴的激励政策和制度体系，强化地方高校服务乡村振兴的"推力"和"拉力"等动力因素，提升两者耦合关系的"耦合度"和"协调度"，推进高等教育与乡村振兴协同互动。

本书最大的特点就是强调地方高校服务乡村振兴务必因校制宜、因地制宜、精准施策。地方高校的乡村振兴研究院（学院、实践基地）正是"大学、产业和政府"螺旋体系中诞生的创新型、交叉性的"混合组织"。各高校应当根据自身办学定位、学科专业特点以及当地区域乡村振兴的实际需求，通盘谋划、统筹兼顾，有的放矢地成立乡村振兴"研究院""学院""实践基地"等混合组织，找准服务乡村振兴的"切入点"。高校应该在学科建设、人才培养、科学研究、地方服务中寻找区域乡村振兴的"契合点"，突破"以我为主"或者"以区域为主"的单线思维，以各方共识打造满足乡村振兴需求的合作平台，完善"螺旋发展"的机制体制。教育主管部门、区域行政部门也应当针对不同类型高校制定差异化的分类管理和评价机制，不断拓展高校服务乡村振兴的知识空间、创新空间和共识空间。本书对我国地方高校有效服务乡村振兴战略具有丰富的启发性和鲜明的指导意义。

于国学馆

2024 年 5 月

目 录

第一章 问题的提出 …………………………………………（1）

第一节 研究的缘起与意义 ……………………………（2）

第二节 研究的思路与框架 ……………………………（7）

第三节 研究的方法与工具 ……………………………（9）

第四节 相关研究综述 …………………………………（15）

第二章 高等教育服务乡村建设的政策脉络 ……………（35）

第一节 "农村赋权放活"时期高等教育服务乡村相关政策（1978—2002 年） ……………………………（35）

第二节 "社会主义新农村建设"时期高等教育服务乡村相关政策（2002—2012 年） ……………………（45）

第三节 "乡村振兴战略"时期高等教育服务乡村相关政策（2012 年至今） ………………………………（58）

第三章 地方高校与乡村振兴耦合关系的理论构建 ……（76）

第一节 "推拉"理论及地方高校与乡村振兴耦合的动力机制 ……………………………………………（76）

第二节 "三螺旋"理论及地方高校与乡村振兴耦合的
　　　　共同演进 …………………………………………… (87)

第四章　地方高校与乡村振兴耦合的量化分析 ………………… (105)
　第一节　调查工具的形成与测量 ………………………………… (105)
　第二节　地方高校服务乡村振兴模式的运行现状 ……………… (116)
　第三节　地方高校服务乡村振兴模式的实施效果 ……………… (126)

第五章　地方高校服务乡村振兴"研究院"模式研究 ………… (131)
　第一节　"研究院"模式的整体状况 …………………………… (131)
　第二节　"研究院"模式的典型案例分析 ……………………… (144)
　第三节　"研究院"模式的实践经验与主要困境 ……………… (155)

第六章　地方高校服务乡村振兴"学院"模式研究 …………… (160)
　第一节　"学院"模式的整体状况 ……………………………… (160)
　第二节　"学院"模式的典型案例分析 ………………………… (172)
　第三节　"学院"模式的实践经验与主要困境 ………………… (183)

第七章　地方高校服务乡村振兴"实践基地"模式研究 ……… (188)
　第一节　"实践基地"模式的整体状况 ………………………… (188)
　第二节　"实践基地"模式的典型案例分析 …………………… (199)
　第三节　"实践基地"模式的实践经验与主要困境 …………… (206)

第八章　地方高校服务乡村振兴的"推拉"动力因素分析 …… (209)
　第一节　国家战略、区域发展的宏观"推拉"动力因素 ……… (210)
　第二节　地方高校、县域（乡村）发展的中观"推拉"
　　　　　动力因素 ……………………………………………… (216)
　第三节　高校教师、乡村农民发展的微观"推拉"
　　　　　动力因素 ……………………………………………… (225)

第九章　地方高校服务乡村振兴的政策建议 …………………（231）

参考文献 ………………………………………………………（245）

后记 ……………………………………………………………（266）

第一章 问题的提出

共同富裕是社会主义的本质要求，农民农村共同富裕是实现全社会共同富裕的重要组成部分。党的十九大报告提出"乡村振兴"战略，是一项关系全面建设社会主义现代化国家的全局性、历史性的任务，是新时代"三农"（农业、农村和农民）工作的总抓手。党的二十大报告提出全面推进乡村振兴，坚持农业农村优先发展，巩固拓展脱贫攻坚成果，加快建设农业强国，扎实推动乡村产业、人才、文化、生态、组织振兴。为此，2018年12月29日，教育部发布了《高等学校乡村振兴科技创新行动计划（2018—2022年）》，提出"全面提升高校乡村振兴领域人才培养、科学研究、社会服务、文化传承创新和国际交流合作能力，为我国乡村振兴提供战略支撑"。2021年和2022年的中央一号文件均提出支持高校为乡村振兴提供智力服务，实施高素质农民和乡村产业振兴带头人培育计划，培养科技人才和创新团队，优化高校学科专业结构，支持涉农高校和职业教育。2021年颁布的《中华人民共和国乡村振兴促进法》，是新时代做好"三农"工作的总抓手，为全面实施乡村振兴战略提供有力法治保障，强调坚持走中国特色社会主义乡村振兴道路，坚持乡村全面振兴，坚持农业农村优先发展，坚持城乡融合发展等。

同时，党的十九届五中全会确定"实现巩固拓展脱贫攻坚成果同乡村振兴有效衔接"是我国经济社会发展的重要目标和任务之一。国内外研究表明，乡村振兴的边际效应会越来越明显，单靠政府财政的外部生产要素投入很难实现广大农村的全面振兴。回顾党的十八大以来，我国高校积极投入脱贫攻坚战，走出了一条特色鲜明、成效显著的道路，主动将脱贫攻坚工作纳入教育事业部署，直接为乡村产业发展、生态文明建设、基层有效治理、乡村基础教育等提供资源、智力以及人才支撑，已然成为脱贫攻坚战略政策咨询研究的高端智库、体制机制改革的试验田、科技创新和技术供给的重要力量以及高层次人才培养的集聚高地。那么，在新时代背景下，我国高校，尤其是地方高校，如何认识服务乡村振兴这一重大任务与时代使命？如何积极面对乡村新发展阶段出现的问题，超前谋划、提前布局，以创新精神与务实笃行履行服务乡村振兴的重要职能？地方高校在服务地方乡村振兴过程中出现了哪几种主要模式？这些模式的运行状况、贡献状况、受支持状况以及实施效果等现状如何？这些模式有哪些特征，取得了哪些实践经验，又存在哪些内在耦合动力？这些问题都值得我们去探究。

第一节 研究的缘起与意义

一 研究的缘起

民族要复兴，乡村必振兴。习近平总书记指出全面实施乡村振兴战略的深度、广度和难度都不亚于脱贫攻坚，需要完善政策体系、工作体系和制度体系，更需要汇聚更强大的力量。国家乡村振兴局提出把"乡村建设"摆在社会主义现代化建设的重要位置，提出全面推进乡村的产业、人才、文化、生态和组织振兴，走中国特色社会主义的乡村振兴道路。国内外的诸多经验表明，教育是阻断贫困代际传递的治本之策。高等教育是教育脱贫攻坚的重要一环，是阻断贫困代际传递的关键之举。2021年4月30日，教育部等四部门指出脱贫攻坚中最鲜明的特色是整个教育系统师生干部接受了一场深刻的国情教育，所有的直属高校和部省合建高校尽锐出战、全员参战，培养锻炼了一大批深入基层、贴近群众的干部师生，把一篇篇论文写在大地上，一份份成果应用到脱贫攻坚中。脱贫摘帽不是终点，而是新生活、新奋斗的起点。2023年5月，习近平总书记给中国农业大学科技小院的同学们回信，表达了对新时代新征程上高等教育高质量发展、实现科技自立自强、加快建设农业强国、全面推进乡村振兴的深邃思考和殷切希望。国外发展经验也表明，高等教育是乡村实现发展和振兴的重要依靠力量。我国乡村振兴战略的实施也需要借助国内高校的优势资源，充分发挥"教育扶贫联盟""资源环境扶贫联盟"等各类联盟以及高校乡村振兴学院（研究院）等组织的作用。以英、美两国的乡村发展为例，乡村不仅需要生产方式调整、基础建设投入等，更需要依赖人力资源的充足保障（Bencheva et al.，2017）。贺雪峰（2014）认为围绕中产阶层品位和需求的乡村建设应由市场自发开展，更需要关注乡村的保底建设，如发展乡村教育等。王志远和朱德全（2023）认为教育服务乡村全面振兴是新时代的新认识与新定位，以本身的高质量发展跨界实现乡村的"全领域"振兴，以差异供给实现乡村的"全地域"振兴，以提质增效实现乡村的"全时域"振兴。国内大多数学者认为乡村振兴亟须高校提供如培育新型职业农民、提供科技智力支持（黄祖辉、钱泽森，2021）、培养乡村专业人才、提升乡村治理能力等方面的服务。

1862年，美国《莫雷尔法案》掀起了兴办"赠地学院"的热潮，随后形成的"威斯康星大学模式"，更是开启了高校服务地方的新职能。2021年2月，中共中央办公厅、国务院办公厅印发了《关于加快推进乡村人才振兴的意见》，提出完善高等教育人才培养体系，深入实施卓越农林人才教育培养计划2.0，加快培养拔尖创新型、复合应用型、实用技能型农林人才；用生物技术、信息技术等现代科学技术改造提升现有涉农专业，建设一批新兴涉农专业；引导综合性高校拓宽农业传统学科专业边界。党的十八大以来，教育部直属高校全部投入脱贫攻坚战，成为中央单位定点扶贫的一支重要力量，走出了一条特色鲜明、成效显著的高校服务乡村的道路。各地方高校面对本区域脱贫攻坚、乡村振兴的时代需求，也纷纷主动将相关工作纳入全校事业部署，寻求两者之间的连接点、共振区，主动调整办学定位和服务对象、优化学科布局和专业结构、调整人才培养方案，直接为乡村产业发展、生态文明建设、基层有效治理、乡村基础教育等提供智力服务和人才支撑。高校服务于乡村振兴在一定程度上可以追溯到西方的"三螺旋"理论（triple helix model）。该理论认为高校（或其他知识生产机构）与政府、产业能够有效形成合力来实现知识的生产、转化、升级以及在动态过程中"螺旋上升"，从而推动高校、区域经济社会的协同和可持续发展（Etzkowitz，1995）。Loveridge 等（2014）分析了美国赠地学院及分支机构，认为它们主动调整自身的角色，充分发挥自身的人力和智力资源，挖掘服务乡村建设的潜力，促进了乡村的繁荣，同时自身也得到了长足发展。薛二勇和国秀平（2018）认为教育对于乡村振兴既是手段也是目标，通过"扶志""扶智"，有效帮助村民树立保护传统文化、生态环境的理念，提升了农民的文化素质、职业技能等，积极参与到乡村的各项建设中，同时也增加了农民家庭的实际收入。中国高等教育已经进入普及化，地方高校服务乡村振兴既是基于教育系统所处的由各种利益主体与内外部环境要素相互交织的生态环境所决定的，也是乡村振兴的现实诉求。2022年8月，教育部进一步提出高校面向新农业、新乡村、新农民、新生态，对接粮食安全、乡村振兴、生态文明等国家重大战略需求，服务农业农村现代化进程中的新产业新业态，促进专业设置与产业链、创新链、人才链的深度融合和有机衔接。2022年11月，国家乡村振兴局根据中共中央办公厅、国务院办公厅《乡村建设行动实施方案》，指导组织实施"百校联百县兴千村"行动。那么，高校如何更好地以乡村人才和产业振兴等领域为己任持续释放助力乡村振兴的潜能，并以不同服务模式为载体拓展服务乡村振兴的有效路径？

二 研究的意义

(一) 理论意义

《中华人民共和国乡村振兴促进法》提出全面实施乡村振兴战略需要建立健全乡村振兴人才支撑的体制机制，鼓励和支持社会各界提供教育培训、技术支持、创业指导等服务。对高校在乡村振兴过程中的价值认识、服务模式以及实践路径等进行研究，能够进一步丰富和发展乡村振兴背景下高等教育的社会职能理论。国内外有关高校的地方化理论大多数是以中心城市为服务对象的。而在中国乡村振兴背景下，需要地方高校能够深入基层实现地方化，为乡村全面振兴提供智力支持。高等教育服务乡村振兴本身就是问题源流（Problem Stream）、政策源流（Policy Stream）和政治源流（Political Stream）的"三大源流"耦合结果，是高等教育实现高质量发展的必然诉求，也是全面实现乡村振兴的重要力量。本书结合高校服务脱贫攻坚、乡村振兴的时代使命，提出地方高校乡村振兴研究院（学院、实践基地）正是"大学、产业和政府"螺旋体系中诞生的创新型、交叉性的"混合组织"。通过分析地方高校乡村振兴研究院（学院、实践基地）的运行状况、贡献状况、受支持状况、实施效果以及"推拉"动力因素分析等来探究地方高校对县域（乡村）振兴的影响、相互作用与内在演进机制，能够进一步丰富和发展乡村振兴背景下高等教育的社会服务职能理论。

(二) 实践意义

实施乡村振兴战略是一项长期的历史性任务，我们必须保持很强定力和韧劲。本书课题组调研发现经过若干年的实践，中国高校服务乡村振兴主要有以下几种方式，包括党组织建设、人才振兴、产业提升、文化保护、生态恢复及医疗保健等。如 ZJ 大学中国农村发展研究院在平湖成立乡村振兴专家工作站，增强乡村基层党组织战斗堡垒作用，实现党建工作与乡村振兴的深度融合；HN 大学对建始县实施"甘露工程"，成立"本禹志愿服务队"开展支教活动，培育一大批乡村基础教育、职业教育骨干教师；ZM 学院对慈溪龙山镇古村落进行"整体复活"，保护其历史建筑风格、集民居文化以及农耕文明，挖掘和弘扬乡村优秀传统文化；ZN 大学成立浙江乡村振兴研究院，对接安吉实施"美丽乡村建设行动计划"，帮助农户打造优美人居环境；GZ 大学在八力镇卫生院建设远程会诊中心，定期选派专家到基层乡村开展现场诊疗以及医疗培训，让农户就医少跑路、少花钱。无数鲜活案例共同织就一幅高校扶贫助困、支农兴教、服务乡村振兴的奋斗画卷，高校以切实行动贯彻习近平总书记"扎根中国大地办教育"的重要指示，以持续努力响应教育部《高等学校乡村振兴科技创新行动计划（2018—2022）》的要求。目前，国内部分高校已成为服务乡村振兴战略政策咨询研究的高端智库、体制机制改革的试验田、科技创新和技术供给的重要力量以及高层次人才培养的集聚高地，为乡村振兴战略的实施提供坚实支撑和保障。本书将进一步为地方高校和县域政府更好地服务乡村振兴提供决策建议。分析县域政府在乡村振兴研究院（学院、实践基地）中扮演的角色、主要支持措施、乡村产业与高校合作状况、为高校教师和学生提供帮助等状况；分析地方高校乡村振兴研究院（学院、实践基地）对县域（乡村）承担农业产业关键技术的研发与创新、承担农业技术人员（新型职业农民、新型农业经营负责人）的培训状况、所设置的专业与县域（乡村）振兴主要产业结构的契合程度、帮助乡村脱困地区打造当地新产业和经济增长点、县域（乡村）文化发展的贡献等状况；分析地方高校服务乡村振兴主要模式的典型案例，总结提炼不同模式的主要特征、实践经验和现实困境。本书将为地方高校、县域政府更好地支持和服务乡村振兴提供相关决策参考，进一步提升高校服务乡村振兴各项事业的能力，同时促进地方高校、县域政府、乡村产业耦合发展并实现乡村振兴成效的"螺旋上升"。

第二节 研究的思路与框架

本书拟遵循研究基础→初步探索→理论提炼→实证研究→政策应用的研究思路，分步展开以下研究内容。第一，分析改革开放以来中国高等教育服务乡村建设的政策脉络；第二，借鉴国内外较为成熟的"推拉"理论和"三螺旋"理论来构建地方高校与乡村振兴的耦合关系；第三，借鉴国内外较为成熟的量表和访谈提纲，分析山东、浙江、湖北和贵州四省地方高校在服务乡村振兴过程中形成的几种主要模式以及主要模式的运行状况、贡献状况、受支持状况以及效果评价等；第四，针对四省地方高校服务乡村振兴主要模式的典型案例进行深入访谈，总结提炼不同模式的主要特征、实践经验和现实困境。第五，基于"推拉"动力因素进一步分析地方高校服务乡村振兴的动力和路径。

本书内容由以下九章构成：

第一章，问题的提出。这一章主要对研究背景和意义进行阐述，全面梳理国内外相关文献综述并对研究中涉及的核心概念进一步辨析及阐释，提出研究的思路与框架、研究的方法与工具。

第二章，高等教育服务乡村建设的政策脉络。这一章主要从"农村赋权放活"时期、"社会主义新农村建设"时期、"乡村振兴战略"时期三个历史阶段来全面梳理高等教育服务乡村建设的政策脉络，提出服务乡村振兴是地方高校的时代使命。

第三章，地方高校与乡村振兴耦合关系的理论构建。这一章主要运用"推拉"理论解释高校服务乡村振兴的各种"推力""拉力"等动力机制；运用"三螺旋"理论分析地方高校与乡村振兴之间耦合关系的可行性与实现路径，为后面几章的研究奠定理论基础。

第四章，地方高校与乡村振兴耦合的量化分析。这一章结合研究目的进行调查问卷设计，包括研究方法、研究工具、技术手段、调研过程等内容；然后，分析山东、浙江、湖北和贵州四省地方高校服务乡村振兴的几种主要模式以及主要模式的运行状况、贡献状况、受支持状况、效果评价等。

第五章，地方高校服务乡村振兴"研究院"模式研究。这一章综合调查数据、访谈资料和案例分析，阐述了四省地方高校服务乡村振兴"研究院"模式的整体情况，通过各省典型案例总结概括这种模式在服务乡村振兴过程中出现的主要特征、实践经验以及现实困境。

第六章，地方高校服务乡村振兴"学院"模式研究。这一章综合调查数据、访谈资料和案例分析，阐述了四省地方高校服务乡村振兴"学院"模式的整体情况，通过各省典型案例总结概括这种模式在服务乡村振兴过程中出现的主要特征、实践经验以及现实困境。

第七章，地方高校服务乡村振兴"实践基地"模式研究。这一章综合调查数据、访谈资料和案例分析，阐述了四省地方高校服务乡村振兴"实践基地"模式的整体情况，通过各省典型案例总结概括这种模式在服务乡村振兴过程中出现的主要特征、实践经验以及现实困境。

第八章，地方高校服务乡村振兴的"推拉"动力因素分析。这一章从国家战略、区域发展的宏观层面，从地方高校、县域（乡村）发展的中观层面，从高校教师、乡村农民发展的微观层面分析目前地方高校服务乡村振兴存在的主要"推力""拉力"等动力因素。

第九章，地方高校服务乡村振兴的政策建议。这一章针对地方高校、县域政府以及乡村产业提出进一步完善的政策建议，以促进三方的耦合发展并实现乡村振兴建设成效的"螺旋上升"。

第三节 研究的方法与工具

一 研究方法

(一) 文献研究法

本书系统收集和整理了新型城镇化发展的"推拉"理论以及高校、政府和产业发展的"三螺旋"理论等的国内外文献，同时系统查询国内有关高校服务乡村振兴等方面的文献。在研究过程中，首先，将国家对"乡村发展"和"乡村振兴"的相关政策进行了历史溯源与梳理，挖掘政策文本后面的意识形态、价值取向、利益关系等。其次，逐步厘清"地方高校"与"乡村振兴"两个关键词的内涵要素、结构功能以及存在的"三螺旋"关系，分析两者之间的相互影响。最后，为探索建立"地方高校"与"乡村振兴"之间贡献和支持状况、"推拉"动力因素、"三螺旋"共识空间的调查问卷和测量指标寻找理论依据。

(二) 定量定性混合研究法

在方法论的选择方面，本书采用了定量分析为主、定性分析为辅的主辅结合多元研究方法。

国内外学者在关于定量分析与定性分析研究方法的争论过程中，普遍认同它们具有各自的优势：定量分析适合探究某些因素对某社会现象是否存在影响以及影响的大小，而定性分析适合解释这种影响存在与否和大小的背后原因。本书在解释地方高校乡村振兴研究院（学院、实践基地）对县域（乡村）振兴是否存在影响、影响大小以及如何影响时，更多采用基于问卷调查的定量分析方法；而在探究这一影响背后的作用机制时将采用基于深度访谈等的定性分析方法。本书利用这两种方法的各自优势，以期完成研究目标。

二 研究工具

（一）定量研究问卷

由于研究条件的限制，笔者无法对全国所有高校进行调查。我们选择综合性高校、农业类高校以及高职院校等不同类型高校来研究对乡村振兴的影响。当然，影响是一个双向的过程，不仅要关注高校实际出台了什么具体政策、采取了什么实际行动，以及这些政策和行动产生了什么实际影响，而且要关注地方政府和乡村如何支持与反馈这些影响。在定量研究问卷设计环节，本书着力探究以下几个问题。

1. 地方高校乡村振兴研究院（学院、实践基地）对乡村振兴的贡献状况。内容包括承担农业产业关键技术的研发与创新，承担具有地理和地域特色的农业科研试验基地，承担农业技术人员、新型职业农民、新型农业经营负责人培训项目，所设置的专业与乡村振兴主要产业结构的契合程度，帮助乡村打造新产业和经济增长点的情况，对乡村文化的挖掘、发展和弘扬的贡献情况。

2. 县域政府对地方高校乡村振兴研究院（学院、实践基地）的支持状况。内容包括县域政府在乡村振兴研究院（学院、实践基地）中扮演的角色，县域（乡村）政府对地方高校支持的主要体现，县域政府对地方高校科研与社会服务方面的支持状况，当地企业与地方高校开展的合作状况，县域政府、企业对地方高校服务乡村产业的教师和学生提供的帮助状况。

3. 地方高校乡村振兴研究院（学院、实践基地）实施效果评价。内容包括学校优势特色学科，学校涉农学科的交叉与融合创新，县域（乡村）涉农产业产品的关键技术，县域（乡村）生态环境水平，高校对乡村振兴的科技服务机制，高校涉农专业的人才培养质量，教师"把论文写在大地上"的状况，培训县域（乡村）干部技术人才和新型农民状况，提升高校学生实习实训的教学效果状况，建立县域政府、地方高校、企业（产业）之间的综合协调机制状况。

4. 地方高校设立乡村振兴研究院（学院、实践基地）的主要"推力"因素分析。内容包括相关学科发展需要紧密联系乡村基层，相关科研成果转化需要结合乡村产业链，相关专业人才培养需要结合乡村实际，相关专业学生实习实训需要乡村基地，相关社会服务、培训需要针对乡村振兴的实际需求。

5. 地方高校设立乡村振兴研究院（学院、实践基地）的主要"拉力"因素分析。内容包括县域政府为乡村振兴研究院（学院、实践基地）提供政策支持，县域产业链有利于促进高校的学科专业交叉与融合发展，县域环境有利于高校培养"懂农业爱农村爱农民"的农业农村现代化建设接班人，县域产业有利于推进高校科技成果有效转化和产业应用，县域创业环境有利于吸引毕业生返乡开展农业农村领域的创新创业活动。

6. 地方高校乡村振兴研究院（学院、实践基地）服务乡村振兴困难分析。内容主要包括高校获得当地县域政府、企业（产业）的政策、经费、项目支持难度大，县域（乡村）产业相对落后，高校与企业开展实质性合作难度大、教师在乡村工作的文化环境和基础设施条件不佳，学生到县域（乡村）进行实习实训的交通不便利，学生到乡村实习实训的日常管理难度大、成本高。

（二）深度访谈问卷

地方高校与乡村振兴的相互影响是一个长期的过程，是一个逐步被相关利益者感受和认同的过程，是一个外部客观世界内化的过程。因此，我们需要深度挖掘相关利益者的内心想法，设计访谈提纲如下。

1. 针对地方高校的校领导和管理中层的访谈提纲：①贵校为什么会设立乡村振兴研究院（学院、实践基地）？为何选择当前这个乡镇？②您觉得贵校设立乡村振兴研究院（学院、实践基地），对推动县域新型城镇化、乡村振兴方面有哪些贡献？③您觉得设立乡村振兴研究院（学院、实践基地）对相关专业的学生培养有什么影响？如何让毕业生更加贴近当地经济社会发展需求？存在哪些问题？④您觉得设立乡村振兴研究院（学院、实践基地）对相关学科（学院）的科研和社会服务方面有什么影响？对于"把论文写在祖国大地"方面有什么促进作用？存在哪些问题？⑤根据您在实际工作中碰到或感受到的，您觉得乡村振兴研究院（学院、实践基地）总体效果如何？目前最大的困难是什么？您认为导致这些困难的主要原因是什么？⑥如果想要深入推进乡村振兴研究院（学院、实践基地），您觉得政府、学校等应出台哪些政策？制定哪些激励措施或提供哪些保障条件？

2. 针对乡镇（村）干部的访谈提纲：①目前，贵乡镇（村）在与什么高校开展乡村振兴研究院（学院、实践基地）建设？当时如何提出这种想法？②目前，贵乡镇（村）对于高校设立乡村振兴研究院（学院、实践基地）出台了哪些举措和政策？搭建了哪些平台？③高校设立乡村振兴研究院（学院、实践基地）对贵乡镇（村）的贡献主要体现在哪些方面？是否达到预期效果？④贵乡镇（村）在吸引高校设立乡村振兴研究院（学院、实践基地）过程中主要遇到哪些困难？下一步将如何打算？

3. 针对乡镇（村）产业负责人的访谈提纲：①贵企业与高校乡村振兴研究院（学院、实践基地）已经开展以下哪些合作？②双方在合作中取得哪些成效，包括产品研发、技术攻关以及技术服务方面？③双方在合作中存在哪些困难？④为了实现双方更好地合作，您希望当地政府出台哪些优惠政策或措施？合作高校在做哪些工作？面向基层的"三支一扶"、"大学生村官"、选调生等选拔，要向农科类毕业生给予一定程度的政策倾斜。

三　数据统计分析方法

本书主要借助数据统计软件 SPSS 22.0 和 AMOS 17.0 进行数据的统计及分析工作，具体采用的数据分析方法包括信效度检验、描述性统计分析等。

（一）信效度检验

1. 信度检验

主要是对样本数据信度及效度的检验，考察的是数据的质量问题。信度即数据是否可靠，一般以克朗巴赫系数（Cronbach's Alpha）这一指标为判断依据，并结合每项数据与总分的相关系数（Corrected Item-Total Correlation，CITC）、多元相关系数的平方（Squared Multiple Correlation）等指标对量表题项进行筛选和净化。量表的克朗巴赫系数在0.8以上，则数据可靠性较高，0.7至0.8表示尚可接受，低于0.7则表示数据不太可靠。

2. 效度检验

效度检验包括内容效度和结构效度检验。如果量表建立在成熟的理论基础之上，或基于国内外成熟量表的修订，则可认为此量表具有较好的内容效度。结构效度需要进行探索性因子分析和验证性因子分析。本书利用SPSS 22.0进行探索性因子分析，首先通过KMO（Kaiser-Meyer-Olkin）值和巴特利特球形检验（Bartlett Test of Sphericity）判断样本是否适合进行因子分析，在适合的前提下以特征根大于1为标准提取公共因子。验证性因子分析通过AMOS 17.0进行操作，在探索性因子分析的基础上，并结合量表编制时所确定的维度构建结构方程模型，通过模型的拟合指标来判断数据与模型的匹配程度，并通过组合信度（CR）和平均方差抽取量（AVE）来判定建构信度和结构效度。主要关注的拟合指标包括CD（CMIN/DF，卡方自由度比）、RMSEA（渐进残差均方和平方根）、GFI（适配度指数）、CFI（比较适配指数）、NFI（规准适配指数）、IFI（增值适配指数）等。其中，CD介于1至3表示模型适配良好，RMSEA小于0.08表示模型可以接受，GFI、CFI、NFI、IFI越接近1越好，一般来说接近0.9都可以被接受（吴明隆，2010）。

（二）描述性统计分析

描述性统计分析的主要工作是计算和分析数据的特征，包括均值、标准差、频数、频率等。目的在于了解样本的数量、平均情况及离散程度等基本信息，发现样本的显著差异及基本规律。本书通过 SPSS 22.0 软件的描述性统计功能，主要掌握地方高校服务乡村振兴的研究院（学院、实践基地）基本特性，包括办学形式、主要参与主体、资金来源等基本信息，并对各量表的数据进行均值、标准差等基本统计。通过观察各数值的大小，更加直观地呈现地方高校对乡村振兴的实际贡献水平、地方政府对地方高校的实际支持程度以及两者之间的融合水平等基本情况。

（三）不同群体的差异比较

为比较高校服务乡村振兴在不同类型高校、不同办学形式、主要参与主体、资金来源等方面的差异，本书通过 SPSS 22.0 进行差异比较。针对三类高校的差异比较，主要借助独立样本 T 检验来完成，比较不同群体的均值差异是否显著，并以 T 检验中 t 值是否达到显著性水平为判断标准。针对三类及以上的因素间差异比较，主要借助单因素方差分析来实现，以 F 检验中 F 值是否达到显著性水平为判断标准，如 F 值的 P 值小于 0.05，则多个群体组间存在显著差异，然后通过事后检验判断组内具体的差异情况。

（四）相关性分析

相关性分析是对两个及以上变量间不确定性关系的初步描述，用相关系数 r 来表示，r 的正负代表变量间相关关系的方向。相关性分析仅能够反映研究变量之间的不确定关系的紧密程度和方向，并不能说明因果关系或者变量间具体的影响过程，因此需要在此基础上进一步分析。本书通过 SPSS 22.0 软件进行 Pearson 简单相关分析，探究地方高校乡村振兴研究院（学院、实践基地）在贡献程度、支持水平、融合程度方面的不确定性关系。

（五）多元线性回归分析

回归分析在相关分析的基础上对两个及以上变量间的不确定关系做进一步描述。借助 SPSS 22.0 软件进行多元线性回归，对本书的理论模型及变量间关系假设进行检验。一般通过决定系数 R^2 或调整后的 R^2 来判断多元线性回归方程的拟合优度。在诊断回归结果是否支持理论假设时，需要对回归方程的多重共线性、序列相关性、异方差三大问题进行诊断。序列相关问题一般采用杜宾—瓦特森（D–W）检验，若数据不涉及不同时期，且各回归模型的 DW 值接近于 2，则回归方程不存在序列相关问题。异方差问题通过残差项的散点图判断，若散点图呈现无序状态，则不存在异方差问题。多重共线性通过容许度（Tolerance）和方差膨胀因子（Variance Inflation Factor, VIF）进行检验，一般来说，容许度越小、方差膨胀因子越大，则表明多重共线性越明显（杜智敏，2010），通常要求容许度大于 0.1，方差膨胀因子小于 5。

在探究地方高校对乡村振兴各项事业进展的影响过程中，涉及县域政府支持水平的调节效应检验。本书根据温忠麟等（2005）提出的调节效应检验程序进行回归分析。如果自变量与调节变量的交互项对因变量的回归系数达到显著性水平，则调节效应存在。

第四节 相关研究综述

党的十九大报告首先提出实施"乡村振兴战略"，并作为新时代的七大战略之一被写入党章。实施乡村振兴战略是决胜全面建成小康社会、全面建设社会主义现代化国家的重大历史任务，势必成为新时代"三农"工作的总抓手。2018 年 1 月 2 日，《中共中央 国务院关于实施乡村振兴战略的意见》明确提出到 2020 年、2035 年和 2050 年的目标任务，分别是基本形成制度框架和政策体系；乡村振兴取得决定性进展，农业农村现代化基本实现；乡村全面振兴，农业强、农村美、农民富全面实现。2018 年 12 月 29 日，教育部发布了《高等学校乡村振兴科技创新行动计划（2018—2022年）》，内容可以凝练为"一个体系、两个支撑、三个服务、四个保障、五个原则、六个战略、七个行动"，计划通过五年左右的时间，实现"提升高校创新能力，为乡村振兴提供源头动力"；"创新科技服务模式，为乡村振兴培育产业新动能"；"深化农科教融合，为乡村振兴夯实人才基础"；"深入服务脱贫攻坚，助力实现乡村振兴优先任务"；"积极开展战略研究，加强乡村振兴理论和文化创新"；"加强开放创新，提升乡村振兴中国方案的影响力"等行动目标。2022年8月，教育部进一步提出高校需要面向新农业、新乡村、新农民、新生态，服务农业农村现代化进程中的新产业新业态，聚焦急需紧缺农林人才和未来农业人才培养，引领有条件的高校设置新农科专业，促进专业设置与产业链、创新链、人才链的深度融合和有机衔接。

学术界从战略解读、人才回归、教育、国际经验借鉴等层面围绕如何实现乡村振兴展开深入且广泛的研究。这些研究成果为实现乡村振兴奠定了坚实的理论与实践基础，同时学者的研究思路、研究方法也为本书提供了借鉴。

一 乡村振兴战略的政策解读

（一）乡村振兴战略的实施背景

从乡村振兴战略思想的历史背景和理论渊源视角，张海鹏等（2018）认为乡村振兴战略思想是对马克思主义有关农村和城乡融合发展思想，以及历代共产党人有关农村发展思想的融会贯通；是对中国近代历史上乡村建设实验在新阶段的有效延伸，具有明显的历史继承性和延续性。从思想的时代背景和中国实际视角，卓玛草（2019）认为乡村振兴与新型城镇化如"鸟之双翼、车之双轮"，是中国共产党将马克思、恩格斯城乡理论与当代中国实际相结合；是"三农"问题突出，城乡结构、工农关系发生变化的时代背景下提出的。从发展型社会政策的视角，向德平和华汛子（2019）认为乡村振兴战略具有强调公平正义、追求全面发展、重视福利保障、关注能力建设、注重资产建设、倡导多元参与等的社会政策意蕴和取向。张强等（2018）则认为我国工业化和城镇化到达一定水平之后就需要及时调整城乡关系，从规制层面避免城乡"过度分化"。一方面，我国目前需要避免大城市人口、产业过于集聚，产生过度的"拥挤效应"；另一方面，我国要避免农村人力资源因过度流失、产业衰败而导致严重的"凋敝现象"。综上所述，乡村振兴战略是马克思主义关于农村发展和城乡融合发展的思想延续；是中国乡村建设百年探索的历史延续。乡村振兴战略是基于国内新型城镇化的发展需要，也是基于新时代我国发展不平衡不充分问题在乡村最为突出的现实状况。总体而言，乡村振兴战略立足国情农情，顺势而为。

（二）乡村振兴战略的科学内涵

关于乡村振兴战略的"二十字"方针的科学内涵及其内在关系，黄祖辉（2018）指出首先要准确把握乡村振兴和城镇化的关系，不是谁替代谁，而是城乡融合、城乡一体的发展，是"以城带乡""以城兴乡""城乡共进"的融合发展；其次要把握乡村形态及其变化趋势；最后要从各地的实际出发，以"村"或"乡"为载体，"以乡带村""乡村共融"实施乡村振兴战略。李周（2018）认为乡村振兴与新农村建设之间的关系应是承上启下的，且具有更高的要求和愿景，以"产业兴旺"替代"生产发展"，以"生态宜居"替代"村容整洁"，以"治理有效"替代"管理民主"，以"生活富裕"替代"生活宽裕"，内容更加充实、逻辑递进更加清晰。张强等（2018）指出乡村振兴的外在内涵即让乡村回归在城乡谱系中应具有的独特性价值，内在含义是在城乡互补的基础上，乡村内部在经济、环境、治理和文化等方面实现复兴或再繁荣。基于构成角度，万信和龙迎伟（2018）认为乡村振兴内涵丰富，包括实现乡村振兴的发展主体、客体、推进方式、最终旨向四个方面。黄祖辉（2018）提出要从厘清政府和市场、乡村振兴和城镇化、产业兴旺和生态宜居、乡风文明和治理有效四个关系来把握乡村振兴的内涵。孙云霞（2018）认为乡村振兴包括社会、文化、教育、经济等各个领域的振兴，同时也涵盖生态文明的进步，并指出其关键在于农业强、农村美、农民富的全面实现。黄承伟（2022）提出要想实现人口规模巨大的现代化，实现全体人民共享现代化成果，必须以乡村振兴和共同富裕基础，并且提出中国式现代化乡村振兴包含以农业高质高效发展推进农业的现代化、以乡村宜居宜业建设为中心推进农村的现代化、以农民富裕富足为目标推进农民的现代化。于爱水等（2023）以习近平总书记围绕乡村振兴作出的系列重要论述为研究内容，提出坚持以人民为中心的立场、站在国家发展战略高度推进农业农村现代化的目标以及充分运用战略思维、历史思维、辩证思维、底线思维等科学方法共同构成乡村振兴战略观的基本内涵。综上所述，乡村振兴与城镇化是融合发展、共同推进。乡村振兴战略涉及政治、经济、社会、文化、教育等各个领域、各方主体，应在厘清各方面的关系的基础上把握乡村振兴战略的内涵。

（三）乡村振兴战略的实现路径

关于乡村振兴战略的具体实现路径，黄祖辉（2018）提出"三条路径"的协调推进，即"五个激活"驱动（激活市场、激活主体、激活要素、激活政策、激活组织）、"五位一体"协同（农民主体、政府主导、企业引领、科技支撑、社会参与）和"五对关系"把控的协调推进（乡村与城市的关系、政府与市场的关系、人口与流动的关系、表象与内涵的关系、短期与长期的关系），同时提出需要城市和乡村共同发力来实现乡村振兴战略。张海鹏等（2018）认为要在新发展理念的基础上，进行农村综合改革，建立城乡统一的要素市场，创新振兴乡村产业，建立健全城乡统一的公共服务体系，从而全面实现乡村振兴。从现代技术的视角，刘祖云和王丹（2018）提出应将战略与技术结合，在农村进行空间、信息农业技术升级，同时提高乡村组织技术和能力来应对乡村技术升级以促进战略的落地。从国家治理能力现代化角度，马华和马池春（2018）指出乡村振兴战略与国家治理能力现代化的建设具有相互促进作用，其中国家治理能力现代化建设需要通过调整振兴主体观念夯实认识基础，通过合理规划各方面提升战略实施有序性，通过整合资源增强战略实施中资源配置效率、通过协调矛盾减少政策执行阻滞。基于县域经济视角，杨晓军和宁国良（2018）认为县域经济是以县城为中心、乡镇为纽带、农村为腹地的一种行政区划型经济，是实现"以工补农，以城带乡"的理想桥梁，通过推动产业布局向县域倾斜，开发县域集聚人才新舞台，营造重商亲商的新环境来助推乡村振兴。基于文化治理视角，吴理财和解胜利（2019）认为乡村文化振兴是乡村振兴战略的应有之义，并且乡村文化振兴与乡村振兴具有多重价值目标耦合，如乡村文化产业振兴、伦理文化复兴、自治文化重建、农耕文化复兴分别与产业兴旺目标、乡风文明目标、治理有效目标、生态文明目标耦合；进而提出，应建构、创新、优化、完善乡村公共文化服务体系、乡村农耕文化传承体系、乡村现代文化产业体系、乡村现代文化治理体系，推动乡村文化振兴，为乡村振兴战略的实施提供文化推力和精神动力。从政治经济学的视角，张晖（2020）提出建立健全城乡融合发展体制机制，从生产关系层面，协调发展乡村振兴战略与城市化战略，推进城乡公共服务均等化营造城乡要素平等交换、功能互补的制度环境。从战略耦合协调的视角，丁翠翠等（2020）认为城市化战略与乡村振兴战略都涉及人才、市场等要素。因此，政府应统筹规划，避免出现政策之间的冲突与"挤出效应"。从数字经济的视角，刘晓燕和赵楷（2023）认为数字经济能够助力智慧农业，数字信息能够助力产业融合，数字技术能够与农业生产融合，数字经济能够赋能乡村文明，为此提出要加强乡村的信息基础设施建设，加大相关人才引进和技术普及，以实现数字经济与乡村振兴的深度融合。王亚华（2023）提出只有完善城乡人口互动体制机制和推进城镇化进程，加强农业科技能力和强化现代科技支撑，壮大新型农村集体经济，才能推进乡村振兴和农业强国建设。于爱水等

（2023）从习近平乡村振兴战略观的角度出发，提出以乡村振兴战略观推动全社会观念的变革、巩固全面推进乡村振兴的制度支撑、科学系统筹划乡村振兴、坚持中国共产党的领导作为主要的实践路径。综上所述，乡村振兴战略实现路径是立足于我国新时代的国情与借鉴国际经验提出的。它并不是单独实施的，而是要与城市化战略融合发展。从制度、技术、文化、经济、关系、战略等"统筹融合式、共生可持续、包容一体化、高效高质量"地选择有效推进路径。

（四）乡村振兴战略的实践主体

乡村振兴战略的实施关键在"人"。目前，我国广大乡村正面临着实践主体的大量流出与部分回归共存的现象。对于乡村人口流动的规律，贺丹（2018）发现新时代乡村总人口流动在规模、群体结构、迁移方式、空间流向上都出现了新倾向新趋势，主要体现在人口流动规模总量先升后降，流出与回流并存，返乡人口更倾向于非农就业。至于流动的原因和流动途径，刘祖云和姜姝（2019）认为中国快速城市化在促进中国经济社会各方面快速发展的同时使大量青壮年流出农村，乡村社会总体正在急剧荒芜。罗康智和郑茂刚（2018）认为人口主体流出有两个主要途径：一是接受教育后，通过文凭获得进入城镇生活的机会；二是农村青年为了更好地维持生计而加入城市"打工潮"行列，正在"被城市化"或"城市边缘化"。厉以宁认为国内在乡村人口大量流出的同时，正在悄悄地进行一场人力资本的革命，出现新的人口红利的"城归"现象，数量已经占到外出农民工的1/4。通常而言，早期的"城归"主要是指走上乡村政治前台的"精英"，而目前"城归"人员包括从农村走出去的农民工、退役士兵、大学生、科技人员等返乡创业者。由于农村生产要素的集聚、国家制度政策利好的释放，越来越多，甚至城镇的科技研究人员、高中等院校毕业生等也开始回乡创业，这一现象被称为"城归"现象（刘祖云、姜姝，2019）。李海金和焦方杨（2021）认为乡村振兴的实践主体仍然是各类乡村人才，但需要基于城乡融合新趋向保障乡村各类人才的权利，并且基于农民主位和乡村价值激发各类乡村人才的发展动力。更有学者给予这一新现象新的理论阐述，认为它是乡村振兴背景下真正的人的回归（雷洪、赵晓歌，2017）。正因为城归人员构成具有多样性，所以对不同的群体要有不同的引导方式。第一类人员，如新型农民工。黄祖辉和胡伟斌（2019）认为乡村振兴战略不是要让农业转移人口必须回流农村或者抑制农民进城发展，而是基于战略给予的机遇与挑战，农民工应实现转型，向市民化农民工、创业型农民工、职业化农民工转型。第二类人员，如"大学生村官"等创新创业者。张少栋（2018）指出"大学生村官"是乡村振兴的主力军，应使其能够立足乡村振兴战略，创新工作内容、营造社会氛围、增强自主意识、提升自身素质，更好地服务于乡村振兴战略。第三类人员，如新乡贤。新乡贤的范畴包括在地乡贤，指生活在乡村的各类能人、贤达；外地乡贤，即外来但居于本地，愿意为乡村建设出钱出力或牵线搭桥的人士；在外乡贤，指那些出生或成长在本地，或祖籍是本地但长期不生活在本地的能人。吴晓燕和赵普兵（2019）认为新乡贤是社会发展的中坚力量，应被纳入乡村振兴所需要的人才范畴，通过精神与财富相结合的激励方式，搭建乡贤参与村庄治理的平台来引导乡贤有序参与乡村振兴工作。朱冬亮和洪利华（2020）认为各类"乡贤"携带着人力资本、资金技术、市场优势等资源进入村庄场域参与乡村振兴，这对提升我国乡村发展和治理水平有多方面的促进作用，但也要防止出现"精英俘获"现象。钟楚原和李华胤（2023）通过对闽南创业青年、浙东青年乡贤等案例和数据的分析，认为乡村振兴的关键在于青年人才，可以采用时间性嵌入、结构性嵌入和关系性嵌入等方式，让城市青年人才在乡村振兴过程中想回去以及留得住。黄祖辉和蒋文龙（2023）认为实践主体除了村集体，还应该包括政府、社会组织、企业、个人等，其中，政府是不可或缺的主导者；企业能够及时发现市场机会，善于将乡村建设与乡村产业发展紧密结合；各路乡贤具有浓厚的乡土情怀，易于得到村民认同。综上所述，乡村振兴关键在各类实践主体的振兴，能否发挥各式各类人才在乡村振兴中的向上作用事关乡村社会的重建和发展。目前，国内的乡村人才流出与回归现象并存。而出现的"城归"现象，是一种主体性的回归。要基于乡村振兴战略，在制度、环境、平台等方面协同发力促进新型农民工、"大学生村官"、新乡贤等主体更好服务乡村振兴战略。

（五）乡村振兴战略的动力机制

学术界普遍认为乡村振兴战略的驱动力主要源于乡村内生动力的挖潜和外源动力的引入。乡村内生动力的挖潜主要集中在农民、新乡贤、农村集体和党的基层组织等多方力量。刘合光（2018）认为乡村的设计师、人民公仆、村干部、村民、各类智囊以及其他参与者是乡村振兴的重要参与主体，只有充分激励各参与主体的协同合作，才有利于乡村振兴战略构想的顺利落实。赵秀玲（2018）则强调了乡村人才的重要性，认为这是乡村振兴的关键动力源，要树立乡村人才的整体发展观，探索乡村人才的成长新模式，办好有利于人才队伍建设的各级各类学校。赵光勇（2018）认为乡村振兴战略需要激活乡村社会的内生资源，在特定地域、特定文化中成长起来的民众才是当地乡村振兴内生的根本动力。这就需要通过利益分享和制度激励，使乡村农民能够发挥其"米提斯"知识，尊重农民群众的创造性，培育农村组织的内生性，提升乡村社会的自治力。马彦涛（2018）认为乡村振兴战略的落脚点在于"三农"队伍的打造，只有调动他们的积极性、主动性与创造性，才能完成"农业强、农村美、农民富"的目标，因此要投入更多的资金与精力培育新型职业农民、既有文化技术又有现代化营销理念的农业人才。同时发挥新乡贤作为乡村秩序的维护者、乡村文化的传承者以及乡村与城市联结纽带的作用。陈柏峰（2007）则认为党的基层组织在协调村庄内部力量与外来资源之间应该发挥重要作用。

在挖掘内部动力的同时，乡村振兴的外源动力更不容忽视。魏后凯（2017）认为，为了避免乡村振兴沦为地方政府之间政绩比拼的牺牲品，必须发挥市场机制在乡村振兴中的作用。赵光勇（2018）认为乡村社会的现代化过程往往是外部力量的改造与整合过程，各级政党组织、行政权力、公共服务等国家力量是乡村振兴典型的外部动力，在公共基础建设、制度政策建设、社会服务方面需要国家发挥主导性的作用。詹国辉和张新文（2017）认为乡村振兴过程中需要辨识各利益主体的价值取向，需要广泛吸收民间资本，建立多元化的投入机制，还需要发挥市场调控机制，并且完善法律法规以及加强执法力度。胡汉辉和申杰（2023）分析了中国省级面板2003—2020年的数据，研究认为建设全国统一大市场可通过促进科技创新和农村创业驱动乡村振兴的实现，且科技创新和农村创业均产生了部分中介效应，有助于打通制约城乡经济循环的关键堵点，成为乡村振兴的重要动力机制。王晓毅等（2023）从乡村振兴内生动力的理论和实践层面探索，认为人的现代化是其内生动力，即提升乡村居民的主体性才是乡村振兴的动力。韩利红（2023）认为当地的农民不仅是农村建设的主体、最具潜力的资源，更是乡村振兴的内生发展动力，因此需要不断挖掘农民群体中所蕴藏的潜能，催生出大批新生代的本土人才。

综上所述，乡村振兴需要内部动力和外源动力组合推动，单凭国家和社会的外部力量往往会因为缺少乡村本土主体（农民、新乡贤、农村集体和党的基层组织）的内源动力而事倍功半。乡村振兴需要国家政策和资金的大量投入，更需要有效激活内生动力，否则很容易陷入梁漱溟当年提到的"乡村建设农民不动"的怪圈。

二　学校教育与乡村振兴战略

（一）地方综合类高校与乡村振兴

地方综合类高校作为与区域经济联系最为紧密的高等教育实体，对助推乡村振兴具有不可推卸的责任与义务。崔国富（2019）认为地方高校面对乡村振兴与城乡融合发展的新时代背景，应针对自身存在的结构性问题主动进行改革，通过办学定位服务对象下移、优化学科专业结构、调整培养方案为乡村振兴培养急需的应用型专业人才，直接为乡村产业发展、生态文明建设、基层有效治理等提供智力服务，为乡村振兴提供文化助力。就具体的服务向度和服务路径而言，韩嵩和张宝歌（2019）指出地方高校可以结合自身区域、行业、专业、人才方面的特点，通过融入乡村产业发展、扩容乡村人力资源、促进乡村功能完善三个向度来服务乡村振兴战略。地方高校服务乡村振兴的"五个服务"路径，分别是服务乡村新产业快速崛起、服务特色产业体系构建、服务双创园区集群发展、服务龙头企业科技创新和服务乡村新型经营主体创收。立足于教育政策角度，梁成艾（2019）指出当前地方高校教育存在经费投入与实际发展需要日趋失衡、办学质量与社会发展需求日渐疏远等窘相，应通过创新地方高校教育政策的价值意蕴即公平与高质量发展相互统一来助力乡村振兴要求的圆满实现，使地方高校成为乡村振兴人才培养的摇篮、科技创新的重镇和人文精神的高地。何妍妍（2020）通过分析地方高校服务乡村振兴的问题及根源指出，地方高校服务乡村振兴的路径与政府、乡村一起搭建乡村电商学院，引导毕业生投身农村就业与创业，同时建立健全高校教师服务乡村振兴的激励机制，与政府合作建立健全人才联合培养机制，通过多种方式对接，服务乡村五个振兴。李振宇和李涛（2022）通过对2010—2016年省级面板数据分析认为，财政分权体制下高等教育领域存在中央与地方"委托—代理"关系，加上国家宏观政策影响，促成了地方高校为争取有限资源而产生的过度竞争。寻找新的发展空间、获取更多的发展资源成为地方高校的头等大事。当然，目前地方高校在布局结构上存在东部地区集中、西部地区稀缺的特点，同时在多样性上存在各院校专业设置差异不大、"同质化"现象明显的总体结构性问题；在自身结构性问题上具有专业设置没有凸显地方特色、课程结构重理论轻实践、教学模式"高中化"、缺乏"双师型"教师、学生自身动手实践能力差、素质结构存在缺陷等问题（郑宝东等，2018）。

于东超（2021）认为我国高校在助力乡村的人才培养、科技创新、文化振兴以及有效治理等方面作出了时代贡献，提出高校应当以创新驱动创业，以创业带动就业，与企业联合使乡村科技由单项研究向集成研究转变；发挥高校战略研究、政策建言，为各地的乡村振兴提供决策支持与咨询服务。徐莉（2022）认为地方高校与乡村教育振兴共生共荣，需要把服务乡村振兴作为己任，不断健全服务乡村振兴的机制体制，不断创新服务乡村振兴的人才培养模式，建设乡村振兴的新型智库，提升当地乡村振兴的内驱力。综上所述，地方高校现主要通过引导学生向乡村发展，推动科技成果转化，融入乡村产业发展来服务乡村振兴，但同时存在办学定位高与专业设置趋同等方面的结构性问题。地方综合性高校需要通过与县域（乡村）合作建立人才培养合作机制，以供给侧结构性改革为理念进行改革，调整办学定位与服务对象，主动对接乡村第一、第二、第三产业融合发展的新要求。

（二）涉农类高校与乡村振兴

教育部提出高校新农科要为国家贡献力量、为世界提供方案。先后发布《安吉共识》为高校新农科建设画好"施工图"，在东北地区开启"北大仓行动"，为新农科建设打好"基础桩"，在北京推出"北京指南"，启动新农科建设研究与实践项目。"三部曲"探索涉农类教育改革发展的新路径新范式，推动涉农类学科全面为乡村振兴服务。从涉农类高校的时代使命角度，郑宝东等（2018）提出全面服务国家乡村振兴战略是涉农类高校的时代使命，应该充分发挥自身在涉农类学科人才培养、科学研究、社会服务等的优势，全面推动农业类产业升级，激发农村全面发展潜力，这一过程中需要进一步完善人才培养机制、优化科研创新体系、完善科技成果转化等举措。从涉农类高校历史经验角度，赵小敏和蔡海生（2019）通过新中国成立以来服务农业农村的经验，总结出"三立足"经验：一是立足农业类学校办学定位，二是立足国情、农情与校情，三是立足农村农业发展的前沿，培养懂农业、爱农村、爱农民的"三农"人才队伍，培养"宽博知识、宽精技能、宽厚素质"和"下得去、用得上、干得好、留得住"的创新创业人才。从涉农类高校发展模式角度，程华东和陈宇施（2019）以华中农业大学为例提出了涉农类高校服务乡村振兴战略的三种模式。一是以贫困山区精准脱贫为目标的"六个一"产业振兴模式，二是以平原地区现代农业发展作为目标的"双水双绿"绿色农业发展模式，三是以城郊地区都市农业综合发展为目标的田园综合体发展模式；并在此基础上提出农业高校促进乡村振兴战略实施的路径，在主体上实行"三位一体"政企校协同发力，在教学上多学科交叉培养人才促产业同步发展，在扶贫工作上精准脱贫与乡村振兴有机衔接，在服务社会功能上"农民＋专家"党建融合引领振兴工作进行。基于涉农类高校的社会功能角度，葛林芳和吴云勇（2019）指出高等农业教育需要发挥自身人才培养功能来为乡村产业发展培养多结构、多类型的高素质人才；需要发挥科学研究功能提升发展农业所需装备和信息化、网络化的水平；需要发挥社会服务的功能来为乡村振兴战略提供服务保障；需要发挥文化传承与创新功能来为乡村振兴提供文化助推力。当然，目前国内有很多涉农类高校存在人才培养与产业需求不匹配、教学与实践相脱节、内涵发展与特色凝练不契合等问题。综上所述，涉农类高校在乡村振兴中可以"大展拳脚"，通过发挥高校自身所具有的人才培养，科技研究、文化传承等功能来服务乡村振兴；根据以往经验总结助力战略"精华"，同时因地制宜，根据不同地区总结不同的农业、产业发展模式来对接乡村振兴战略。

（三）职业类高校与乡村振兴

立足乡村振兴的人才需求、技术需求和文化需求探讨职业类高校的发展是新时代对职业类高校的战略任务。职业教育本身作为横跨职业域与技术域、教育域与社会域的教育类型，通过跨界融合能够将国家、区域的外部生产要素转化为乡村振兴的内部人力资本与技术资本（朱成晨、闫广芬，2020）。基于职业类高校对乡村振兴的作用视角，覃兵等（2019）认为职业教育不仅具有基本教育、技术传播、文化传承与发展等职能，而且能在培育乡村新型职业农民、提升农村居民素质方面发挥重要作用，同时也承担区域精准扶贫的任务。基于职业类高校在区域中的优势，李兴洲和赵陶然（2019）指出职业教育在乡村振兴方面具有不可替代的五个优势：第一，为乡村发展培育新动能；第二，为乡村培育新型农民；第三，为乡村输送环保人才；第四，为乡村打造管理人才；第五，为农村培育文明乡风。基于职业教育服务乡村振兴战略的政策体系角度，佛朝晖等（2019）指出：一是服务脱贫攻坚，包括中职学生免费资助政策、职业教育帮扶政策；二是为乡村振兴提供人才支撑，其中包含发展面向农村的职业教育，培育新型职业农民。当然，新时代背景下职业类高校面临法律制度不健全、所获经费不足、教学观念根深蒂固、办学目标定位不明确等困境。针对以上问题，乐传永（2019）认为农民教育培训是一个完整和严谨的体系，需要从解决问题的立场出发，从理念、机制、内容、方式等多方面进行系统设计，方能保障教育培训的高效推进。马建富和陈春霞（2019）认为在乡村振兴战略语境下，我国精准扶贫应更加注重贫困群体的"在场"作用，职业教育必须以扶贫理念转变为突破口，培育以乡村精英为核心的新型职业农民。杨勇和康欢（2021）认为职业教育服务于乡村振兴是一项复杂的系统工程，主要包括主动构建"产—教—产"交互的耦合机制，以服务乡村产业振兴；主动构建以要素聚合为核心的"1+N"人才培养范式，以服务乡村人才振兴；帮助乡村重塑空间样态，以服务乡村文化振兴；帮助乡村建立"4G"和谐发展范式，以服务乡村生态振兴；帮助构建三维聚合保障机制，以服务乡村组织振兴。杨顺光（2022）通过分析职业教育助力乡村振兴的逻辑起点、关键任务与行动策略，认为高职院校应该依据乡村人才学情特点开展针对性培养培训；基于生态文明理念整合技术技能力量参与建设美丽乡村；依托"互联网+"促进田间学校的技术技能实践教学。王志远和朱德全（2023）通过对233个典型案例的分析，提出职业教育服务乡村全面振兴是新时期的新认识与新定位，需要以本身的高质量发展跨界协同乡村的全领域振兴，需要以差异供给实现乡村的全地域振兴，需要以提质增效实现乡村的全时域振兴。当然，面向乡村振兴的职业教育需要基于个体特征和乡村产业、经济和社会发展的需求差异，精准设计培训方案，开展高质量的培训服务。综上所述，职业类高校以其自身优势与作用成为乡村振兴中不可缺少的重要组成部分，但同样面临困境，我们需要改革创新职业教育办学体制机制，同时国家和各相关部门应加快出台促进职业教育、培训促进乡村振兴的专项政策等来发挥职业教育在乡村振兴中应有的作用。

（四）中小学与乡村振兴

如果未来的乡村孩子缺乏乡村情感、乡土情怀，乡村振兴战略的持续性将失去最基本的保障。在现实中，很多地方乡村政府忽略了这一点，过度追求规模效益，导致规模效益与公平正义的天平出现巨大偏差。基于乡村中小学布局视角，金志峰等（2019）指出城乡中小学布局存在片面注重规模效益、过度开展撤点并校的问题，会加剧乡村教育、社会的衰落，动摇乡村振兴的人才和文化根基，并提出应制定科学的布局标准，基于乡村振兴战略统筹规划，加强小规模建校和内涵式发展。从中小学校长领导力的视角，马静（2019）指出具有先进教育理念和优秀教学领导力的校长队伍是乡村教育振兴的关键所在。通过调查发现乡村中小学校长教学领导力总体不强；高级职称优势明显，职称越高教学领导力越强；研究生学历优势明显，学历越高教学领导力越强。从教育主管部门、培训机构和校长三个层面提出乡村中小学校长教学领导力提升策略。从中小学教师的视角，石秋香等（2019）指出农村中小学教师队伍的好坏，影响到乡村振兴人才的补充，并以均衡化理念为基础提出城市优质师资与乡村教师建立学习共同体。可以通过搭建教研、反思等多种平台提升教师专业素质，同时需要增强教师对乡土文化、乡村教育的认同感来促进教育均衡发展。基于乡村教师的视角，周晔和徐好好（2022）认为乡村振兴需要唤醒乡村教师的主体意识，乡村教师通过回归乡土和创建良好舆论氛围重构其权威角色，让广大乡村教师在乡村振兴中更好地发挥乡村子弟培养的主体、乡村优秀文化传播的代表以及参与乡村治理的智囊参谋作用。综上所述，学者对乡村中小学的研究较少，主要集中于学校布局与主体队伍的建设方面。随着城市化的快速发展，学校基本向城市集中，乡村教育资源配置不足，边远地区的学生面临上学远、上学难等问题。国家只有重视并促进乡村小规模学校建设和内涵式发展，才能助力乡村人才培养和文化振兴。

（五）教育帮扶与乡村振兴

习近平总书记多次阐述贫困和教育的关系，"要紧紧扭住教育这个脱贫致富的根本之策""扶贫必扶智"。教育之于帮扶的作用，是通过文明教化开蒙启智，调动乡村振兴当中人的主体性，这正是教育帮扶与乡村振兴的理论支点。刘录护和扈中平（2012）从功能论视角认为教育可以使不同社会成员获得共同的信念、态度及价值准则，在社会整合和发展中承担着"输血"的功能。世界银行研究显示，以世界银行的贫困线为标准（从此前的每人每天1.25美元到2015年上调至1.9美元）。若劳动力接受教育年限增加3年，则贫困发生率会下降到7%；若劳动力接受9—12年的教育，则贫困率下降到2.5%；若劳动力接受12年以上的教育，则几乎不存在贫困的状况。同时，接受教育的程度变量也可以反映在平均收入的结果变量，即劳动者平均受教育年限从6年提高到6—9年、9—12年，再到长于12年，平均收入变量也从100分别上升到130分、208分、356分（李兴洲，2017）。余应鸿（2018）同样认为教育精准扶贫属于"造血式"扶贫，能够有效提升贫困人口的人力、社会资本，是针对贫困乡村最有效、最持久的精准扶贫。闵琴琴（2018）指出农村高等教育扶贫是发挥高等教育服务农村的作用，通过高等教育推动乡村进行有效脱贫，指出高等教育扶贫的三个着力点，即弘扬优秀传统乡村文化、建立服务农村社会发展的高等教育体系、建立高等教育与社会主义新农村建设的有效互动机制。当然，教育帮扶工作中也会存在很多问题，如教育帮扶对象识别不清、教育帮扶项目与需求脱节、措施缺乏针对性、监管制度不健全等，因此教育帮扶的作用有限。因此，蒋红霞和熊威（2019）提出高校作为扶贫体系中的重要主体，通过培养知识分子、管理人才以及其他专门人才，为乡村振兴奠定人才、人文基础；通过科技扶贫，为农村贫困地区提供产业项目，帮助农村企业进行职业培训，促进一二三次产业融合发展，奠定产业基础；通过党建扶贫，为贫困地区党组织村委会提供符合时代发展的基层社会治理理念、成功经验和措施。廖小平和李志强（2019）在分析中南林业科技大学扶贫实践的基础上，提出林业高校要充分发挥经济林学科、生态旅游学科、绿色管理学科优势来发展乡村林业产业、旅游产业、电商产业，运用学科人才培养优势来施展教育扶贫，助力脱贫攻坚实现乡村振兴。而从职业教育扶贫的角度，马建富和陈春霞（2019）认为职业教育和培训精准扶贫需要以转变扶贫理念为关键点；建立面向贫困群体的职业教育与培训体系，关注弱势群体；拓展培训功能，培育新型职业农民；坚持以能力扶贫为导向，促进贫困群体"三维"资本积累，激发贫困群体内生动力；根据贫困个体特征、需求差异，因材扶贫。孙雪晴（2019）认为教育精准扶贫高效离不开教师的参与，应通过引导教师专业发展由"外铄论"走向"内发论"，关注自身专业发展；提升教师文化自信，引导贫困人口提升脱贫自信；稳定乡村教师队伍，发挥教师队伍主体力量服务于脱贫攻坚，为乡村振兴贡献自己的力量。张万朋和张瑛（2023）分析了教育的"扶智扶志"长效机制构建过程，同时提出了建立新型核心育人机制、营造良好教育生态环境体系以及筑造可靠的全方位支持体系三条路径，以打造教育助力于乡村振兴的核心圈、生态圈及保障圈。综上所述，教育帮扶具有打赢脱贫攻坚战和实现乡村振兴的双重价值。通过进行教育资助、提供教育帮扶，选用适合的方式方法促进脱贫地区经济发展，提升脱贫人口综合素质，尽早实现乡村振兴。整个教育系统都应该发挥自身在教育帮扶上的优势，为乡村振兴提供人才服务、科技服务与培训服务，激发脱贫群体内生动力。

三 乡村振兴战略的国际经验

从国际范围来看，世界主要发达国家都曾开展乡村复兴或发展（Rural Renaissance & Development）的行动。尽管各个国家的经济发展阶段不同、城乡发展均衡程度不同、自然地理条件禀赋不同等，但其经验值得我们借鉴。

（一）乡村振兴的美国经验

美国的"乡村发展计划"和加拿大的"乡村建设运动"在乡村复兴或发展过程中起到了重要作用。美国的林肯总统针对乡村发展，颁布了赠地大学法案（The Land-Grant College Act）和宅地法案（The Homestead Acts）；1955年美国农业部首次提出"农村发展计划"；1987年颁布农村再生计划（Rural Regeneration Initiative）；1990年成立了美国农村总统委员会（President's Council on Rural America）；2002年为乡村发展提供700多亿美元的资金支持，支持农村新兴产业。李超民（2008）梳理了美国联邦政府农村发展的制度史，认为美国农村发展政策出现过三次转折，改变了以往农村发展政策和农业支持政策被视为两个互不关联的政策体系的状况，解决了农村在国民经济体系中的天然的劣势，不但需要把农产品列为"准公共品"，而且要把农民和农村发展列为重要扶持对象。芦千文和姜长云（2018）梳理美国农业政策的演变过程，认为政策应更加注重提高农业产业的市场竞争力，注重支持农村中小企业、创业期农场发展，注重农业以外的就业增收机会，注重政策项目的执行效率、可获得性，等等。Donovan等（2017）分析了美国乡村建设的经验得失，认为人力资本、社会资本和财务资本是影响乡村合作社绩效的关键因素，其乡村治理模式也是衡量建设绩效的一个重要维度。Karen等（2018）认为乡村社会的文化认同在乡村发展中起到了重要作用。美国在支持乡村发展的过程中有以下主要成功经验。第一，政府主导，联合社会各界加大财政投入力度；第二，发挥区域高校的作用,提高乡村居民接受高等教育的比例;第三,政府干预,扶持乡村特色小企业发展;第四,注重内生发展,培育成熟自治的乡村。

(二) 乡村振兴的欧洲经验

欧洲的乡村发展或复兴的政策最早可以追溯到20世纪50年代的《罗马条约》,主要是针对农业发展。1992年,麦克萨里改革(Macsharry Reform)使欧洲政策的关注点从农业转向农村发展。1996年欧洲农村发展会议通过的《寇克宣言》成为欧洲农业、农村发展的蓝图,内容主要包括促进乡村繁荣、提升农业价值链、加大乡村建设投入、保护乡村环境、管理自然资源、应对气候变化、促进知识创新、改善乡村治理、推动政策落地和强化绩效问责10部分。同时,设计并实施了乡村发展的创新理念和政策工具——乡村检验(Rural Proofing)。不仅需要检查各项政策对乡村发展的实际影响,而且需要反映乡村人口需求与期望,挖掘出有利于乡村社会创新、可持续性的发展方案(李洪涛,2019)。德国在1954年提出"村庄更新"这一概念,并在巴登—符腾堡州、巴伐利亚州陆续出台了村庄更新计划,将乡村公共基础设施完善作为重要任务。之后,又把乡村的文化价值、休闲价值和生态价值提升到和经济价值同等的地位,以实现村庄的可持续发展。Shortall和Alston(2016)考察了英国农村领域的发展,认为乡村检验是保证农村发展主流化的有效措施。欧洲,尤其是英国、德国、法国和荷兰等国的乡村发展行动有以下主要成功经验。第一,恢复和发展了农业多功能性,包括食品经济、生物经济、体验经济、生态经济等。第二,拓展到农业农村农民的全面发展,第一、第二、第三产业协同发展;第三,政策的自上而下与自下而上相结合,落实乡村检验策略。

(三) 乡村振兴的日韩经验

日本与韩国乡村与我国乡村的地理特征接近,他们有关乡村振兴行动的成功经验值得我们借鉴。日本从1961年颁布《农业基本法》,

将原先以提高农业增产为目标调整为以缩小城乡差距为目标。针对农业人口快速向非农产业转移、乡村居住环境严重破坏等现象，日本提出了"造村运动"。因此，日本于1999年开始施行《食物、农业、农村基本法》，并且在农林水产省内增设了"农村振兴局"，牵头相关部门研究制定造村运动系列政策和规划。政府实施财政补贴、税收优惠和金融扶持相结合的方式保障乡村振兴政策顺利实施，鼓励农民成立各类合作组织，促进发展新产业、新业态来增加农民收入（曹斌，2018）。日本的"造村运动"有效地发展了乡村的基础建设、改善了乡村的生态环境、提升了农民的收入，其主要经验在于各部门制定政策，实施和监管始终坚持农民主体地位，让农民成为运动的自觉参与者和真正受益人（曹斌，2017）。张季风（2022）认为日本"造村运动"方面取得的成功经验，主要包括顶层设计明确城乡融合发展政策目标，以人为本健全基层组织和治理机制；保障权益实现城乡居民权利平等化，城乡开放实现城乡要素流动自由化。日本的"造村运动"注重"一村一品"，十分讲究针对具体乡村的特点，开发和利用现有资源，形成区域性的经济优势，打造富有当地乡村特色的品牌产品。韩国自20世纪60年代以来，大批农村年轻人涌入大城市，农村空心化严重冲击着乡村传统文化、伦理和秩序。韩国政府1970年发起"新村运动"，颁布了一系列的政策和建设项目（李水山，2007）。加大农业生产基础设施的投入，推广经济作物、发展专业化生产区、合作耕作以及建立各种"新村工厂"；改善乡村居住条件和村庄重建；完善电力网和通信网；对农民进行精神启蒙，提倡"勤勉、自助、协同"。总体而言，"新村运动"以鼓励农民脱贫致富为动力，以农民亲身实践为主要形式，取得了综合社会效益，成为国家文化财富，乡村也逐步恢复了生机。其主要经验在于乡村致富带头人的培育和作用发挥、用发展主义理念激发民众创新精神、建立激励机制，消除民众"等靠要"消极心态（韩道铉、田杨，2019）。韩国的"新村运动"归纳其最大的特点为自主协同型模式，是一种自下而上的乡村发展方式，是在城乡差距十分大的国家或地区较为适用的一种乡村治理和发展模式。

四 乡村振兴相关研究的评述

综合以上文献梳理，多数研究成果从理论层面对乡村振兴的背景、内涵作了深刻阐述，对高校服务乡村振兴优势、主体、作用、困境、措施作了阐述性的概括。学术界的研究成果为本书提供了研究视角、路径与方法上的借鉴。当然，当前学术界的研究在研究对象系统化、研究方法等方面也存在局限性。在研究对象方面，以往文献多集中于高校服务乡村振兴路径的研究上，希望从实践层面提出措施促进乡村振兴实现。从研究关注点来看，研究者把焦点主要放在涉农院校、职业教育两大类高校对乡村振兴服务的研究上，对地方高校这一大类服务乡村振兴的现状、存在的问题与对策的研究少之又少。在研究方法方面，多是以定性方法为主，从宏观角度进行研究，提出的对策意见只停留在理论和制度方面，缺少案例分析等质性分析。同时，由于现在研究中乡村振兴方面的指标体系尚未完善，因此相关量化研究较少，也缺少大规模调研的量化研究。

第二章 高等教育服务乡村建设的政策脉络

我国要实现从城乡二元结构到城乡一元结构的发展，实现农业农村现代化，人才是基础，关键在创新。长期以来，我国高等教育始终在农业农村领域的人才培养、科技创新、社会服务、文化传承等方面发挥着重要的作用。本章将从改革开放以来"农村赋权放活""社会主义新农村建设"和"乡村振兴战略"三个时期展示我国乡村发展相关政策及对教育的需求，以及各个时期高等教育对乡村发展需求的回应，梳理出高等教育服务乡村建设与发展的政策脉络。

第一节 "农村赋权放活"时期高等教育服务乡村相关政策(1978—2002年)

1978年12月，党的十一届三中全会上提出把全党的工作重心转移到社会主义现代化建设上来，从而作出以经济建设为中心推进改革发展的总体战略部署。会议决定从农村开始改革突破，向农村基层和农民赋予更多权力，以渐进式的方法推进以"赋权放活"为内核的农村发展战略规划。

一 以实行责任制为着力点,增强农民自主权时期(1978—1984年)

改革开放初期,党中央意识到"统得过死,管得过严"对农村生产力发展的压抑和对农民生产积极性的挫伤,果断提出:摆在我们面前的首要任务,就是要集中精力使目前还很落后的农业尽快得到迅速发展,因为农业是国民经济的基础,农业的高速度发展是保证实现四个现代化的根本条件。

1. 乡村发展相关政策及对教育的需求

1978年,党的十一届三中全会通过《中共中央关于加快农业发展若干问题的决定(草案)》和《农村人民公社工作条例(试行草案)》。1979年,党的十一届四中全会提出实现农业现代化,迫切需要用现代科学知识武装农村工作干部和农业技术人员,需要一支庞大的农业科学技术队伍,需要数量充足、质量合格的农业院校来培养农业科技人才和经营管理人才。同时,要极大地提高广大农民首先是青年农民的科学技术文化水平。1982年,中共中央批转《全国农村工作会议纪要》(改革开放以来第1个涉农的一号文件)[①],提出农业需要吸收多学科的科学技术成就,成为知识密集的产业部门;提出大力发展农村教育,提高农民的文化水平;提出今后逐年分配大中专毕业生到公社一级去从事技术工作,按国家干部给予待遇。1984年,《中共中央关于一九八四年农村工作的通知》,提出加强对农村工作的领导,提高干部的素质,培养农村建设人才。要政治政策教育、科学技术教育、经营管理教育并进。

2. 高等教育对乡村发展的支持与参与

改革开放需要广大青年焕发敢闯敢试的火热激情和求真务实的科

---

① 《中共中央国务院关于"三农"工作的一号文件汇编(1982—2014)》,人民出版社2014年版,第12页。

学理性，成为打破生产力发展束缚的排头兵。1979年，面对国家百废待兴的现实情况，清华大学工程化学系七二班团支部提出"从我做起，从现在做起"。该口号被《中国青年报》报道后，迅速被广大青年所接受，成为20世纪80年代青年建设祖国、实现四个现代化的行动口号，在全国产生了十分深远的影响（叶雨婷、邱晨辉，2019）。许多高校以此为契机，引导学生把思想付诸实践。尽管1977年恢复高考为人才选拔提供了重要的渠道。但是，国内大量在职人员的文化素质提升非常急迫，需要一种新的教育形式。1977年8月8日，邓小平同志在《关于科学和教育工作的几点意见》中指出："教育还是要两条腿走路。就高等教育来说，大专院校是一条腿，各种半工半读的和业余的大学是一条腿，两条腿走路。"

1980年，国务院批转《教育部关于大力发展高等学校函授教育和夜大学的意见》，提出高等学校除办好全日制大学，还应根据学校情况积极举办函授教育和夜大学。这些对加速培养四化建设需要的各种专门人才，促进干部队伍的结构改革，提高全民族的科学文化水平具有重要意义。1981年，国务院转发教育部《关于〈高等教育自学考试试行办法〉的报告》，旨在调动广大群众的学习积极性，通过多种途径发展高等教育，加速培养和选拔专门人才，更好地适应我国社会主义现代化建设事业发展的需要。并且该办法在北京、上海、辽宁等地试行。截至1983年，试点省、市报考人数达561735人，有200829人次获得了单科合格证书，通过率达35.7%（曾伟等，1999）。此后，党中央、国务院又作出了一系列的重要决策，为自学考试制度指明了方向；各地政府和教育行政管理部门进行了大量卓有成效的工作，制定了一整套的政策、措施和办法；并且建立起从中央到地方的相应组织管理机构。自学考试工作开展以后，一方面提供了自学者的学习成果接受国家鉴定的机会，另一方面为渴望求知的民众开辟了一条成才之路。高校面向基层民众的自学考试迅速在社会上掀起了"以考促学"的热潮。

1982年，受原国家农委政研室的委托，北京大学、北京农业大学和中国人民大学 155 名来自农村的大学生，利用寒假回家的机会，对本家乡实行家庭联产承包责任制以来的各方面情况做调查研究，时称"全国百村社会调查"。这次随机抽样调查的点，分布在全国 27 个省份的 140 个县。"百村调查"数据显示，群众心里欢迎联产承包责任制，76% 的村实现粮食二三年增产或显著增产，95% 的村农民生活改善或显著改善，农民喜形于色。总体而言，家庭联产承包责任制放开了生产者的手脚、调整了农村生产结构、打开了生产门路。但也出现了集体设备分光、林木等资源遭到破坏的情况，群众普遍存在"怕变"的心理，基层村乡政权不知该如何面对变化，提出要教育群众和干部、加强基层建设等意见（施九铭，1982）。这些大学生的调查报告为党中央、政府部门及时出台和调整农村和农业政策、完善相关措施起到了重要的参考作用。

二　以调整农村产业结构为重点，开拓农村市场时期（1985—1991 年）

在实施了几年的家庭联产承包责任制之后，农村经济搞活了，广大农民为了适应市场需求而生产的积极性日益增长，商品经济的横向联系有所发展。国家开始大力调整农村产业结构，开始发展农产品加工业、畜牧业、水产养殖业、林业等产业，也开始建立与之配套的商品生产服务环节。鼓励各大院校为农村举办各类专业班，培养农村各类科技人才。

1. 乡村发展相关政策及对教育的需求

1985 年 1 月，中共中央、国务院制定了《关于进一步活跃农村经济的十项政策》（1985 年中央一号文件）提出：鼓励技术转移和人才流动。城市的各类科技人员经所在单位同意，可以停薪留职，应聘到农村工作；提倡"东西互助"，沿海各地向西部转移技术，联合开发西部资源，分享利益；鼓励集体或个人办好中小学，特别是中等职业技术学校和专科学校，各大专院校继续为农村举办各种专业班，定向培养科技人才。① 1987年1月，中共中央政治局通过《把农村改革引向深入》，提出调整产业结构，促进农业劳动力转移。② 1991年11月，党的十三届八中全会通过《中共中央关于进一步加强农业和农村工作的决定》，提出把以家庭联产承包为主的责任制、统分结合的双层经营体制作为我国乡村集体经济组织的一项基本制度长期稳定下来，并不断充实完善。

2. 高等教育对乡村发展的支持与参与

1984年，胡启立等同志调研认为教育领域里还残存"文化大革命"遗毒和"四人帮"干扰破坏的问题。就整个教育而言，最大的弊端是长期计划经济体制下所形成的僵化模式。一个拥有10多亿人口的大国，各地情况迥异，基础各不相同，发展很不平衡，但统统实行同一种办学模式。在教育结构上，高等教育、基础教育、职业教育设置比例严重不合理；片面强调高等教育，轻视基础教育，职业技术教育十分薄弱。在高校里较普遍存在重理工、轻人文，重智育、轻德育，重学历、轻能力，重理论、轻实践的倾向。基础教育严重滞后，师范教育不受重视，在广大农村，特别在一些老少边穷地区，学校数量少、条件差、师资缺乏。在学校管理体制上，由于政府权力过于集中，学校无法成为一个独立自主的办学主体，外无压力，内无动力，整个学校缺乏活力。③ 在广泛调研、征求意见、借鉴国外经验的基础上，1985年5月发布了《中共中央关于教育体制改革的决定》，提出"社会主义现代化建设不但需要高级科学技术专家，而且迫切需要千百万受过良好职业技术教育的中、初级技术人员、管理人员、技工和其他受过良好职业培训的城乡劳动者"。"调整中等教育结构，大力发展职业技术教育"，中等职业技术教育要同经济和社

---

① 《中共中央国务院关于"三农"工作的一号文件汇编（1982—2014）》，人民出版社2014年版，第12页。

② http://www.ce.cn/xwzx/gnsz/szyw/200706/14/t20070614_11752837.shtml, 2017-06-14.

③ http://cpc.people.com.cn/GB/68742/73841/73842/8714160.html.

会发展的需要密切结合起来，在农村要适应调整产业结构和农民劳动致富的需要。[①]

  20世纪80年代初，广大乡村基层的生产和建设需要大批的专业人才，与当时高校所能培养的人才数量之间有很大的缺口。一方面乡村急需的医疗卫生、农业技术和中小学教师等人才极度缺乏，另一方面高校为乡村培养的人才却分不到乡村。1985年，黑龙江省委、省政府探索出一条单考单招的路子，即在农、医、师范专科层次面向乡村实施单独考试定向招生定向培养，随后又发展为本科层次50%的指标定向到县级以下进行定向招生和培养。1985年到1992年，该省农、医、师范类共定向招收本科生9000人、专科生25500人。这一措施有效地保证了基层乡村对专门人才的需求，广大乡村和边远地区农业、卫生和教育部门的许多重要专业技术岗位大多靠这些毕业生担任，很大程度上促进了该省"七五"时期农村发展目标的实现。同时，调动高校根据社会需求进行办学调整的积极性，使招生、培养、分配和使用有机结合（董浩等，1992）。截至1990年，国内29所农业高校已经开始实施"定向招生、降分录取、国家分配"的办法。探索招收有一定实践经验的农村知识青年，毕业后不包分配，回乡从事农业生产与经验，他们当中很大一批人成为农业科技示范户、专业户和经营能手（李效宁，1992）。同时，师范类和医药类高校也开始实施扩大定向招生的比例，毕业后分配到乡村或乡镇基层单位工作。1985年，全国已经建立了中央广播电视大学和35所省（市、区）以及一些大城市的广播电视大学，有1168个县区成立了分校或工作站。全国已经形成了以城市电大为核心、以县区电大为纽带、以基层教学班为立足点的教学网络体系，而且已经延伸到广大的乡村（卢建强，1988）。为广大乡村培养了一大批有文化、懂科学、会管理的各类人才，以满足乡村产业结构从单一的种植业向养殖业、加工业、建筑业、商业、交通运

[①] http://www.moe.gov.cn/jyb_ sjzl/moe_ 177/tnull_ 2482.html，1985 – 05 – 27.

输业以及服务业等全面拓展的需求。

1987年5月《中共中央关于改进和加强高等学校思想政治工作的决定》，强调青年学生只有在学习科学文化知识的同时，积极参加社会实践，更多地了解国情，了解社会主义建设和改革的实际，了解人民群众的思想感情，才能树立起为社会主义祖国而献身的信念，逐步锻炼成为有用的人才。此后，中宣部、国家教委、团中央联合发文，对高校学生参加社会实践活动提出明确要求，并作为教育重要的实践环节被纳入教育计划，开始成为中国特色社会主义高等教育的重要组成部分。

1989—1991年，浙江大学先后分三批组织230名青年教师深入浙江省椒江、龙泉、湖州、长兴、德清等县（市）的农村基层，对广大农民和农村基层干部进行社会主义思想、社会主义道德法制、农村改革方向和任务等方面的教育。结合当地情况，开展刹歪风（聚众赌博、封建迷信、大操大办婚嫁丧葬等）等行动，帮助进行精神文明建设。同时协助农村各级党政机关加强党的基层组织建设，开展创建文明村镇等活动（梁树德，1992）。该校的青年教师下乡实践活动有效促进了当地农村基层的社会主义思想教育和精神文明建设。据统计，到1989年我国乡镇企业达到了1800万家。全国的建制镇已由1980年的26个增加到1989年的12000个。中国农村第二、第三产业的发展和小城镇的星罗棋布，不仅极大改变了农村经济结构，而且极大改变了农村社会结构（李效宁，1992）。在20世纪80年代末开拓农村市场时期，高校积极探索培养高级专门人才服务乡村，为该时期我国乡村的建设与发展发挥了积极的推动作用。

三 以发展乡镇企业为重点，建设农村社会主义市场经济体制时期（1992—2002年）

1. 乡村发展相关政策及对教育的需求

1992年邓小平南方谈话和党的十四大都对发展乡镇企业进行了充

分肯定。乡镇企业被认为是中国农民的又一个伟大创造,为把农村剩余劳动力从土地上转移出来,为农民致富和农村农业逐步实现现代化,探索农村社会主义市场经济体制开辟了一条新道路。同时,乡镇企业的兴起和发展对广大农民的文化知识和技术能力提出了新的要求,农村转移劳动力也迫切需要接受教育。1993年,中共中央、国务院发布《关于当前农业和农村经济发展的若干政策措施》对我国乡镇企业进一步发展作出明确的指导。1996年,国家颁布《中华人民共和国乡镇企业法》,提出乡镇企业以农产品加工、资源开发、劳动密集型、轻型加工为主,促进了大批农村劳动力向非农产业转移,以及大批小城镇的产生和发展。同时,乡镇企业结构调整、技术创新、质量提升都对劳动力提出了更高的要求。1998年,《中共中央关于农业和农村工作若干重大问题的决定》提出实施科教兴农,强调农业的根本出路在科技、在教育。实行农科教结合需要加强农业科学技术的研究和推广,注重人才培养,把农业和农村经济增长转到依靠科技进步和提高劳动者素质的轨道上来。1999年,国务院办公厅转发了农业部等部门《关于稳定基层农业技术推广体系的意见》强调各级人民政府对农业技术推广工作予以重视并给予必要的支持,鼓励农业科技人员采取多种形式到农业生产第一线,直接为农民服务。2001年,全国农业科学技术大会召开,会议提出大力推进新的农业科技革命,加速农业由主要追求数量向注重质量效益的根本转变,为新阶段农业和农村经济发展提供科技支撑。

2. 发展乡村高等教育自学考试,提升乡村人力资源水平

1992年邓小平南方谈话以来,随着农业农村经济发展、乡镇企业兴起以及小城镇建设步伐加快,广大农村基层地区急需各式各样专业人才,农民及其子女接受教育的愿望也日益增长。当时,我国高校的数量少且多位于大城市,交通不便,每年招生和培养规模小,难以满足日益增长的社会需求。而高等教育的自学考试制度具有灵活开放、投资少效益高的特点,是发展"穷国办大教育"的有效形式。1996年,为

了高等教育更好地服务农业农村经济发展，国家教委与农业部联合发出了《关于推进自学考试面向农村工作的意见》，要求各地提高认识、加强领导、深化改革，发挥自考的特点和优势，积极创造条件为农村培养实用型人才，为农业和农村经济建设服务。截至1997年年底，全国高等教育自学考试开考专业共425类，累计报名考生2600多万人，建档在籍考生930万人，累计本专科毕业生180余万人。而1997年我国普通高校在校生总数才317万人（陈至立，1998）。自学考试已成为我国当时规模最大的社会化开放教育。

广大农村的年轻劳动力往往居住分散、交通不便、信息不畅，从而造成了自学考试报名难、咨询难、购买学习资料难等问题。许多地区县以下没有专门咨询机构或专人负责此项工作。1999年，教育部在征求意见和一些地区多年探索与实践的基础上发布了《关于积极推进农村乡镇自学考试服务体系建设的意见》，对当时的自学考试以及相关服务体系进行了以下改革：一是根据当地农业产业结构和乡镇企业经济发展的需要，针对不同需求开设农业类、制造类、服务类、轻工类等专业；二是当地乡镇教育教学基地（成人文化技校、农业广播学校、职教中心、电大工作站等），建立乡镇自学考试辅导站和服务站，并形成上下贯通的网络，把自考的"触角"延伸到农村，开展宣传、咨询、辅导等工作；三是充分发挥普通高校、农村职业技术学校和行业主管部门的作用，因地制宜开展形式多样的社会助学活动，加强实践技能的培训与考核；四是制定相应的奖励政策，加大投入，动员和吸引农村适龄青年接受自学考试教育。刘海峰和郑若玲（1999）认为实施多年的自学考试在选考专业、就读场所、学籍管理、修业年限等方面均采取灵活务实的机制；学籍管理上实行学分制，采取"单科独进、分段进行，成绩累积、零存整取"的办法；修业年限不封顶；等等。这些都对广大偏远地区的农村求学者产生了巨大吸引力，而且自学考试严格的质量保障体系也赢得了广泛的社会认可与赞誉。

灵活务实的自学考试适应当时广袤农村建设、乡镇企业兴起以及市场经济发展的需要。其大力开设的农业类、机械类、食品类、轻工包装类专业，帮助农民尤其是青年农民掌握了最新的科技知识，提升了生产技术水平和经营管理能力。同时，自学考试利用其遍布全国的乡镇自学考试辅导中心和自学考试服务站为农村劳动力提供了不同层次、不同形式的教育，极大促进了农村城镇化的进程和农村劳动力向非农产业转移。

3. 开展学生"三下乡"活动，直接服务于乡村建设

1992年以来，我国农业农村经济、乡镇企业等逐步兴起，农村物质文明得到了较大幅度的改善，但精神文明建设相对滞后。为了深入贯彻党的十四届六中全会精神，大力推进农村精神文明建设改善农村社会风气，满足广大农民群众的精神文化生活需求。1993年，团中央、全国学联等单位联合发起了"中国大学生百县千乡科技文化服务工程"。此后几年又连续发起了大学生暑期科技、文化、卫生"三下乡"服务活动。"三下乡"主要包括文化下乡，即图书、报刊下乡，送戏下乡，电影、电视下乡等，开展群众性文化活动；科技下乡，即科技人员下乡、科技信息下乡等，开展科普活动；卫生下乡，即医务人员下乡，扶持乡村卫生组织，培训农村卫生人员，参与和推动当地合作医疗事业发展。1997年5月26日，中宣部、教育部联合下发《关于大力开展大中学生志愿者暑期文化科技卫生"三下乡"活动的通知》首次提出并组织开展大学生"三下乡"，紧密结合党和国家的大政方针以及青年学生的需求，把原先单纯使学生"受教育"转变为"受教育、长才干、做贡献"，把思想教育与社会服务结合起来，逐渐制度化和基地化。

1998年，大学生"三下乡"的主题是"在服务农村两个文明建设、服务农民生产生活的实践中深入学习贯彻党的十五大精神，深入学习邓小平理论"，明确提出高校学生"三下乡"要服务农村的生产生活实践。1999年6月，中共中央、国务院作出《关于深化教育改革

全面推进素质教育的决定》指出：教育与生产劳动相结合是培养全面发展人才的重要途径。高等学校要加强社会实践，组织学生参加科学研究、技术开发和推广活动以及社会服务活动。利用假期组织志愿者到城乡支工、支农、支医和支教。2000年，大学生"三下乡"的主题是"向新世纪迈进、在实践中成才"，参与的学生达到百余万人，大大超过了以往规模，并首次组织了180支博士生服务团，2000多名博士生奔赴西部贫困地区开展农村基层的志愿服务，按照真实项目化要求，在企业技术改造升级、农业综合开发和农业产业化等方面作出了很大贡献（任江林，2008）。据不完全统计，自1997年"三下乡"活动实施以来，全国共有2500余万人次参加"三下乡"活动，开办各类讲座3.5万场，培训农村青年技术骨干近百万名，文艺演出28000场，解决或初步解决技术难题40余万个，提交调研报告近2000万篇，为数百万名群众义诊，培训师资50万名，帮助近百万名青壮年文盲脱盲。

大学生"三下乡"本意是要联系农村基层的生产生活，帮助农民发展生产、增加收入，一定程度上满足了农牧民群众日益增长的物质文化需求，以此来促进社会主义和谐社会和新农村建设。20余年的大学生"三下乡"实践活动有力促进了广大农民解放思想、更新观念、提高素质、增强致富能力；有力促进了农村文化市场的培育、文化科技卫生事业的繁荣以及新农村建设。高校"三下乡"活动为大学生了解国情开启了一扇窗口，拉近了高等教育与乡村的关系，有利于高校更有针对性地服务于"三农"。

第二节 "社会主义新农村建设"时期高等教育服务乡村相关政策(2002—2012年)

从2002年11月党的十六大召开到党的十八大之前，面对"三农"状况不断恶化、城乡区域差距不断扩大、农村教育落后凋敝等严峻考验，党中央提出坚持以人为本，树立全面、协调、可持续的发展观。这一时期农村发展战略以"社会主义新农村建设"为中心，健全农村民主管理制度，建立城乡发展一体化制度，农村改革进入了城乡统筹的新阶段。

一 乡村发展相关政策及对教育的需求

2003年12月，中央农村工作会议强调认真贯彻党十六大、十六届三中全会和中央经济工作会议精神，按照统筹城乡经济社会发展要求，坚持"多予、少取、放活"方针，坚持党的农村基本政策，调整农业和农村经济结构，扩大农民就业，加快科技进步，深化农村改革，强化对农业的支持保护，提高粮食生产能力，力争实现农民收入较快增长，实现农村经济社会全面发展。2004年12月，中央农村工作会议提出在工业化达到相当程度以后，工业反哺农业、城市支持农村，实现工业与农业、城市与农村协调发展，也是带有普遍性的趋向。同时，会议提出加强农村教育、卫生工作、文化建设和计划生育工作，继续推进扶贫开发，加快农村社会事业发展。2006年2月，《中共中央 国务院关于推进社会主义新农村建设的若干意见》提出，推进现代农业建设，促进农民持续增收，加强农村基础设施建设，加快发展农村社会事业，全面深化农村改革，加强农村民主政治建设。要求完善强化支农政策，加强基础设施建设，加强农村民主政治建设和精神文明建设，加快社会事业发展，推进农村综合改革，确保社会主义新农村建设有良好开局。2006年12月，《中共中央 国务院关于积极发展现代农业扎实推进社会主义新农村建设的若干意见》提出，建设现代农业最终要靠有文化、懂技术、会经营的新型农民。因此，需要充分发挥大专院校在农业科技发展领域的作用，推进农科教结合，发挥农业类院校在农业技术推广方面的积极作用。

2008年10月，党的十七届三中全会通过《中共中央关于推进农村改革发展若干重大问题的决定》,明确提出加快农业科技创新,依托重大农业科研项目、重点学科、科研基地,加强农业科技创新团队建设,培育农业科技高层次人才特别是领军人才。稳定和壮大农业科技人才队伍,加强农业技术推广普及,开展农民技术培训。加快农业科技成果转化,促进产学研、农科教结合,支持高等学校、科研院所同农民专业合作社、龙头企业、农户开展多种形式技术合作。同时,需要大力发展农村教育,促进教育公平,提高农民的科学文化素质,培育有文化、懂技术、会经营的新型农民。2012年1月,国务院印发《全国现代农业发展规划(2011—2015年)》,首次系统提出加快发展现代农业,既是转变经济发展方式、全面建设小康社会的重要内容,也是提高农业综合生产能力、增加农民收入、建设社会主义新农村的必然要求。规划强调坚持科教兴农和人才强农。加快农业科技自主创新和农业农村人才培养,加快农业科技成果转化与推广应用,提高农业物质技术装备水平,推动农业发展向主要依靠科技进步、劳动者素质提高和管理创新转变。规划提出要以实施现代农业人才支撑计划为抓手,大力培养农业领域的科研领军人才、农业技术推广的骨干人才、农村实用人才的带头人和农村生产型、经营型、技能服务型人才。同时,明确提出支持高等院校毕业生和各类优秀人才投身于现代农业农村建设,鼓励外出务工的农民带技术、带资金等回乡进行创业。

二 高校依托远程教育、特岗计划、"大学生村官"等,助力乡村教育发展

2003年,为贯彻落实党的十六大精神,促进农村经济社会和城乡的协调发展,中共中央召开了中华人民共和国成立以来首次全国农村教育工作会议,颁布《国务院关于进一步加强农村教育工作的决定》,明确把"农村教育"作为教育工作的重中之重。明确提出乡村教育是

提高劳动者素质、促进传统农业向现代农业转变、实现从根本上解决"农业、农村和农民"问题的关键所在。该决定还提出了高等学校、科研机构要充分发挥在推进农科教结合中的重要作用,为农村职业学校和中小学培养优秀师资。

1. 构建现代远程教育体系,服务基层乡村和农民

2002 年,教育部发布了《关于现代远程教育校外学习中心(点)建设和管理的原则意见》(试行)和《教育部关于加强高校网络教育学院管理提高教学质量的若干意见》等文件,对高校的现代远程教育校外学习中心(点)的管理以及加强网络教育学院教学质量的管理提出了更明确的意见,要求推动优秀教育资源向西部输送,促进西部教育质量提高。2004 年,教育部为深入贯彻落实全国农村教育工作会议精神,发挥电大系统优势,为农村经济建设和社会发展服务,制定并发布了《中央广播电视大学关于广播电视大学进一步面向农村开展现代远程教育的若干意见》,该意见提出需要积极开展为"三农"服务的学历教育,为农业和农村经济结构调整培养技术、管理、经营等方面的人才;大力开展农村实用技术培训,帮助农民尤其是青年农民掌握最新农业科技知识和实用技术,使接受培训的农民能够掌握一两项生产和致富的实用技术;主动为农村劳动力转移开展教育培训,提高进城务工人员的思想文化素质和实际就业能力;面向农村边远地区中小学教师实施本、专科学历教育和非学历培训;为广大农村基层党员干部提供先进农村实用技术、市场经济知识、经营管理知识、政策法律知识和政治思想理论等教学培训。教育部先后又分 5 批共批准了 68 所普通高校开展现代远程教育试点工作。由这些学校对已经达到本、专科毕业要求的远程教育学生,按照国家有关规定颁发高等教育学历证书。基于互联网的现代远程教育面向基层、面向农村、面向边远和民族地区,为各式各样的求学者提供经济、快捷的学历提升、技能培训等服务,有效缩小了东西部区域、城乡之间的教育水平差距,有效促进了农村基层百姓的文化水平迅速提高。

根据教育部统计，截至 2007 年年底，全国现代远程教育机构的学历教育累计注册学生 670 万人；开设网络教育专业 299 种、1560 个；建设网络教育课程资源 2 万门；普通高校及公共服务体系设立校外学习中心 5935 个。① 初步形成了具有中国特色的面向广大农村地区的高校网络教育办学体系和支持服务体系。例如，浙江大学现代远程教育学院发挥了农学、生物、机械、医药、环境等综合性学科的优势，仅 2008 年就为浙江省农村基层培养培训了 924 名农民人才，不但提高了他们的学历层次，更是使他们具有了自我"造血"的能力（姜昕，2008）。高校依托现代远程教育系统有效提高了农村地区的教育教学质量，表现在教师专业水平、教育教学技能的提升，学生的学习能力、知识与技能等的全面发展以及农村学校管理水平的提高。更重要的是，高校通过远程教育为广大基层农村和乡镇企业培育了一大批"有文化、懂技术、会经营"的新型农民和技术工人，远程教育服务体系逐渐成为"让干部经常受教育，让农民长期得实惠"的有效载体。正如《关于加快推进乡村人才振兴的意见》所提出的，广大职业院校、开放大学等，需要加强对高素质农民、能工巧匠等本土人才的培养。同时，各高校需要积极探索建立学分银行，推动新型农民培训与职业教育的有效衔接。

2. 实施"一村一名大学生计划"，服务"三农"

2004 年 2 月 5 日，教育部正式提出"一村一名大学生计划"，主要包括为"三农"服务的学历教育、农村实用的技术培训、农村劳动力的转移培训、农村中小学教师的继续教育以及农村党员干部现代远程的教育培训等内容。2004 年 7 月，教育部提出计划开设管理、养殖、种植三大类 10 个专业的近百门课程，由全国 24 个省级开放大学（电大）及所属的 66 个县级教学点承担。首次招生就达到 4963 人。全国开放大学系统实施的"一村一名大学生计划"，与普通高校的不同

---

① http://old.moe.gov.cn/publicfiles/business/htmlfiles/moe/moe_2456/200810/39524.html.

之处在于采取学生注册入学、就地上学、业余学习、学分累计的方式，修满规定的学分即可颁发国家承认的学历文凭。同时，全国开放大学系统发挥分级管理优势，多环节、多途径减轻农民负担。从2004年至2006年，中国开放大学和有关省级开放大学自筹资金2400万元，援助西部地区100所县级和非西部地区20所国家级贫困县的教学现代化建设。教学现代化建设强调了以"农"字当头，搭建课程平台；强调实施课程开放，学生自主进行选课。学生可根据实际情况和学习目标，进行单科注册。这种高弹性的课程设置方式和授课模式，较好地适应了农业农村类学习地域性强的特点。同时，"一村一名大学生计划"强调打造田间课堂，在实践中学真知识、真本领。为了不让学生在"黑板上种地，教室里养猪"，课程实践性教学环节的课内学时占到总课时的30%—50%。"一村一名大学生计划"依托当地农业部门或种植养殖大户，建立了大量教学实践基地。积极打造"田间课堂"，到田间地头学本领，理论与实践紧密结合，成为其一大特色。

2012年5月21日，"一村一名大学生计划"首个云教室投入使用。截至目前，全国31个省份（不含港、澳、台）建设智能云教室538间，建成数字化学习资源示范点236个。国家开放大学系统探索将AI技术融入教学、教务等环节，利用AI技术为学生制订专属学习计划，精准推送优质教育资源，强化学习支持服务，自动开展学习测评等，推动了"一村一名大学生计划"的发展。同时，"一村一名大学生计划"采用"自助为主、人工为辅"的方式，形成教师、学生互动的知识图谱，提供全方位智能支持服务。国家开放大学党委书记、校长荆德刚介绍"一村一名大学生计划"培养了一大批扎根农村的高素质本土化人才，有力支撑了教育脱贫攻坚，大大拓展了边远、落后地区高等教育受众面，形成了面向农民提供高等教育服务的普惠制度，对缩小高等教育的地域差距、城乡差距，构建全民终身学习的教育体系等起到了实在的推动作用。为解决中西部地区教育发展不均衡、优质教育资源不能共享、师资缺乏等问题，国家开放大学提出基于云计算技术建设云教室的战略规划。2021年4月,联合国教科文组织宣布"一村一名大学生计划"获得联合国教科文组织哈马德·本·伊萨·哈利法国王2020年度教育信息化奖。2021年4月,教育部等四部门《关于实现巩固拓展教育脱贫攻坚成果同乡村振兴有效衔接的意见》,提出打造"一村一名大学生计划"升级为"乡村振兴人才培养计划"。根据教育部统计,截至2021年12月,累计招生87万人,毕业55万人,培养了一大批"留得住、用得上、干得好"的农村实用人才和致富带头人。[①]以国家开放大学办学体系为依托,以农业、农村产业和乡村干部队伍发展需要的专业为支撑,实施"开放教育——乡村振兴支持计划",为农民和村镇基层干部提供不离岗、不离乡、实用适用的学历和非学历继续教育。

3. "特岗教师"和"免费师范生",助力乡村基层教育事业

据统计,截至2002年年底,中国"两基"(基本普及九年义务教育和基本扫除青壮年文盲)人口在全国的覆盖率已达到91%,其中西部地区占比为77%,仍然有410个县级行政单位仍未实现"两基"目标(丰捷,2007)。2005年10月19日至11月4日,国家教育督导团对广西、江西、四川、河南、青海、海南6省(自治区)进行了专项督导检查,重点检查在"以县为主"的农村义务中小学,结果发现6省(自治区)普遍存在县级教育行政部门管理中小学校长、教师的要求没有完全落实;中小学教师队伍结构不合理,农村教师缺编严重,教师流失现象严重;不少地方教师的任用和管理不规范,出现教师任用层层拔高的现象,不仅削弱了基础教育,也不利于教育质量的整体提高。[②]另外,1999年开始的国内大学扩招使毕业生人数不断增长,2004年大学毕业生有280万人,2005年有338万人,2006年则有413万人。当时的现象是各大城市的就业岗位难以满足日益增长的毕业生

---

① http://www.moe.gov.cn/fbh/live/2021/53939/,2021-12-31。
② http://old.moe.gov.cn//publicfiles/business/htmlfiles/moe/moe_768/200601/13795.html。

需求,但广大农村又急需各类人才。2006年5月,为贯彻落实《中共中央国务院关于推进社会主义新农村建设的若干意见》和《中共中央办公厅国务院办公厅印发〈关于引导和鼓励高校毕业生面向基层就业的意见〉的通知》精神,教育部、财政部、人事部、中央编办发布了《关于实施农村义务教育阶段学校教师特设岗位计划的通知》,简称"特岗教师计划"。[①] 通知明确提出通过公开招聘高校毕业生到西部地区"两基"攻坚县及县以下农村学校任教,引导和鼓励高校毕业生从事农村义务教育工作,创新农村学校教师的补充机制,逐步解决农村学校师资总量不足和结构不合理等问题,提高农村教师队伍的整体素质,促进东西部区域、城乡之间教育均衡发展。

2007年,国务院办公厅转发教育部等部门《关于教育部直属师范大学师范生免费教育实施办法(试行)的通知》,决定从2007年秋季入学的新生起,在北京师范大学、华东师范大学、东北师范大学、华中师范大学、陕西师范大学和西南大学6所部属师范大学实行师范生免费教育。[②] 该通知要求到城镇学校工作的免费师范毕业生,应先到农村义务教育学校任教服务两年。国家鼓励免费师范毕业生长期从教、终身从教。免费师范生政策为"两免一补",即免学费、免住宿费,补助生活费;所有免费师范生毕业后有编有岗。但是有些免费师范毕业生感觉自己毕业的学校层次高,与定向就业岗位的心理期望相差较远,很难长期坚守农村基层从教。此后,各省(市、区)根据自身情况,分别制定适合本地区的地方免费师范生政策,由地方师范院校负责招生,学生毕业后回到户籍所在地的农村中小学任教。如山东省规定,免费师范生毕业后到定向就业地区的农村学校任教;[③] 而青海省

---

① http://www.moe.gov.cn/jyb_xwfb/gzdt_gzdt/moe_1485/tnull_14847.html,2006-05-18.

② http://www.moe.gov.cn/jyb_xxgk/moe_1777/moe_1778/tnull_27694.html,2007-05-09.

③ http://sdgb.shandong.gov.cn/art/2016/6/17/art_4563_4927.html,2016-06-17.

免费师范生着力解决农牧区民族学校藏汉双语师资紧缺矛盾，改善双语师资结构，促进农牧区基础教育质量提升和发展。① 相较于国家层面的师范生免费教育政策，地方师范生免费教育政策的指向性更加明确，往往通过"订单式"培养、事先签订"定向就业协议书"等形式（王智超、杨颖秀，2018），更加精准地为农村基层学校培养优秀教师，有效化解农村教育工作中师资配置的现实问题。

截至2012年，"特岗教师计划"已招收23.5万名大学毕业生到中西部1000多个县、2.7万多所农村基层义务教育中小学任教，极大地缓解了农村教师结构不合理、师资短缺等问题，提升了农村教师的质量和义务教育的整体水平。并且在三年服务期满后，特岗教师连续三年留任比例均达到87%（袁贵仁，2012）。安雪慧和丁维莉（2014）认为"特岗教师计划"有效补充了偏远农村中小学师资数量短缺问题，正逐步替换农村代课教师；有效解决了中小学师资结构不合理问题，尤其是信息技术、音体美等学科教师配备不足；有效提升了中小学师资队伍的整体质量，尤其是学历层次。王智超和杨颖秀（2018）对安徽、河北、吉林、湖南、海南等地方师范院校的免费师范生调研显示，超过70%的学生表示"愿意成为一名中小学教师，为基础教育服务"；62.2%的学生表示"毕业后，愿意到县及县以下的学校任教"。

4. 选派"大学生村官"，提升基层乡村治理水平

党的十六届五中全会提出"建设社会主义新农村"。新农村建设的关键是人才。因此，高校需要引导毕业生把科技、知识和文化带到农村，把管理思想、现代文明风尚带到农村，为建设新农村提供智力支撑。2008年，为了贯彻党的十七大精神、落实科学发展观，加强农村基层组织建设，培养有知识、有文化的新农村建设带头人，培养具有坚定理想信念和奉献精神，以及对人民群众有深厚感情的党政干部后备人才，形成来自基层和生产一线的党政干部培养链，中共中央组

---

① http://www.qhedu.cn/jyfw/szdw/201608/t20160808_22252.html，2016-08-08.

织部、教育部、财政部、人力资源和社会保障部发布了《关于选聘高校毕业生到村任职工作的意见（试行）》的通知。同年，教育部办公厅发布《关于做好选聘高校毕业生到村任职相关工作的通知》。该通知要求各个高校切实做好公开选聘、资格审查、竞争择优、组织考察等工作，确保把有志向、有热情、有奉献精神的毕业生选拔出来。该通知还强调，高校要与到村任职的毕业生保持联系，定期走访，关心他们的思想和生活；鼓励有条件的高校与毕业生服务地"结对子"，提供教育、科技、信息化等全方位的支持，大力促进服务地新农村建设。[①] 2009 年，中共中央组织部、中共中央宣传部、教育部、公安部、民政部、财政部、人力资源和社会保障部、农业部、国家林业局、国务院扶贫办、团中央、全国妇联又印发《关于建立选聘高校毕业生到村任职工作长效机制的意见》的通知。该通知强调以党的路线方针政策、涉农法律法规、市场经济知识、农村经营管理知识、农业实用技术、农村基层组织建设以及开展调查研究、做好群众工作、进行自主创业等为重点，以提高"大学生村官"做好农村工作、带领群众创业致富本领为目的。高等院校特别是农业院校，要结合"大学生村官"特点和工作需要，开展继续教育和研究生同等学力教育。

据统计，截至 2008 年年底，全国高校毕业生到农村基层工作的人数达到 13 万人以上，涵盖了各省份 1381 个县（区、市）20% 以上的农村，其中有 200 多个县（区、市）已经实现村村都有"大学生村官"。选聘高校毕业生到基层农村任职是一项推进我国新农村建设的重要战略决策（李华忠、杨桓，2009）。例如，2007 年江苏省选派 1011 名大学生到苏北五市 1011 个经济薄弱村任职，称为"1011 工程"。跟踪调查显示，截至 2010 年，"1011 工程"的"大学生村官"首个聘期届满，共有 616 人继续在村工作，占比为 61%。其中有 98 人

[①] http://www.moe.gov.cn/srcsite/A15/s3265/200804/t20080422_80060.html, 2008 - 04 - 22.

当选为村党支部书记或村委会主任，229人当选为村"两委"的副职。因此，钱德洲和刘祖云（2018）认为高校选派的"大学生村官"已经崛起成为一股举足轻重的乡村治理新力量。一方面，"大学生村官"在基层乡村改造和富民过程中起着带头作用和核心领导作用；另一方面，跟其他村干部一样，他们也自觉接受村民的选举、监督和罢免。各地更多的实践证明，"大学生村官"是一支有知识、有文化、年轻有闯劲、思想开放、头脑灵活的队伍。他们充实到基层乡村领导班子后，使整个领导班子的年龄结构、文化结构、能力结构有了较大程度的优化，有利于逐步改变以往农村干部"大老粗"的形象，促使其向"知识型"转变。同时，若干年的实践之后，逐步培养了一批具有现代农业科技知识和管理理念的新型农村干部，有效提升了乡村的基层治理水平（刘娟，2010）。通过"大学生村官"吸引更多受过高等教育的毕业生把学习的生产技能和先进的管理理念带到农村去，促进社会主义新农村建设。从政策的产生程序和实践效果来看，"大学生村官"属于"空降"或者"嵌入"全国各地乡村基层治理体系，正在改变传统乡村的治理结构和运行逻辑，逐步推动我国乡村基层治理从"硬治理"向"软治理"转型。

三 筹建新农村发展研究院，直接参与社会主义新农村建设

2007年，为贯彻落实《中共中央 国务院关于推进社会主义新农村建设的若干意见》和《中共中央 国务院关于积极发展现代农业扎实推进社会主义新农村建设的若干意见》，更好地发挥高等农林教育服务"三农"、服务社会主义新农村建设，教育部发布了《关于推进高等农林教育服务社会主义新农村建设的若干意见》。该意见提出，高等农林教育坚持为"三农"服务的办学方向，与区域农村建设密切联系，坚持走"教学、科研和生产"三结合的办学道路，为社会主义新农村建设提供强有力的人才支持、科技支撑和社会服务。

并且要以社会主义新农村建设的社会需求和行业发展为导向,调整专业结构和学科设置;向农村基层延伸和发展,积极开展各类农村实用人才的订单与定向培养、短期培训、网络教育;开展重大农业新技术成果及有突破性关键技术的研发与推广应用;支持教师和毕业生从事新农村建设的技术开发、培训、咨询、成果转化和创新活动等。① 例如,南京农业大学先后组织100多位专家与100多个乡(镇)、村进行了"双百工程"项目对接服务,新建海淡水育苗、养殖示范基地32个,蔬菜、中药材、花卉、茶桑等栽培示范基地38个,无公害优质果林栽植、畜禽及特种动物养殖示范园19个,引进新品种190余个、新技术340多项,培训农村党员基层干部、农技骨干12800余人,组织科教兴村项目86个。总体而言,自国家政策发布以来,农林类高校能积极响应号召,投身社会主义新农村建设的洪流,在高校人才下乡、农业类人才培养、农业科技服务、农村信息化建设以及乡村文明建设等方面都作出了重大贡献。

多年来,中国高校一直以自己独特的方式服务于农村建设和农业农民发展。2012年,为进一步落实《国家中长期科学和技术发展规划纲要(2006—2020年)》和《国家中长期教育改革和发展规划纲要(2010—2020年)》,推进高等学校服务区域内新农村建设的能力和水平,发布了《教育部科技部关于开展高等学校新农村发展研究院建设工作的通知》。该通知强调,高校新农村发展研究院是以区域创新发展和新农村建设的实际需求为导向,以机制体制改革和服务模式创新为重点,组织和引导广大师生深入农村基层开展科技服务,切实解决农村发展的实际问题,发挥高等学校在区域创新发展和新农村建设中的带动和引领作用。② 高校新农村发展研究院的建设任务包括多种形

---

① http://www.moe.gov.cn/srcsite/A08/moe_740/s3863/200703/t20070302_109626.html,2007-03-02.

② http://www.moe.gov.cn/srcsite/A16/s7062/201202/t20120203_172769.html,2012-02-03.

式的新农村服务基地、新农村建设宏观战略研究、跨校跨地区的资源整合与共享平台等。据统计，2012年教育部批准了第一批包括中国农业大学、南京农业大学、西北农林科技大学等10所高校设立新农村发展研究院，2013年批准了29所高校，全国合计有39所高校设立了新农村发展研究院。其中21所为涉农高等院校，18所为综合性高等院校。

自2012年试点建设以来，新农村发展研究院形成了各有特色的运行模式。四川农业大学构建了新农村发展研究院，建设四个体系：以"新农村研究院—片区科技服务中心—村镇科技服务站"和统筹城乡综合信息服务平台为主体的公益性农村科技和管理综合服务体系，以科技项目评估、投融资和管理咨询、创业培训与孵化服务为主要功能的创业与孵化服务体系，以农业科技园区、科技型农业企业、专家大院、专业技术合作组织和科技特派员团队为主体的多元化科技服务体系，以四川农业大学15个研究所（中心）为主体的现代农村科技创新体系。浙江大学新农村发展研究院以国家战略为目标，以农业农村经济发展的实际需求为导向，以学科交叉融合为手段，通过"学科交融、科教结合、农工互动、农医联动"，提升"顶天立地，纵横交错，高强辐射"的综合服务能力，充分发挥学校人才培养、科学研究、社会服务和文化传承创新的综合能力，服务国家需求，服务"三农"；同时，促使建设"世界一流大学"和服务"三农"的有机融合。2010年至今，新农村发展研究院共引进、试验、示范新品种、新技术、新模式786项，建立核心示范基地100家；每年开展各种形式的培训200余场次，培训农民和技术人员14000余人次；组织联盟专家集体技术下乡服务400余次，直接服务农民5000余人次（程术希，2019）。有些高校把新农村发展研究院提升到了省级层面，如南京农业大学，在江苏省人民政府的组织下，与省农委、省教育厅、省财政厅共建江苏农村发展学院。江苏农村发展学院实行理事会领导下的院长负责制管理模式，学校负责汇聚相关学科专业的优势资源，江苏省人民政府提供相应的政策和经费支持，省农委、省教育厅、省财政厅、省发展改革委、省科技厅、省人力资源保障厅、省委农工办等单位作为学院理事单位，为学院确定工作任务、发展目标和重大改革举措（陈俐等，2014）。许竹青等（2016）调研发现各高校新农村发展研究院以不同组织形式和运作模式开展了有益的探索。各新农村发展研究院的运行整体体现了公益性服务与市场化服务齐头并进，教学科研、人才培养与乡村服务相互促进的良好局面。经过近10年的发展，各新农村发展研究院已经逐渐成为国家、省（市、区）和区域新农村建设理论研究的主要策源地、一流农业产业新型技术的主要供给方以及新农村建设各类人才培养的摇篮。同时，综合性高校新农村发展研究院凭借多学科交融的人才和科技资源优势，有效促进了广大基层农村传统文化的继承和创新。

第三节 "乡村振兴战略"时期高等教育服务乡村相关政策（2012年至今）

党的十八大以来，以习近平同志为核心的党中央深刻指出："我国经济社会发展正处在转型期，农村改革发展面临的环境更加复杂、困难挑战增多。工业化信息化城镇化快速发展对同步推进农业现代化的要求更为紧迫，保障粮食等重要农产品供给与资源环境承载能力的矛盾日益尖锐，经济社会结构深刻变化对创新农村社会管理提出了亟待破解的课题。"在这一深刻变化的历史背景之下，国家对农村发展作出了"乡村全面振兴"的目标选择，坚持走"中国特色社会主义乡村振兴"道路，从而形成了新时代以"乡村振兴"为主题的农村发展战略。

一 该时期乡村发展相关政策及对教育的需求

2013年，中央一号文件《中共中央 国务院关于加快发展现代农业进一步增强农村发展活力的若干意见》指出："全面贯彻落实党的十八大精神,坚定不移沿着中国特色社会主义道路前进,为全面建成小康社会而奋斗,必须固本强基,始终把解决好农业农村农民问题作为全党工作重中之重,把城乡发展一体化作为解决'三农'问题的根本途径;必须统筹协调,促进工业化、信息化、城镇化、农业现代化同步发展,着力强化现代农业基础支撑,深入推进社会主义新农村建设。"该意见明确强化农业公益性服务体系,"支持高等学校、职业院校、科研院所通过建设新农村发展研究院、农业综合服务示范基地等方式,面向农村开展农业技术推广"。[①] 2014年7月,国务院公布《关于进一步推进户籍制度改革的意见》,指出:"统筹推进工业化、信息化、城镇化和农业现代化同步发展,推动大中小城市和小城镇协调发展、产业和城镇融合发展。统筹户籍制度改革和相关经济社会领域改革,合理引导农业人口有序向城镇转移,有序推进农业转移人口市民化。"[②] 2016年1月,国务院印发《关于支持返乡下乡人员创业创新 促进农村一二三产业融合发展的意见》,指出"越来越多的农民工、中高等院校毕业生、退役士兵和科技人员等返乡下乡人员到乡村进行创业创新",强调"实施农民工等人员返乡创业培训五年行动计划和新型职业农民培育工程、农村青年创业致富'领头雁'计划、贫困村创业致富带头人培训工程,开展农村妇女创业创新培训,让有创业和培训意愿的返乡下乡人员都能接受培训"。[③]使国内各级各类高校在返乡下乡人员创业创新培训过程中发挥应有的作用。

2017年,党的十九大报告中首次提出实施"乡村振兴战略",明确"坚持农业农村优先发展,按照产业兴旺、生态宜居、乡风文明、治理有效、生活富裕的总要求,建立健全城乡融合发展体制机制和政

---

① http://www.gov.cn/jrzg/2013-01/31/content_2324293.htm, 2013-01-31.
② http://www.gov.cn/zhengce/content/2014-07/30/content_8944.htm, 2014-07-30.
③ http://www.gov.cn/zhengce/content/2016-11/29/content_5139457.htm, 2016-11-29.

策体系,加快推进农业农村现代化","培养造就一支懂农业、爱农村、爱农民的'三农'工作队伍"。2018年1月,《中共中央 国务院关于实施乡村振兴战略的意见》提出,"到2020年,乡村振兴取得重要进展,制度框架和政策体系基本形成","到2035年,乡村振兴取得决定性进展,农业农村现代化基本实现","到2050年,乡村全面振兴,农业强、农村美、农民富全面实现","实施乡村振兴战略,必须破解人才瓶颈制约。要把人力资本开发放在首要位置,畅通智力、技术、管理下乡通道,造就更多乡土人才,聚天下人才而用之"。强化乡村振兴人才支撑分别是大力培育新型职业农民、加强农村专业人才队伍建设、发挥科技人才支撑作用、鼓励社会各界投身乡村建设以及创新乡村人才培育引进使用机制。同时,该意见还特别指出了高校在乡村振兴过程中的作为:"全面建立高等院校、科研院所等事业单位专业技术人员到乡村和企业挂职、兼职和离岗创新创业制度,保障其在职称评定、工资福利、社会保障等方面的权益","支持地方高等学校、职业院校综合利用教育培训资源,灵活设置专业(方向),创新人才培养模式,为乡村振兴培养专业化人才"。2018年9月,中共中央、国务院印发《乡村振兴战略规划(2018—2022年)》(以下简称《规划》)。《规划》共分十一篇三十七章,系统阐述了未来五年构建乡村振兴新格局、加快农业现代化步伐、发展壮大乡村产业、建设生态宜居乡村、繁荣发展乡村文化、健全现代乡村治理体系、保障和改善乡村民生、完善城乡融合发展政策体系等内容。《规划》提出鼓励高校、科研院所建立一批专业化的技术转移机构和面向企业的技术服务网络,通过研发合作、技术转让、技术许可、作价投资等多种形式,实现科技成果市场价值。2019年1月,中共中央、国务院发布《关于坚持农业农村优先发展做好"三农"工作的若干意见》,提出坚持农业农村优先发展总方针,以实施乡村振兴战略为总抓手,对标全面建成小康社会"三农"工作必须完成的硬任务,坚决打赢脱贫攻坚战,充分发挥农村基层党组织战斗堡垒作用,全面推进乡村振兴,确保顺利完成到2020年承诺的农村改革发展目标任务,①同时明确,建立县域人才统筹使用制度和乡村人才定向委托培养制度,探索通过岗编适度分离、在岗学历教育、创新职称评定等多种方式,引导各类人才投身乡村振兴。2020年1月,《中共中央 国务院关于抓好"三农"领域重点工作确保如期实现全面小康的意见》指出,2020年是全面建成小康社会目标实现之年,是全面打赢脱贫攻坚战收官之年,在强化农村补短板保障措施方面要求推动各级各类人才下乡,多方动员城市的科研人员、工程师、规划师、建筑师、教师以及医生等到乡村进行服务;优化高校涉农类学科和专业的设置与布局,对乡村建设急需、紧缺的涉农类专业可以实行高考提前批录取;各级部门和单位需要抓紧出台推进乡村人才振兴的意见和办法。②2021年2月,中共中央办公厅、国务院办公厅印发了《关于加快推进乡村人才振兴的意见》,提出"完善高等教育人才培养体系。全面加强涉农高校耕读教育,将耕读教育相关课程作为涉农专业学生必修课。深入实施卓越农林人才教育培养计划2.0,加快培养拔尖创新型、复合应用型、实用技能型农林人才。用生物技术、信息技术等现代科学技术改造提升现有涉农专业,建设一批新兴涉农专业"。2022年2月,中共中央办公厅、国务院办公厅印发了中央一号文件提出"启动神农英才计划,加快培养科技领军人才、青年科技人才和高水平创新团队","完善耕读教育体系。优化学科专业结构,支持办好涉农高等学校和职业教育"。

二 依托农村专项计划、乡村教师计划等,助力乡村振兴战略

党的十八大以来,在以习近平同志为核心的党中央把解决好"三

---

① http://www.gov.cn/zhengce/2019-02/19/content_5366917.htm,2019-02-19.
② http://www.gov.cn/zhengce/2020-02/05/content_5474884.htm,2020-02-05.

农"问题作为全党工作的重中之重,扎实推进农业现代化和新农村建设。党的十九大报告清晰擘画全面建成社会主义现代化强国的时间表、路线图,即在2020年全面建成小康社会、实现第一个百年奋斗目标的基础上,再奋斗15年,在2035年基本实现社会主义现代化。从2035年到本世纪中叶,在基本实现现代化的基础上,再奋斗15年,把我国建成富强民主文明和谐美丽的社会主义现代化强国。因此,乡村振兴战略势在必行。

1. 农村专项计划,提升贫困乡村地区的教育公平

2012年,为了贯彻落实党中央、国务院关于新阶段扶贫的宏观战略部署、促进教育公平,教育部联合多部门发布《关于实施面向贫困地区定向招生专项计划的通知》(以下简称专项计划)。专项计划明确提出"十二五"时期每年在全国招生计划中专门安排1万个左右计划,以本科一批招生院校为主。本科计划由部属高校和在本科一批招生的地方高校共同承担招生及培养任务,高职计划由国家示范性(含骨干)高等职业学校承担招生及培养任务。努力为贫困地区乡村选拔、培养更多的高层次专业人才,特别是应用型、复合型、技能型人才,推动贫困地区经济社会又好又快发展。[①] 从2014年开始,全国有95所高校实施专项计划,包括教育部直属高校72所,对"边远、贫困、民族地区县及县以下中学勤奋好学、成绩优良的农村学生进行招生"。张瑞娟(2018)统计历年高校专项计划实际录取情况,显示2015年录取6027人,到2017年录取了9354人,平均增长率为24.6%,表明越来越多的农村学生能够通过专项计划获取重点高校的入学机会。

根据2017年的政府工作报告,专项计划实施3年以来,贫困乡村学生就读重点高校的人数年均增长10%以上,到2016年,重点高校

---

① http://old.moe.gov.cn/publicfiles/business/htmlfiles/moe/s6512/201206/137342.html, 2012-04-23.

招收农村学生人数增长到 21.3%。截至 2020 年年底,据统计,全国接受高等教育的建档立卡贫困学生达 514.05 万人,数以百万计的贫困家庭有了大学生,飞出了"金凤凰"(杜玉波,2021)。另外,结合我国乡村和贫困地区经济社会发展实际,教育部持续实施重点高校招收贫困地区学生的专项计划,并且在实践中不断优化完善政策措施,构建起保障农村和贫困地区学生上重点高校的长效机制。教育部统计,专项计划招生人数由 2012 年的 1 万人增至 2020 年的 11.7 万人,截至 2021 年 12 月底累计已有 82 万名学子通过专项计划走进各类高校。[①]崔盛和吴秋翔(2018)基于历年专项计划的招生政策与数据,从实施主体、招生过程及录取结果等方面分析该政策的实际成效,研究认为专项计划是我国高校面向贫困乡村地区精准扶贫的重要举措。通过专项计划让更多农村孩子接受国家优质的高等教育,能够帮助农村孩子实现社会纵向流动,是拔掉穷根、阻断贫穷代际传递的重要途径,在国家整个脱贫攻坚工作中发挥长远作用。同时,也指出专项计划招生的农村学生进入重点高校之后依然是相对弱势的群体,需要高校和教师持续关注与支持,帮助他们尽快适应大学学习和生活。曹妍等(2019)收集各年度高校专项计划数、中国教育经费统计年鉴、中国教育统计年鉴等数据研究认为农村越贫穷或高中教育水平越薄弱的地区,其获得的专项计划录取名额的就越多,即贫困地区人均可支配收入每下降 1 个百分点,重点高校在当地的名额分配会相应增加 2.95 个;贫困地区高中师生比每下降 1 个百分点,重点高校在当地的名额分配会相应增加 10.96 个。高校调整后采用"分省择优"的专项计划招生方式,比采用"全国择优"方式更能有效落实专项计划的补偿政策。东部贫困地区和西部民族地区的优质入学机会较高,而中部地区受限于经济发展和无优惠政策支持等因素,呈现出招生公平的"中部塌陷"的特征(杨江华,2014),而专项计划在我国中部地区得以更

---

① http://www.moe.gov.cn/fbh/live/2021/53939/,2021-12-31.

好地实现其补偿政策的价值。

2. 引导毕业生到基层工作，满足乡村振兴各类人才需求

2017年，为了深入实施人才强国战略和就业优先战略，解决基层对各类人才的需求，同时针对高校毕业生到乡村基层工作存在动力不足、渠道不畅、发挥作用不够、发展空间有限、服务保障不力等问题，中共中央办公厅、国务院办公厅印发了《关于进一步引导和鼓励高校毕业生到基层工作的意见》，指出引导高校毕业生投身扶贫开发和农业现代化建设。围绕打赢脱贫攻坚战和农业现代化部署，结合推进农业科技创新、扶贫开发需求，积极引导和鼓励高校毕业生投身现代种业、农业技术、农产品加工、休闲农业、乡村旅游、农村电子商务、农村合作经济和基层水利等乡村事业。鼓励高校毕业生到贫困村从事扶贫工作，到贫困村创业并带领建档立卡贫困人口脱贫致富。引导高校毕业生到中西部地区、东北地区和艰苦边远地区工作。在深入实施中部崛起、西部大开发和振兴东北地区等老工业基地战略中，积极拓展高校毕业生就业新空间，引导和鼓励高校毕业生到中西部地区、东北地区就业。加大招录国家重点高校优秀毕业生到乡镇一线和其他基层单位工作的力度，为基层干部队伍建设提供源头活水。[①] 可以说，乡村振兴非常需要各类人才。国家相关部委也相应地实施了保障毕业生到基层就业的措施，如在选拔干部人才、职务（等级）晋升和评聘专业技术职务（岗位）等方面都倾向于在基层工作的优秀毕业生。同时，提出按照统一征集岗位、统一发布公告、统一组织考试、统一服务管理的原则，统筹实施高校毕业生到乡村基层工作，进一步落实服务期满考核合格人员的就业保障政策等措施。

在中央政策的指引下，各地方政府结合本地经济社会状况和乡村发展需要，制定了更具针对性的地方基层就业政策。先后共有18个省（自治区、直辖市）出台了《关于引导和鼓励高校毕业生面向

---

① http：//www.gov.cn/xinwen/2017-01-24/content_5163032.htm，2017-01-24.

基层就业的实施意见》。高校毕业生到乡村基层就业等相关政策自2003年起已经实施10余年，其间政策经历了由中央到地方、由零散到系统、由单纯的引导到引导、激励和保障相结合的演变过程。马莉萍和刘彦林（2015）通过对政策实施效果的研究发现，2004年和2005年全国范围内高校毕业生基层就业的比例仅为4%左右，此后逐渐呈现稳步上升态势，到2011年这一数据达到12%左右。从就业的区域来看，毕业生到中西部地区乡村基层的比例高于东部地区，这与国家政策的引导有直接关系。据统计，浙江省从2006年开始统一开展"大学生村官"的选聘工作。到2011年，累计选聘"大学生村官"24411名，仍在岗的有17983名。约2/3离职的"大学生村官"成为公务员和事业单位工作人员。[1] 在《2019—2020年度大学生志愿服务西部计划实施方案》中，将先前文件中的"农业科技"专项变更为"服务三农"专项，使服务范围得以扩大。2020年发布的《关于引导和鼓励高校毕业生到城乡社区就业创业的通知》，提出将基层乡村社区作为基层就业新的重点领域。这些政策使高校毕业生面向基层就业的规范性、积极性得以显著提升。打开乡村基层这个就业空间，如果单独靠市场调节，则将是一个漫长的过程。高校需要抓紧时间，在短期之内形成一种积极的面向基层的就业导向。教育部统计，截至2021年年底，全国实施"一村一名大学生计划"，培养了55万名乡村干部、乡村致富带头人。实施面向中西部农村的订单定向免费本科医学生招生培养计划，累计培养6.3万余人。[2] 可见，引导、激励和保障高校毕业生在乡村基层就业，可解决自身就业问题，能产生"倍增效应"，有利于乡村基层干部素质的整体提升和村务治理，更好地为农村谋发展、为农民谋福利，从而辐射带动周围群众走上致富之路。

---

[1] http://zjnews.zjol.com.cn/system/2011/07/12/017671992.shtml.
[2] http://www.moe.gov.cn/fbh/live/2021/53939/，2021-12-31.

2023年，教育部为了进一步实现巩固拓展脱贫攻坚成果同乡村振兴有效衔接，联合财政部办公厅印发《关于做好2023年农村义务教育阶段学校教师特设岗位计划实施工作的通知》，全国拟计划招聘52300名特岗教师。特岗教师计划重点向国内原"三区三州"、乡村振兴重点帮扶县等地区倾斜；重点在于引导和鼓励高校毕业生到乡村基层的学校任教；逐步持续优化师资队伍结构，尤其是在道德与法治、体育与健康等紧缺薄弱学科的有效补充。"特岗教师计划"和"免费师范生"已经成为有效改善农村，尤其是偏远地区中小学教育教学质量的有效制度创新模式，有效加快基层农村教育事业发展，很大程度上促进了社会主义新农村建设。

3. 创新教师教育模式，培育符合新时代要求的高质量乡村教师

我国要实现教育现代化，薄弱环节和短板仍然在乡村，全力发展乡村教育，帮助处于乡村孩子的学习成才，有助于阻止贫困现象的代际传递，是功在当代、利在千秋的大事。发展乡村教育，教师是关键，因此必须把乡村教师队伍建设摆在优先发展的战略地位。为此，2015年6月，国务院办公厅印发了《乡村教师支持计划（2015—2020年）》，提出采取切实措施加强乡村教师队伍建设，明显缩小城乡师资水平差距，让每个乡村孩子都能接受到公平、有质量的教育。到2020年，努力造就一支素质优良、甘于奉献、扎根乡村的教师队伍，为基本实现教育现代化提供坚强有力的师资保障。[①] 乡村师资培养自然离不开各级各类的师范类院校。因此，该计划要求地方政府和师范院校根据当地乡村教育实际需求加强本土化培养，采取多种方式定向培养"一专多能"的乡村教师。同时，在职称（职务）评聘、乡村教师荣誉制度、乡村教师生活待遇、"国培计划"等方面都向乡村教师倾斜。

2020年7月，在实施《乡村教师支持计划（2015—2020年）》的基础上，教育部等六部门发布了《关于加强新时代乡村教师队伍建设

---

① http://www.gov.cn/zhengce/content/2015-06/08/content_9833.htm, 2015-06-08.

的意见》，明确乡村教师是发展更加公平更有质量乡村教育的基础支撑，是推进乡村振兴、全面建成社会主义现代化强国、实现中华民族伟大复兴的重要力量。要求加强师德师风建设，激发教师奉献乡村教育的内生动力；创新挖潜编制管理，提高乡村学校教师编制的使用效益；畅通城乡一体配置渠道，重点引导优秀人才向乡村学校流动；拓展职业成长通道，让乡村教师获得更广阔的发展空间；提高地位待遇，让乡村教师享有应有的社会声望；关心青年教师工作生活，优化在乡村建功立业的制度和人文环境。该意见要求师范类院校创新教师教育模式和方法，培育符合新时代乡村振兴所需的高质量乡村教师。师范类院校需要加强定向公费生的培养力度，继续采取"定向招生、定向培养、定向就业"等方式，精准培养乡村振兴所需要的本土化乡村教师；师范类院校要坚持以乡村教育需求为导向，强化学生的教育实践和乡土文化熏陶，提升学生的职业素养和扎根乡村的教育情怀。① 同时，该意见要求师范类院校采取多种培养方式，实施长期跟踪、终身支持乡村教师的成长成才，探索实施大学教师与乡村教师形成紧密联系的学习共同体、研究共同体和发展共同体。2021年7月，教育部等九部委致力于推动巩固拓展教育脱贫攻坚成果同乡村振兴有效衔接，颁布了《中西部欠发达地区优秀教师定向培养计划》（以下简称优师计划）。优师计划从2021年起依托部属师范大学与高水平地方师范院校，采取定向方式，每年为832个脱贫县和中西部陆地边境县中小学培养1万名左右本科层次师范生。② 这些师范生将与欠发达地区教书育人一线的广大教师一起，巩固教育脱贫攻坚成果，推动教育优质均衡发展，实现乡村教育振兴。

全国各省、自治区、直辖市分别以中央文件为基本宗旨，出台了

---

① http://www.gov.cn/zhengce/zhengceku/2020-09/04/content_5540386.htm，2020-07-31.

② http://www.moe.gov.cn/srcsite/A10/s7011/202108/t20210803_548644.html，2021-08-03.

兼具了基本目标与自己本土化的特色的计划和意见。刘博（2018）认为河南省从乡村教师职业生涯发展最重要的八个方面"出击"，抓住问题症结所在，打出"组合拳"，稳定了当地乡村教师的"民心"，改善了基层乡村的教育积贫积弱现象。调查显示县域的乡村教师流失现象得到扭转、乡村教师队伍得到补充、师德师风得以传颂。苏令（2016）调查分析优师计划实施4年以来，湖北省累计为乡村义务教育学校补充英语教师57000人，美术、音乐、体育以及信息技术教师5200人，一定程度上满足了基层乡村对紧缺学科教师的需求。付卫东和范先佐（2018）对中西部6省12县120余所农村中小学进行了问卷调查和结构性访谈，显示优师计划拓宽了乡村教师的多渠道来源，为乡村学校注入了新的活力；制定了乡村学校教师职称评定和教师培训方案，拓宽了乡村教师职业发展渠道；实施了乡村教师荣誉制度。石连海和田晓苗（2018）认为我国乡村教师政策，即由原先的"自上而下"的"压力传导"加"激励诱导"的政策价值取向，逐渐转向"上下联动"的"主动呼应"加"标本兼治"的政策价值转型。乡村教师队伍建设也由原先的要求"稳定、合格"转向"专业、高素质"。国家实施乡村振兴战略需要有一支"懂农业、爱农村、爱农民"的"三农"工作队伍。乡村教师作为工作队伍之一，个人的专业发展必须与整体的乡村振兴相协调，走服务乡村振兴所需要的乡村教育的专业化发展之路。2021年4月30日，教育部等四部门《关于实现巩固拓展教育脱贫攻坚成果同乡村振兴有效衔接的意见》指出，巩固拓展乡村教师队伍建设成果，在脱贫地区增加公费师范生培养供给，加强城乡教师合理流动和对口支援，鼓励乡村教师提高学历层次。同时，加强乡村教师教育体系建设，建设一批国家师范教育基地和教师教育改革实验区，推动师范教育高质量发展与巩固拓展教育脱贫攻坚成果、实施乡村振兴相结合。"乡村振兴，关键在人，基础在教育。"各类公费师范生、定向师范生、优师计划在培养过程中强调乡村基层的教育需求与实践体验，厚植乡土情结，浸润教育情怀，扎扎实实为基层培养"沉得下、用得上、留得住"的优秀教师是助力国家乡村振兴战略的有效路径。

三 设立乡村振兴研究院（学院、实践基地），直接参与乡村振兴战略

党的十九大以来，实施乡村振兴战略，是党中央作出的重大决策部署，是决胜全面建成小康社会、全面建设社会主义现代化国家的重大历史任务，是新时代"三农"工作的总抓手。同时，2018年中央一号文件提出"人才制度建设""高校毕业生基层成长计划""鼓励人才下乡服务""人才政策制定"等多项助力乡村振兴的人才引进措施，力求解决乡村专业人才缺乏的发展困境。

1. 乡村振兴科技创新行为动计划（2018—2022年）

2018年12月，为深入贯彻习近平新时代中国特色社会主义思想和党的十九大精神，组织和引导高校深入服务乡村振兴战略，发挥高校在人才培养、科学研究、社会服务、文化传承创新和国际交流合作等方面的重要作用，教育部研究制定了《高等学校乡村振兴科技创新行动计划（2018—2022年）》（以下简称《行动计划》）。《行动计划》设立主要目标，即通过五年时间，逐步完善高校的科技创新体系和布局，强化高校对乡村振兴的科技和人才支撑；显著提升高校服务乡村振兴的能力和质量，培养造就一支"懂农业、爱农村、爱农民"的人才队伍；把高校建设成为乡村振兴战略科技创新和成果供给的重要力量、高层次人才培养集聚的高地、体制机制改革的试验田以及政策咨询研究的高端智库。《行动计划》布置了七大主要任务：一是科学研究支撑计划，发挥高校作为基础研究主力军和技术创新策源地的重要作用，提升前沿科学与技术水平、促进学科交叉与融合创新、加强乡村振兴的战略研究；二是技术创新攻关行动，支持高校加强服务乡村振兴技术创新，突破关键核心技术与装备、强化技术支撑体系创新；

三是能力建设提升行动，瞄准农业农村现代化需求，加强农业农村领域重大条件平台建设、建设乡村振兴的协同创新平台、加强高校新农村发展研究院建设；四是人才培养提质行动，服务乡村振兴发展完善乡村振兴人才培养模式，促进学科专业发展建设、强化人才培养、加强基层人才能力培训；五是成果推广转化行动，加快农业技术转移转化、打通转移转化机制障碍、服务农业农村创新创业；六是脱贫攻坚助力行动，开展精准脱贫的实验示范、书写科技脱贫攻坚"高校样本"；七是国际合作提升行动，支持高校与发达国家开展高水平合作、促进国际人才交流、提升开放创新服务水平。总而言之，在实现"两个一百年"奋斗目标的过程中，在决胜全面建成小康社会、全面建设社会主义现代化国家的重大历史任务中，高校深度参与和主动服务乡村振兴是责无旁贷的。2021年2月，中共中央办公厅、国务院办公厅印发了《关于加快推进乡村人才振兴的意见》，提出加强乡村振兴发展研究院建设，加大涉农专业招生支持力度。

2. 地方综合类高校服务于乡村振兴状况

地方综合类高校作为与区域经济联系最为紧密的高等教育实体，对助推乡村振兴具有不可推卸的责任与义务。很多地方高校纷纷设立了乡村振兴研究院（学院），如青岛大学齐鲁乡村振兴研究院、临沂大学乡村振兴学院、宁波大学中国乡村政策与实践研究院、贵州大学乡村振兴研究院等。2018年，青岛大学为了响应国家乡村振兴战略，利用自身学科专业的综合优势、整合校内外研究力量，成立了青岛大学齐鲁乡村振兴研究院，并于当年5月获批山东省社会科学规划重点研究基地。研究院组建了由28位专家、教授及近百名青年学者组成的科研服务团队，规划了16项周边县域（乡村）振兴急需的产业振兴、文化振兴、生态振兴、人才振兴、组织振兴以及振兴标准等方面的实践课题。青岛大学齐鲁乡村振兴研究院先后为青岛平度市、潍坊诸城市等县域提供常态化、持续性的技术、人才教育、医疗等方面的服务，探索乡村振兴"齐鲁样板"智库建设。崔国富（2019）认为地方高校面对乡村振兴与城乡融合发展的新时代背景，通过办学定位服务对象下移、优化学科专业结构、调整培养方案为乡村振兴培养急需的应用型专业人才，直接为乡村产业发展、生态文明建设、基层有效治理等提供智力服务，为乡村振兴提供文化助力。就地方高校具体的服务向度和服务路径而言，韩嵩和张宝歌（2019）指出地方高校可以结合自身区域、行业、专业、人才方面的特点，通过融入乡村产业发展、扩容乡村人力资源、促进乡村功能完善三个向度来服务乡村振兴战略。地方高校服务乡村振兴的"五个服务"路径，分别是服务乡村新产业快速崛起、服务特色产业体系构建、服务双创园区集群发展、服务龙头企业科技创新和服务乡村新型经营主体创收。梁成艾（2019）认为需要通过创新地方高校教育政策的价值意蕴即公平与高质量发展相互统一来助力乡村振兴要求的圆满实现，使地方高校成为乡村振兴人才培养的摇篮、科技创新的重镇和人文精神的高地。何妍妍（2020）通过分析地方高校服务乡村振兴的问题及根源，指出地方高校服务乡村振兴其中一条有效路径就是与当地县域政府、乡村产业一起搭建乡村电商学院，引导毕业生投身农村的就业与创业；同时建立健全高校教师服务乡村振兴的激励机制，建立健全与当地政府合作进行人才联合培养机制；地方高校通过多种方式对接，服务乡村"五个振兴"。史莎莎（2020）对辽宁省某地方综合性大学进行乡村振兴服务的调研，认为学校通过下派驻村干部、开展义县定点扶贫、开展乡村骨干教师培训、大学生"三下乡"等服务途径，对定点乡村的教育事业、"文化+旅游业"产业以及文化建设等方面作出了较大贡献。综上所述，地方高校现主要通过引导学生向乡村发展、推动科技成果转化、融入乡村产业发展来服务乡村振兴，但同时会存在办学定位高与专业设置趋同等方面的结构性问题。地方综合性高校需要通过与县域（乡村）合作建立人才培养合作机制，以供给侧结构性改革为理念进行改革，调整办学定位与服务对象，主动对接乡村第一、第二、第三产业融合发展的新要求。

3. 涉农类高校服务于乡村振兴状况

2019年7月，教育部开始实施高校新农科建设的"三部曲"："安吉共识"、"北大仓行动"和"北京指南"，探索高校涉农类教育改革发展的新路径新范式，启动了高等农林教育主动服务脱贫攻坚、乡村振兴、生态文明和美丽中国建设的战略行动。浙江大学从"实施神农班2.0计划"与"实施乡村振兴实验班计划"两个维度，为县域（乡村）振兴培养多学科知识背景、能支撑农业农村实现可持续发展的复合型人才；同时以现代科学技术改造传统涉农类专业，沿着农医工信文交叉融合之路径，推进有关农业育种、智慧农业、生态农业等新专业新领域的内涵建设。西北农林科技大学实施了具有农科特色的"大国三农"通识教育课程体系，推进本校新农科专业的教育教学体系创新；同时，集中多学科力量筹建未来农业研究院，聚焦国家战略需求，紧盯现代农业科技最新前沿，开展重大科学问题和关键技术难题的攻关计划，为我国乡村振兴战略提供"西农智慧"，贡献"西农力量"。[①]2022年8月，教育部提出涉农类高校面向新农业、新乡村、新农民、新生态，服务农业农村现代化进程中的新产业新业态，把握乡村经济社会和农业产业发展大趋势，聚焦急需紧缺的农林人才和未来农业人才培养，引领有条件的高校，面向粮食安全、生态文明、智慧农业、营养与健康、乡村发展五大领域，设置生物育种科学、生态修复学、全球农业发展治理等新农科专业。

4. 职业类高校服务乡村振兴状况

乡村振兴关键在于乡村当地人才的振兴。立足乡村振兴的人才需求、技术需求和文化需求探讨职业类高校的发展是新时代对职业类高校的战略任务。例如，成都农业科技职业学院于2017年11月牵头成立中国乡村振兴战略研究院联盟，旨在以技术创新需求为纽带，以契约关系为保障，以文化交流为平台，有效整合各方的产、学、研、用

---

① http://www.moe.gov.cn/s78/A08/moe_745/201907/t20190702_388631.html.

的资源和需求。通过对县域（乡村）产业、生态、组织等振兴所需的共性问题的研究，形成产业标准、行业标准和专利技术，有效推动当地乡村振兴。2018 年，潍坊职业学院发挥农业专业人才优势、农业人才教育培训的良好平台和丰富经验，与当地政府一起组建了潍坊职业农民学院，由市直各有关部门参与并担任理事单位。着力创新教学模式，打造固定课堂、田间课堂、空中课堂"三大课堂"相互补充、线上线下紧密融合的教学模式；重点围绕提升职业农民综合素质、生产技能、经营管理能力开设课程，满足新时代职业农民培育需求。自组建以来先后开展农药经营培训、农产品质量安全培训、基层农技人员培训等 19 期，培训各县乡种植养殖大户、农技人员、合作社负责人 3000 余人，成为打造乡村振兴"潍坊模式""齐鲁样板"的重要依托力量。[①] 马建富和陈春霞（2019）认为在乡村振兴战略语境下，我国精准扶贫将更加注重贫困群体的"在场"作用，职业教育必须以扶贫理念转变为突破口，培育以乡村精英为核心的新型职业农民。当然，面向乡村振兴的职业教育需要基于个体特征和乡村产业、经济和社会发展的需求差异，精准设计培训方案，开展高质量的培训服务。田丽（2020）认为高职院校在培养乡村振兴所需要的新型职业农民方面有独特优势，如院校人才培养目标符合新型职业农民培育需求、院校拥有资源优势为新型职业农民培育提供保障，高职院校应该积极培育新型职业农民，为乡村振兴助力。何爱霞和孙纪磊（2021）分析了中国扶贫网"人物·故事"专栏中的 60 位农民案例，提出"源头造血"干预，"授人以鱼"变为"授人以渔"，让贫困农民致贫因素快速消解；"多维资本"协同，依托职业技能培训、态度观念教育、合作互助行为养成，阻断经济性、心理性和社会性贫困；"边际收益"扩展，使教育收益惠及家庭成员，"场域惯习"互促将阻断效应扩散至农村社区，并且提出进一步阻断农村贫困代际传递，有助于推进巩固

---

① http://www.sdwfvc.com/info/1083/21274.htm, 2019 - 04 - 02.

拓展脱贫攻坚成果同乡村振兴有效衔接。教育部数据统计，2019年我国高职扩招116.45万人，2020年扩招157.44万人，对乡村贫困地区给予倾斜支持，帮助更多乡村贫困学生有机会接受高等职业教育，实现"职教一人，就业一人，脱贫一家"（赵婀娜、吴月，2021）。综上所述，职业类高校以其自身优势与作用成为乡村脱贫和乡村振兴中不可缺少的重要组成部分，但在新时期同样面临困境，需要改革创新职业教育办学体制机制，同时国家和各相关部门也应出台促进职业教育、培训促进乡村振兴的专项政策等来发挥职业教育在乡村振兴中应有的作用。

此外，教育部于2022年8月发布了《新农科人才培养引导性专业指南》，引导涉农类高校深化农林教育的供给侧结构性改革。相关高校紧密围绕立德树人的根本任务，聚焦乡村振兴国家重大战略的实际需求，面向世界科技前沿、面向经济主战场、面向国家重大需求、面向人民生命健康，想国家之所想，急国家之所急，应国家之所需，加快布局建设一批具有适应性、引领性的新农科专业，加快培养急需紧缺农林人才，提升服务国家重大战略需求和区域经济社会发展能力。相关高校面向国家粮食安全、生态文明、智慧农业、营养与健康、乡村发展5个领域，根据自身的办学特色和学科发展方向，设置生物育种科学、生物育种技术、土地科学与技术、生物质科学与工程、生态修复学、国家公园建设与管理、智慧农业、农业智能装备工程、食品营养与健康、受益公共卫生、乡村治理、全球农业发展治理12个专业。有些高校开始停招并撤销一批老旧的涉农类专业，升级改造一批以及重点建设一批，着重破除原有专业之间的壁垒，积极推进农林、农经、农管的深度交叉融合。也有高校通过设立乡村振兴的人才培养拔尖实验班和微专业，主动适应农业新科技、新产业以及新业态的发展需要。另外，还有一些农林院校组成联盟资源共享，实行高端师资互聘、核心课程共建以及学分互认的模式。2022年11月，国家乡村振兴局根据中共中央办公厅、国务院办公厅《乡村建设行动实施方案》，指导组织实施"百校联百县兴千村"行动。2023年1月，《中共中央 国务院关于做好2023年全面推进乡村振兴重点工作的意见》提出，全面建设社会主义现代化国家，最艰巨最繁重的任务仍然在农村。2023年5月，习近平总书记给中国农业大学科技小院的同学们回信，表达了对新时代新征程上高等教育高质量发展、实现科技自立自强、加快建设农业强国、全面推进乡村振兴的深邃思考和殷切希望。高校立足地方资源禀赋和特色优势，拓展乡村服务基地的功能和服务范围，开展红色教育、科技创新、实习实训等社会实践。校地合作针对乡村振兴过程中的一些技术难题开展专项研究，形成一批"管用、好用、实用"的研究成果，推动解决乡村建设面临的难点堵点问题。高校通过主题讲座、现场教学等形式，常态化开展乡村规划师、乡村工匠等培训，培养一批能够带动一片的乡村建设实用型人才。

第三章 地方高校与乡村振兴耦合关系的理论构建

《国家新型城镇化规划（2014—2020年）》提出："要引导高等学校和职业院校在中小城市的合理布局，加快发展中小城市，有重点地发展小城镇。"在过去计划经济时代与资源集中配置的模式下，高等教育基本集中在大中型城市。随着新型城镇化的逐步推进，现有高等教育的学科专业结构布局、服务模式与中小城市对高等教育的需求之间的矛盾日益明显。因此，我们从国家战略高度出发，探究新型城镇化、乡村振兴战略对地方高校的时代需求，借助"推拉"理论分析地方高校服务乡村振兴的各种"推力"因素、"拉力"因素以及"中间障碍"因素，运用"三螺旋"理论分析高校服务乡村振兴的"三螺旋"空间演化的可行性与实现路径，为后面几章的研究奠定理论基础。

第一节 "推拉"理论及地方高校与乡村振兴耦合的动力机制

地方高校为什么希望能够对接国家乡村振兴战略？哪些因素促成了它们放下身段主动服务地方？这是首先需要明确的问题。国内外学者应用"推力"因素、"拉力"因素来分析社会经济与科学领域中许多现象的形成过程，本书认为这一理论同样适用于解释地方高校与乡村振兴之间的关系问题。

一 "推拉"理论的背景与内涵要素

1. 理论的形成背景

15世纪末全球地理大发现开始，掀起了全球范围内的人口迁移高潮，主流是由"旧大陆"流向"新大陆"，由已开发地区向未开发地区迁移，特点是以集团性、大批量的移民为主。这些主动或被动的人口迁移开发出了新大陆，传播了欧洲的工业文明，同时也改变了原来的人种分布。第二次世界大战以后，国际人口迁移从发展中国家流向发达国家，大量人口流向美国、加拿大和西欧地区，欧洲由人口迁出地区变为迁入地区，拉丁美洲由人口迁入地区变为迁出地区。

19世纪，英国统计学家拉文斯坦（E. G. Ravenstein）在分析1881年人口普查数据后，分别于1885年、1889年在《皇家统计学会会刊》发表了重要论文，提出了人口迁移法则"八律"或"七大定律"，包括阶梯式迁移法则、城乡移民差异法则、经济因素主导法则、迁入地选择法则等，被称为人口迁移"推拉"理论的雏形。在之后相当长的时间里，研究者只是在"拉文斯坦法则"的基础上进行局部阐发与拓展。

1969年，美国学者唐纳德·伯格（D. J. Bague）提出了迁移行为的理性行为假设，认为迁移者首先是为了追求利益最大化，其次是对迁入地和迁出地做了成本和收益的比较分析，各有有利与不利因素。埃弗雷特·李（E. S. Lee）在前人研究的基础上，从影响因素角度对迁移理论进行了更为细致的阐发，梳理出迁移的三种因素，并且提出了"推拉"理论。

2. 理论的内涵与要素分析

"推拉"理论主要包括"推力"因素、"拉力"因素和"中间障碍"因素三个方面（李强，2003）。迁出地的"推力"因素通常指那些促使移民离开原居住地的消极因素，包括自然资源匮乏、经济收入太低、生活不便利等；然而，迁出地除了"推力"因素，也存在部分"拉力"因素，如家人或族群团聚、熟悉的居住环境、社交网络等。但总体而言，迁出地的"推力"大于"拉力"。迁入地的"拉力"因素通常是指积极因素，这些因素吸引移民迁入新的居住地，包括更丰富的自然资源、更好的经济收入、更为便捷的生活条件等；同样，迁入地也存在"推力"因素，如陌生的生产生活环境、激烈的竞争、匮乏的社交网络等。综合来看，迁入地的"拉力"比"推力"更强，占主导地位。"中间障碍"因素通常指文化差异、距离远近、物质保障、迁移费用等，侧重对宏观环境的价值判断。

"推拉"理论不仅对人口迁移的影响因素作了很好的诠释，也为诸如企业、高校等单位的迁移提供了一个很好的理论分析框架。

二 "推拉"理论的分析框架

如上文所述，迁入地和迁出地通常同时具有吸引和排斥两方面的作用力；在"推力"与"拉力"两因素之外，还有不容忽视的"中间障碍"因素，这构成了经典的"推拉"理论的分析框架。众多学者利用这一分析框架对社会经济领域的一些问题进行了深入分析。

国内外学者较多运用"推拉"理论来分析人口流动的影响因素。李强（2003）对四川、辽宁、黑龙江等省的农民家庭进行访谈，发现农村最主要的"推力"因素是收入太低、缺乏发展机会、整体太穷；城市主要的"拉力"因素是收入高、外出能见世面；而影响我国人口迁移最重要的"中间障碍"因素是户籍制度，它甚至能使"推拉"因素失去原有效力。徐育才（2006）认为农村人口迁出的"拉力"主要源于城市市场发展对劳动力的吸引，经济结构偏差和收入差距扩大是主要的经济原因；"推力"主要源于各项制度与政策；而个体自身的人力资本素质等方面的"能力"也影响着迁移的方向和幅度。肖周燕（2010）提出迁移的"潜在外力"，如自然环境和社会环境潜力，后者包括经济发展水平、医疗卫生条件、教育水平、就业机会等方面的差异；"潜在内力"，如年龄、性别、文化程度等；而迁移的中间变量是实现渠道。三者的共同作用决定了迁移的方向，同时认为不同的参照物，会造成区域之间不同的推拉力。

除借鉴"推拉"理论研究人口迁移问题，许多学者还用此理论来分析其他领域中的一些问题。例如，王娟娟和史锦梅（2013）认为欠发达地区承接创业转移的"推力"因素包括技术进步、逐利需求、产业发展政策等；"拉力"因素包括自然资源禀赋、经济利润驱动等；"阻力"因素包括产业集聚的区域黏性、发达地区的制度创新等；"斥力"因素包括产业发展硬件薄弱、产业对接效率低等，这四股力量共同左右着产业的迁入或迁出。孙丽文和杜娟（2016）对生态产业链形成中的各因素进行分析，"推力"因素主要包括资源约束、环境约束，"拉力"因素主要包括经济利益驱动、市场需求压力，"中间障碍"因素主要包括基础设施、技术研发、政策税收等非竞争性因素，三者共同作用构建了生态产业链形成机制模型。

三 地方高校与乡村振兴耦合的"推拉"因素

基于国外经典的"推拉"理论，对理论进行拓展与明确。具体体现在三个方面：一是对"推力"因素、"拉力"因素、"中间障碍"因素进行定义与分析；二是对"推力""拉力"的大小进行分析，确定作用的结果；三是对宏观环境等进行分析，确定这种结果能否顺利。截至目前，较少有研究分析地方高校在"推拉"因素作用下，如何决策是否整体或部分服务于地方经济以及乡村振兴战略。从目前掌握的文献来看，蔡真亮等（2017）较明确地从"推拉"理论视角对高校县域办学进行现象分析，并提出主要"推力"因素是国家教育政策，主要"拉力"因素是县域市场需求，主要"中间障碍"因素是高等教育即将进入普及化。本书认为借鉴"推拉"理论来解释和分析地方高校服务于乡村振兴战略的诸多动因，以此探究地方高校在国家省市宏观发展形势、县域经济社会发展需求、乡村振兴战略需求以及自身转型发展等诸多"推拉"因素共同作用下如何开展地方合作办学，是理想之举。

在物理学领域研究两个物体相互作用时，如果要将其定性为一种耦合关系，就必须找出两者之间的作用点、作用力和作用方向，然后才能明确是一种什么形式的耦合。国内外社会科学领域的耦合理论通常用于分析大系统中各子系统之间的物质、信息、能量等要素的互动、依赖、协调、反馈、共生的动态关系，主要包括耦合度和协调度。前者用来测度和阐述各子系统之间相互影响作用的程度；后者用来度量子系统之间或者系统内部要素之间的和谐程度，体现子系统之间要素从杂乱无章到和谐共进的趋势。耦合系统具有整体性和共生性、开放性和动态性、复杂性和不确定性、自组织性和他组织性等特征。耦合理论为我们构建两个子系统的指标体系，用于计算"地方高校"与"乡村振兴"两个子系统的耦合度和协调度，以探究它们之间是否存在互动、协调和共生的耦合关系，两者的耦合基本特性如何，如何能够更好地促进耦合机制的形成与发展。耦合关系的模型构建首先要明确各子系统的耦合要素。"地方高校"主要选取人才培养、科学研究、社会服务、文化传承和国际交流合作5个一级指标，下分若干二级指标和三级指标；"乡村振兴"主要选取官方公布的产业兴旺、生态宜居、乡风文明、治理有效、生活富裕5个一级指标，下分若干二级指标和三级指标。产业兴旺类的客观性指标主要包括人均GDP、产业化经营占农业总产值比重、新兴产业比重等，主观性指标主要包括村级经济发展满意度、收入状况满意度等。生态宜居类的客观性指标主要包括万元GDP能耗、二氧化碳及主要污染物排放量、生态文明村创建率等，主观性指标主要包括环境卫生满意度、环境质量满意度等。乡风文明类的客观性指标主要包括农村思想文化阵地建设投入、好家风好家训创建率、村民素质指数等，主观性指标主要包括社会风气满意度、文明素质满意度等。治理有效类的客观性指标主要包括乡村和谐度、重大决策参与度、财务公开满意度等，主观性指标主要包括农民权益保护满意度、社会治安满意度等。生活富裕类的客观性指标主要包括农村人均可支配收入、人均文教娱乐支出占消费支出比重、社会基本保障情况等，主观性指标主要包括教育状况满意度、社会保障满意度等。耦合度与协调度用来量化高校与乡村振兴两个子系统间的耦合协调情况，反映子系统间不同的耦合协调发展程度。张桂文和孙亚南（2014）对1978—2011年中国人力资本存量系统与产业结构演进系统间的耦合度进行测算，发现耦合度分布在 0.5170—0.7281，处于磨合耦合阶段，表明它们之间存在较强的耦合关系。闫广芬和张磊（2016）根据耦合协调度计算公式对高校发展指数 S_{ij} 与行业发展指数 M_i 之间的协调性进行计算后发现，无论是从横向还是从纵向比较，都处于中低度的耦合协调阶段。姜李丹等（2016）从串联和并联两个耦合维度总结了我国产学研创新系统 P-P-T-T 前向耦合、T-P-P-T 后向耦合以及 TPT-ETT 并联耦合的发展模式，认为不同耦合模式的发展路径出现的涌现效应。姜璐等（2018）提出耦合协调度函数的计算公式，D 为耦合协调度，由耦合度 C 和评价指数 T 构成；T 反映高等教育与区域产业的综合发展评价指数，系数 a、b 取值均为 0.5，用来表明区域高等教育与区域产业两个子系统地位和作用同等重要。朱德全和杨磊（2021）基于柯布—道格拉斯生产函数，设计产出指标为产业兴旺、生态宜居、乡风文明、治理有效和生活富裕 5 个二级指标，下设 11 个三级指标。投入指标则包含资本投入、劳动力投入、教育投入 3 个二级指标，对应 3 个三级指标（见表 3-1 和表 3-2）。

表 3-1　　　　　　乡村振兴发展指数的指标体系

一级指标	二级指标	三级指标	数据来源
产出指标	产业兴旺	农业机械化率	
		农村人均用电量	
	生态宜居	农村（乡镇）卫生院数量	
		农村人均住宅面积	《中国统计年鉴》
		农村卫生厕所普及率	《中国农村统计年鉴》
	乡风文明	农村居民参与文化培训人次	《中国民政统计年鉴》
		农村居民家庭文教娱乐支出	《中国社会统计年鉴》
	治理有效	村委会委员数量	《中国生态环境统计年报》
		村委会委员大专学历比例	《中国城乡建设统计年鉴》
	生活富裕	农村居民可支配收入	《中国教育经费统计年鉴》
		农村居民耐用家电数	31 个省份统计年鉴
投入指标	资本投入	农村住户固定资产投资	
	劳动力投入	农村从业人口	
	教育投入	职业教育经费投入	

表 3-2　　　　　　乡村振兴发展指数的指标权重

一级指标	权重（%）	二级指标	信息熵	权重（%）
产业兴旺	33.59	农业机械化率	0.97	3.80
		农村人均用电量	0.77	29.79
生态宜居	13.20	农村（乡镇）卫生院数量	0.92	9.71
		农村人均住宅面积	0.99	1.62
		农村卫生厕所普及率	0.99	1.87
乡风文明	25.00	农村居民参与文化培训人次	0.85	19.05
		农村居民家庭文教娱乐支出	0.95	5.95
治理有效	13.60	村委会委员数量	0.97	3.28
		村委会委员大专学历比例	0.92	10.32
生活富裕	14.61	农村居民可支配收入	0.98	3.13
		农村家庭耐用家电数	0.91	11.48

美国数学家柯布（C. W. Cobb）和经济学家道格拉斯（P. H. Douglas）

共同创造了生产函数模型,并以此对美国 1899—1922 年资本和劳动对生产的影响进行测算,得出劳动对产出的贡献高达 3/4。国内学者朱迎春和王大鹏(2010)、王磊(2011)分别对 C－D 生产函数进行多重修正,认为在计算教育对国民经济年均增长率的贡献份额时用教育综合指数的年均增长率(R_e)来代替教育投入的平均增长率(e)应当更为合理。朱德全和杨磊(2021)选取客观熵权法对乡村振兴各项指标进行赋权,并以此为基础测算职业教育对乡村振兴的贡献率,见表 3－3 和表 3－4。

表 3－3　　　　　　　全国及区域乡村振兴各维度的得分情况

地区	产业兴旺 (SD)	生态宜居 (SD)	乡风文明 (SD)	治理有效 (SD)	生活富裕 (SD)	综合得分 (SD)
全国	70.13 (10.07)	83.41 (8.55)	76.25 (7.21)	85.43 (8.05)	92.98 (2.98)	78.81 (6.71)
东部	80.13 (9.13)	81.64 (8.65)	80.19 (9.85)	90.39 (7.32)	95.49 (2.75)	85.22 (6.22)
中部	66.05 (1.41)	83.49 (8.57)	73.20 (3.14)	86.46 (5.12)	92.97 (1.20)	76.28 (1.19)
西部	63.69 (6.34)	84.99 (8.13)	74.66 (3.95)	80.20 (7.05)	90.68 (2.00)	74.63 (3.99)

表 3－4　全国各省(自治区、直辖市)职业教育对乡村振兴的贡献率

地区	lnK (α)	lnL (β)	lnE (γ)	Y_r (%)	E_r (%)	C_E (%)
全国	0.17	－0.88	0.40	1.38	13.67	16.19
北京	0.02	0.02	0.40	0.50	5.90	17.62
天津	－0.06	3.76	0.15	0.45	10.73	27.39
河北	0.04	3.19	0.41	0.93	11.66	19.02
山西	－0.12	5.99	0.38	1.36	11.79	12.63
内蒙古	0.91	－2.23	0.13	1.31	13.21	11.43
辽宁	－0.39	6.34	0.49	0.95	8.91	15.28

续表

地区	lnK (α)	lnL (β)	lnE (γ)	Y_r (%)	E_r (%)	C_E (%)
吉林	-0.09	0.64	0.54	1.12	13.90	21.39
黑龙江	-0.08	-0.92	0.61	1.29	10.94	15.59
上海	0.17	0.01	0.83	0.87	7.48	19.92
江苏	-0.07	-1.11	0.77	1.13	10.10	19.36
浙江	-0.16	-1.87	0.91	0.96	9.21	23.79
安徽	0.36	-10.14	0.55	1.81	19.18	18.38
福建	0.87	1.06	0.01	1.43	9.59	6.78
江西	0.42	-3.92	0.25	1.65	11.86	9.22
山东	0.10	-1.04	0.45	1.04	9.68	14.65
河南	0.01	-4.12	0.43	1.04	15.41	22.81
湖北	0.34	-0.40	0.35	1.58	12.50	11.26
湖南	0.45	-1.22	-0.04	1.60	12.59	7.58
广东	0.50	-5.47	0.82	1.19	13.59	25.87
广西	0.44	7.76	-0.01	2.28	15.02	6.51
海南	0.08	5.39	-0.01	1.97	13.30	6.67
重庆	0.27	-1.91	0.35	1.79	14.99	11.90
四川	-0.17	-7.17	0.45	1.42	13.15	14.47
贵州	-0.34	-1.27	0.77	2.37	19.15	17.48
云南	0.67	-3.52	0.36	1.91	16.57	12.38
西藏	0.25	-0.63	0.48	2.12	24.29	18.63
陕西	0.27	-0.57	0.31	1.33	10.68	10.97
甘肃	0.52	-3.58	0.03	1.55	29.72	19.79
青海	0.03	-7.67	0.85	1.36	18.79	32.51
宁夏	0.05	-4.68	0.19	0.92	15.15	19.97
新疆	0	2.38	0.07	1.46	14.61	10.65

注：$R^2 = 0.99$；$F = 176.61$；$P = 0.00$；$DW = 1.85$。

本书还参照了吴玉鸣和柏玲（2011）、刘耀彬和李仁东（2005）的研究成果，构建能较为全面反映高校与乡村振兴在"推拉"理论分析框架下的耦合评价模型，其式如下：

$$C = \left\{ (U_1 \cdot U_2) \Big/ \left(\frac{U_1 + U_2}{2}\right)^2 \right\}^k \qquad (3-1)$$

式中：C 为地方高校与乡村振兴两个系统的耦合度指数；U_1、U_2 为两个系统的综合评价指数，用于表示两个系统的综合发展水平。此模型只能判断两者之间存在相互影响的耦合关系，难以判断耦合的良性程度，因此引入耦合协调度 D 指数模型：

$$D = \sqrt{C \times T} \qquad (3-2)$$

$$T = \alpha U_1 + \beta U_2 \qquad (3-3)$$

式（3-2）中：D 为耦合协调度指数。式（3-3）中：T 为两个系统的综合协调指数，反映两系统的综合发展水平对协调度的贡献；α、β 为待定系数。根据国内外研究结果，我们认为在耦合协调发展过程中地方高校和乡村振兴具有同等重要性，因此取 α、β 均为 0.5。

两系统的综合发展水平可通过下式测算：

$$U_s = \sum_{j=1}^{n} \lambda_{sj} u_{sj} \qquad (3-4)$$

式中：U_s 为 s 系统的综合评价指数，用于反映该系统的综合发展水平；u_{sj} 为 s 系统的第 j 项指标值；λ_{sj} 为指标权重。采用熵值法计算指标权重。

传统的高校、县域（乡村）往往处于没有关联的状态。有些地方高校在学科结构、专业设置、课程体系和生产实践等方面，与乡村振兴的目标和实际需求存在很大差距。他们尽管在县域办学，但是实际上并不真正关注"三农"工作，并不真正了解农村和农业。有些教师习惯用"学科逻辑"来组织教学，未将生产实践内容及时融入教学过程。因此，出现专业教学内容与社会实际需求相脱节的现象。从"推拉"理论分析，地方高校与县域（乡村）振兴的耦合，既受到教育现代化、区域现代化和乡村振兴国家战略的"推力"因素影响，又受到县域市场需求、产业转型、乡村振兴发展的"拉力"因素影响，同时也受到县域办学与城区办学的差异性条件等"中间障碍"因素影响。

它们之间往往存在以下具体路径（见图 3-1）。

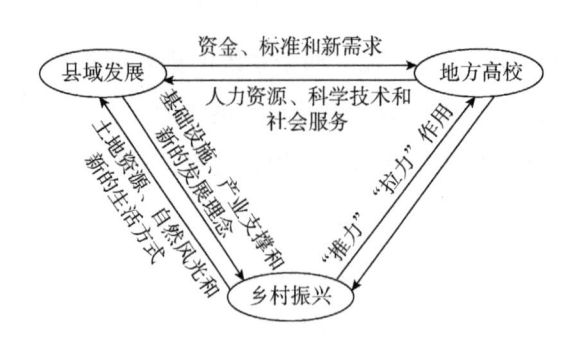

图 3-1 地方高校乡村振兴推拉力作用的路径示意

路径一：县域经济社会发展给高校带来了资金、标准和新需求，同时地方高校也为县域发展带来了人力资源、科学技术和社会服务；路径二：县域经济社会发展给乡村振兴带来了基础设施、产业支撑和新的发展理念，同时乡村振兴为县域发展带来了土地资源、自然风光和新的生活方式；路径三：地方高校与乡村振兴之间存在怎样的推拉力作用？具体的实践路径有哪些？我们需要对两者的内在演进机制进行探讨。

"推拉"理论分析框架下地方高校与乡村振兴内在演进的趋势解析见图 3-2。传统高校远离县域（乡村），而县域（乡村）往往以劳动力的粗放式发展为主，URE 系统处于低发展水平的原始起点 P 点。在我国现代化进程中，地方高校和乡村振兴的耦合系统初步形成并跃升到 Q 点（耦合初期）。但如果地方高校的办学定位不准、学科专业布局不合理，没有与乡村振兴形成互利共赢，两者的耦合系统就会沿着 TS 线路出现偏离。如果双方加强沟通协作，合理配置人力资本、科技成果、培训服务、设备设施、信息文献、自然资源、市场资讯等耦合要素，实施合作的转型升级，耦合系统会沿着 TD 线路进入耦合协调期。随着国家教育现代化和乡村振兴战略的持续推进，地方高校与乡村振兴的耦合系统（包括子系统）会进一步优化，在产业技术突破、生态系统保障、技术创新攻关、能力建设提升、人才培养提质等领域取得显著成效,形成"内生突破"(耦合内生期),会沿着WVXY主轴线路持续向更高层次耦合跃迁上移,最终形成耦合系统的内生演进机制。因此,这种内在演进机制作用下,地方高校的"五职能"将得到充分发挥,乡村振兴"五维度"也能得到逐步实现。

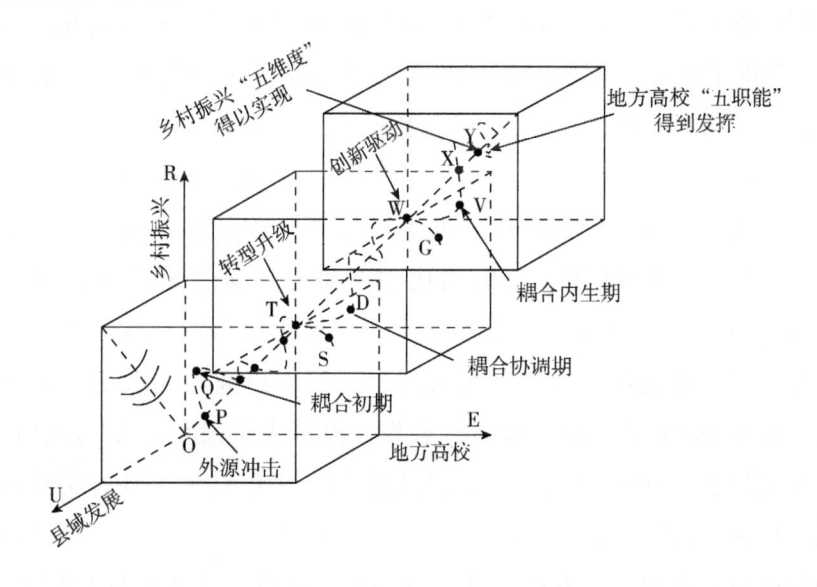

图3-2 "推拉"理论分析框架下地方高校与乡村振兴内在演进的趋势解析

第二节 "三螺旋"理论及地方高校与乡村振兴耦合的共同演进

近些年来,围绕高校—产业—政府(UIG)"三螺旋"这一主题,以知识创新带动某区域产业、社会等领域发展的研究,受到国内外学者的广泛关注,并产生了较大影响。这对我们探讨地方高校、县域政府和乡村产业之间的实践问题,并构建与之相适应的"三螺旋"理论提供了重要借鉴价值。

一 "三螺旋"理论的背景与内涵

1. 理论的形成背景

"三螺旋"概念出自生物学领域。1953年，美国生物学家詹姆斯·沃森（James Watson）等提出DNA分子结构"双螺旋"模型。遗传学家理查德·莱万廷（Richard Lewontin）认为基因、生物体和环境三者如三条绳子螺旋状缠绕一起，在相互影响与作用下共同演化的，据此提出"三螺旋"概念（亨利·埃兹科威兹，2005）。

在社会科学领域，20世纪90年代以前，创新的源头被限定为单一的组织维度，如行业新产品开发、政府政策制定或学界知识创造与传播。1983年，美国当代创新研究领域学者埃兹科威兹（Etzkowitz）率先意识到大学、政府与产业之间不能孤立存在，需相互作用，以交织形成某种螺旋关系。随着研究与实践的不断深入，他于1994年发表了标志性著作，提出大学发展需要与政府、产业间构建一种新型关系。虽然大学和产业相对独立且有明显区别，但已开始逐步承担以前属于对方领域的任务，政府在这两个机构领域的关系中，一方面为其提供激励，且给学术机构施加压力；另一方面转变了与经济机构的关系，或多或少也会参与其中，直接为"创造财富"作出贡献。同年，荷兰阿姆斯特丹大学的雷德斯多夫（Loet Leydesdorff）教授也发表了重要著作，提出一种超循环模型，阐述三个亚系统互动推进技术变革的设想（Leydesdorff，1994）。1995年，两位教授共同发表文章，提出"在知识资本化的不同阶段，我们需要创新的螺旋模型来抓住不同阶段之间的相互联系"，首次正式提出"三螺旋"模型，即大学—产业—政府的相互作用模型；1996年，他们又在合作论文中对"三螺旋"模型进行细致描述与分析（Etzkowitz and Leydesdorff，1996）。至此，学界认为"三螺旋"理论正式问世。

2. 理论的内涵与要素构成

"三螺旋"理论经过20余年的发展，其内涵至今没有一个公认的统一界定。一般而言，是指高校（知识生产机构）、政府（国家或区域层面）、产业（行业企业）三大类机构领域之间关系的转变以及每个领域内自身所发生的改变。不同角色相互渗透，通过三者间的有效互动形成合力实现知识的生产、转化、升级以及产业化；同时，三者在相互作用动态过程中实现自身的不断"螺旋上升"。其理论假设为：在知识经济型社会中，高校—产业—政府关系的互动是强化创新条件的关键（Etzkowitz，2003），主要包含三个方面：假定高校在创新中的角色更加突出；以往产业与政府一直是现代社会的主要机构，即三螺旋关系中产业运作是生产场所；政府是合同关系的源头，保证稳定的互动与交流。然而在知识经济时代，科学与技术已成为区域发展的重要因素（Braczyk et al.，2004）。因此，高校被提到了与产业、政府同等的地位，成为新知识、新技术的源头。它制定知识型经济的生成原则，在创新体系中发挥的作用会越来越大，这也正是"三螺旋"理论的组织原则。这不同于认为企业在创新中起领导作用的国家创新方法体系；三大机构领域之间的合作关系逐步增强，创新政策不再是来自政府的单方指令，而是逐渐成为三方交互的结果。除履行各自传统职能，各机构领域也需扮演其他的角色，同时承担起其纵轴上的新任务与横轴上的传统任务。例如，大学除了人才培养与科学研究，还能够通过转化科研成果创办企业，直接产生经济效益，也可通过提供公共服务来承担以往属于政府的职能。

大学（知识生产机构）、产业（企业）和政府间的组配关系问题是"三螺旋"理论探讨中较集中的问题。获得较广泛共识的三种组配模式，形成了"三螺旋"的基本结构或类型。第一种是政府配置模式，如图3-3所示。即由政府主导，引导学术界和产业界，并限定其发起、发展、创新演变的能力。如在苏联和东欧一些社会主义国家可以发现这种模式的稳定版本；而在一些拉丁美洲国家形成了较弱版本；

欧洲某些国家一定程度上也是如此,如挪威。这种模式被认为是失败的发展模型,因为大学、企业在知识经济中的自由空间太小,创新受到的是打压而非激励。第二种是自由配置模式,如图3-4所示。各机构领域之间带有严格的边界,强烈地限制了它们之间的关系,相互之间缺乏信息与资源的共享。这种模式在美国"政府—大学—产业"研究圆桌会议的各种报告(GUIRR)中得到证实(MacLane,1996)。它相对应的是自由放任政策,由于有助于减轻政府的极权钳制作用,得到了一定程度的提倡。第三种是平衡配置模式,各机构领域开始两两互动,而且出现了三种角色的交叉重叠,形成三边网络和混合组织,如图3-5所示。这种模式适用于以知识经济为基础的社会,对创新最为有效。因为最有利的创新环境是由多维互动构成的,这才最有助于协同效应的产生并促成"创中有创"的动态循环(Etzkowitz and Leydesdorff,1998)。

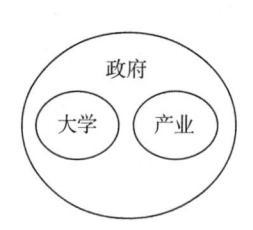

图3-3 政府配置模式　　图3-4 自由配置模式

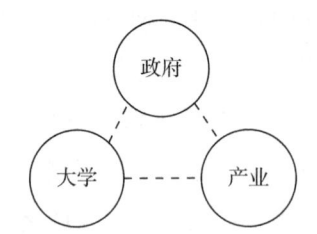

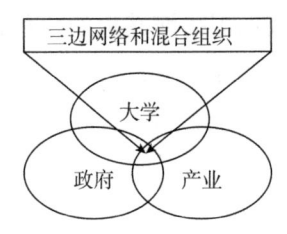

图3-5 平衡配置模式

二 "三螺旋"理论的发展与应用

1. 理论研究的发展

自"三螺旋"理论开创以来,各国学者围绕大学—产业—政府的

"三螺旋"从各个视角展开了持续而深入的探讨。1996年至今，仅相关国际会议就已召开了15届，理论体系也逐步建立起来。国内也涌现了一些比较系统的研究及较有影响力的学者。Leydesdorff 和 Zeng Guoping 合作在知识经济背景下对中国高校、产业与政府"三螺旋"的关系进行了理论分析（Leydesdorff and Zeng Guoping, 2001）。方卫华（2003）介绍了"三螺旋"的起源与发展，分析了"三螺旋"的含义、结构类型，讨论了该理论在公共政策实践维度的指导作用。王成军（2005）在"三螺旋"理论视角下对官产学关系进行解读，并对理论发展、未来展望等进行阐述。潘东华和尹大为（2009）对"三螺旋"模型接口组织的概念、结构特征和功能做了探讨，提出将产业内的竞争合作关系扩展到"三螺旋"的广泛竞争与协作，在一定程度上消除了博弈权变思维所导致的机制性消极力量。

此外，许多学者也在"三螺旋"理论基础上开展了派生研究。周春彦等（2011）共同提出可持续发展的三螺旋，论证了第四维螺旋的存在，并提出了阴、阳两幅彼此互补的"双三螺旋"模型。张秀萍等（2013）提出了传统产学研理论的创新范式，即基于三维度主体非线性网状创新的"三螺旋"理论。以此为基础，用社会网络分析法，得出了三主体在以各自为主导的创新网络中所发挥的资源配置与支撑作用，以及另外两个维度主体的协同参与，并提出了中介机构的结构洞作用（张秀萍等，2016）。也有学者对"四螺旋"乃至"N 螺旋"进行研究，例如，肖国华等（2016）从"四螺旋"切入，讨论主体参与度、技术转移效率问题；黄瑶和王铭（2018）加入"公民社会"，将"大学"扩展为"学术界"形成"四螺旋"模型，提出"四螺旋"在"中心—四区域"空间中形成多维交集，在各区域之间的合作中完成社会经济效益和公共利益的平衡，直接体现在教育、卫生、环境等方面"四螺旋"的动力核心——研究共同体，由学术界—产业—政府—公民社会的交集部分构成。还有学者加入自然环境因素，提出了"五螺旋"模型。吴卫红等（2018）将研究机构、用户和资本部门加入"三螺旋"理论,构建了"政产学研用资"多元主体协同创新三三螺旋模式。

总体而言,国内外有关"三螺旋"理论的研究在不同的领域不断涌现,概括起来基本分为两支:一支主要以(新)组织维度开展,主要表现为国家或地区层面的案例研究(如拉丁美洲:Mello and Rocha,2004;Etzkowitz,Mello and Almeida,2005;Saenz,2008。非洲:Kruss,2008;Booyens,2011。美国:Boardman,2009;Wang and Shapira,2012。欧洲:Lawton and Bagchi-Sen,2010;Svensson et al.,2012);也有通过历史对比的角度进行研究(如Furman and MacGarvie,2009)。在这些学者的研究视角下高校、产业和政府是共同演变的社会系统的子集,这些子集通过重叠的递归网络和组织产生互动。这两种视角均具有潜在的关于"三螺旋"互动的系统维度,这种互动源自对社会系统的表征,并以行动与通信交流为特点。

2. 理论分析的应用

为填补研究空白,Ranga 和 Etzkowitz(2013)引入了三螺旋系统的概念,并提出了具体的分析框架。根据系统理论,"三螺旋"系统被定义为"构件""关系""功能"的整合,如图3-6所示。

构件	关系	功能
● 个体创新者与组织创新者 ● 研发创新者与非研发创新者 ● 单维组织创新者与多维组织创新者	● 技术转让或习得 ● 协作和冲突调节 ● 协作领导 ● 替代 ● 网络	● 知识产生 ● 知识扩散 ● 知识应用 ● 知识创新

图3-6 "三螺旋"系统的综合表征

关于"三螺旋"系统的构件:以往相关文献多聚焦于高校、行业和政府机构领域的整体性和区块实体性。在其他创新系统中定义的构件在"三螺旋"系统中有了新的含义,它不再区分各机构领域中的要素,而是将其统合。主要区分三组参与者:个体创新者(如科学家、商界人士、政策制定者、学生、企业家、风险投资家、天使投资人等）与组织创新者（指在组织中扮演关键角色的人员，可以阐明基于知识发展的愿景，可以把不同行业的人联系起来，把不同的观点聚集在一起，平衡利益冲突，达成共识）、研发创新者与非研发创新者、单维组织创新者（通常具有严谨的组织界限，与其他组织的互动水平较低，表现出专业化程度高、业务集中、人员流动受限等特点）与多维组织创新者（在各组织互动层面运作并整合每个领域的要素，如高校的技术转让部门、政府研究实验室、行业联络办事处、商业支持机构等）。这种区分有利于更好地理解创新参与者的行为以及在创新实践中扮演的角色，同时便于人员、知识和资本在机构领域内部和领域之间的自由流通，促进区域资源的整合，提升组织创造性。

关于"三螺旋"系统构件之间的关系：创新系统理论强调构件之间的关系，并通过技术转让或习得表征这些关系。在"三螺旋"系统中，构件之间的关系也极为重要，除技术转让或习得，还包括协作和冲突调节、协作领导、替代、网络。

关于"三螺旋"系统的功能：系统构件的能力决定了系统的表现，如创新系统理论将创新系统的主要功能定义为技术的生成、传播和应用（Carlsson and Jacobsson, 2002）。"三螺旋"系统的主要功能则更为广义，主要包括知识的产生、扩散、应用与创新。它超越了技术本体，并不限于创新系统理论所概括的选择策略、组织（互动合作）、技术、学习适应四种性能（Hekkert et al., 2008），更扩展到创业、社会、文化、政策等多方面的能力。

三 地方高校与乡村振兴耦合的"三螺旋"演进

1. "三螺旋"理论构建的适切性分析

校企协作、政校企合作、政（官）产学协同等也是"三螺旋"理论应用研究中的重要关注点。Marques 等（2006）以葡萄牙科英布拉大学为案例，用"三螺旋"模型解释如何有效地促进区域创新与创业活动，指出应在大学、产业与政府三机构领域之间建立互动与联盟，通过政产学协同，形成新兴的通信、网络与组织。Cameron 等（2010）提出学术界、产业界与政府有共同的利益，在三者之间建立联盟的区域可产生经济效益，如创造就业机会、提高工资、提升创新率；并描述了五个联盟计划，举例说明了每个计划如何促进佛罗里达高科技走廊所包含的区域发展与创新。Schofield（2013）深入探讨大学与产业（UI）协作中的驱动因素与潜在障碍，指出大学与产业的知识转移（KT）协作在国家或区域竞争优势提升方面发挥着关键作用，各国或区域政府都应支持大学与产业间的 KT；UI 协作格局涉及多个利益相关者，协作成功的驱动因素涉及组织与个人背景、知识属性及关系等方面；通过调研揭示了大学管理者、研究人员、产业管理者、政府代表等各利益相关群体间的观念差异，这也是影响协作的潜在障碍。Perkmann 等（2013）进一步提出定义 UI 协作的四个主要层面：与 KT 相关的活动、促成 UI 链接的驱动因素、KT 的潜在障碍、KT 的结果，这被视作未来研究的重要方向。Meissner 等（2018）认为政产学协同的"三螺旋"平衡配置效应在区域发展中发挥关键作用，指出制定增强大学与产业联系的政策一直是政治议程上的核心问题，并探讨了政府政策在加强 UI 联系方面的潜力与局限。我国政产学协同实践已有近 30 年的历程，主体间在资源优势互补、协同创新等方面展开实践探索，取得了一定成效。陈红喜（2009）以"三螺旋"理论为支撑，认为官产学协同创新应构建研发实体的高级模式，可通过建立产业技术方面的战略合作、完善的知识产权管理制度，争取政府的参与与支持，以实现三螺旋协同创新的深入发展。邹波等（2013）提出"三螺旋"模型的内在机制，包括自反、集成和非线性机制，通过三种机制共同作用，实现政府、高校、产业等不同创新主体在目标、组织结构以及过程中的协同。康健和胡祖光（2014）认为从企业维度可以把"三螺旋"模式解析成大学—政府—生产性服务业和大学—政府—制造业两个并行协同结构,构建了政产学协同创新能力与绩效评价模型,并结合实例详细阐述了模型的理论意义、适用范围和实践作用。张秀萍等(2015)揭示了高校、产业、政府以及三个主体互动产生的网络与混合组织分别在协同创新中的功能定位,并剖析了各组织维度主体在知识、技术、制度协同上的非线性协同机制。

1997年,Henry Etzkowitz正式把"三螺旋"应用到高等院校领域,三维度主体的共同作用成为推动高校创新发展的动力。国内学者也从办学角度开展了诸多研究。陈浩和董颖(2014)提炼了政产学协同育人机制的五个方面:资源共享、激励动力、政府调控、人才考评以及校企合作机制,并梳理了我国协同育人机制的八种模式,包括"3+1+1"校企合作、工学交替校企合作、内生反哺型校办企业合作、双主体型校企合作等。陈延良和李德丽(2018)介绍了政产学协同育人的探索与实践,如温州大学多维协同创业教育生态链模式、上海交通大学"创新支撑的产教"融合育人模式、浙江大学建立"浙江大学与紫金众创小镇"模式以及民办教育产教融合模式,提出构建"创新型政府+创造型企业+创业型大学"的协同育人模式。李小玺和权琨(2017)认为构建高教运行机制既涉及高校内部,也与企业、政府有密切关系。因此,将"三螺旋"模型切入高校教育教学运行机制中,构设以政策为依托的产教融合机制、以信息共享为基础的人才培养机制、以优化为目标的科研转化机制相结合的运行机制显得尤为重要。

社会服务被认为是高校的基本职能之一,地方高校(如美国的赠地学院)更是被赋予了以服务区域经济社会发展为宗旨的使命,政校企合作成为高职可持续发展的办学方向。匡维(2010)提出"三螺旋"中的高职教育校企合作不再是以高职院校或企业某一方为主体的合作模式,而是在政府介入下院校与企业的非零和博弈;根据Henry Etzkowitz关于"三螺旋"基本要素的主张,构建高职领域"三螺旋"

的关键是高职提升其自身地位,在政校企合作中采取积极行动、争取主动位置。王金辉(2014)也从"三螺旋"视域解读了高职政校企合作办学的现象,从政府主导作用、高职主体功能、企业参与性三个方面探讨了应对策略;并论证了构建政校企合作运行机制的必要性,同时解析了建构框架:政校调控机制、政企引导机制、校企互惠机制以及政校企"三螺旋"联合机制。胡正明(2017)结合实例提出高职社会服务存在特色不明显、服务动力缺失、影响力不够、平台不完善等问题,利用"三螺旋"模型,尝试构建行业化、技术化、地方化等结构要素在内,与政府、企业和高校所构成的社会服务"三螺旋"模型,并探讨以结构多元化、团队管理扁平化、平台完善为纽带的模型运行保障策略。

综上所述,应用"三螺旋"理论探讨高校—产业—政府相互作用关系的成果较为丰硕,研究已触及三方或多方合作的动力机制、障碍因素、行为过程及结果等微观层面。从院校办学角度开展的研究也不断涌现,主要集中在内涵解析、模型建构、机制设计等理论问题的探讨,然而尚缺少丰富的实证解释;研究对象主要集中在省级等较宏观的区域,对于县域(乡村)的分析比较少;研究结果主要集中在政策性建议,缺少对耦合机制、实践路径等的探讨。这些都为我们进一步研究留下了广阔的空间。"三螺旋"理论为解释地方高校与县域(乡村)协同发展的许多重要问题提供了研究思路。

2. 地方高校与乡村振兴耦合的"三螺旋"空间演进

实现创新系统的功能,才能达到创新目的,形成创新区域。在"三螺旋"理论演化中,除"三螺旋"系统的综合表征,Ranga 和 Etzkowitz(2013)还创设性地提出"三螺旋"系统的功能主要通过知识空间、创新空间、共识空间的一系列活动来实现。也就是说,"三螺旋"系统的有效运作和提升还得益于三个空间的相互交融。

第一个空间是知识空间,它为区域知识经济的发展提供了源泉。不言而喻,一个区域内的高校和其他知识机构生产的知识积累到了一定程度，就会出现"知识溢出"转化为生产力的冲动，从而出现知识的资本化。该空间的建设是向知识社会转型的重要一步，其目的是创造和开发知识资源，以充实区域或国家的知识库，避免碎片化和减少重复性的研究工作。为达成这一目的，知识资源需要整合，这就需要各种各样的整合机制，如分散或重新分配现有研究资源、通过机构形成创建新资源（如加利福尼亚大学圣地亚哥分校）、建立不同组织领域创新者之间的实体或虚拟协作网络等。第二个空间是创新空间，即"三螺旋"系统构件确认若干个技术创新和发展缺口，借助各自力量，形成混合组织，其最终目的是发展地方创新组织，吸引人才，塑造区域或国家的竞争优势。该空间的创造通过各种机制来实现，如在没有高等教育能力的地方创建一所大学作为提高现有集群技术水平的手段或新集群的来源（如麻省理工学院）、塑造大学技术转移和创新创业环境、在衰落的城区安置艺术家刺激以艺术或技术为基础的经济复兴等。第三个空间是共识空间，它是将"三螺旋"系统构件集合在一起进行"蓝天"思考，逐渐把各自的资源集中在一个趋同的空间内，实现资源的整合。该空间的生成机制主要包括创建或改造一个组织为头脑风暴、分析问题和制订计划提供场所（如巴西累西腓科学公园董事会），提供实施项目所需的资源，为应对冲突或危机情况、环境的剧烈变化提供解决方案，等等。

  知识空间、创新空间与共识空间的形成是高校、产业、政府三者相互作用的结果，三者之间的联系逐渐紧密，并开始重叠。图3-7展示了卡西尼椭圆形3D调节中的空间形成，描绘了"三螺旋"机构领域在空间形成中的互动演化：①机构领域分开—自由放任模式；②机构领域越来越紧密，并开始互动；③机构领域日益重叠；④在平衡模式中重叠的机构领域形成"干细胞空间"。这事实上是从各自独立到互相重叠转换的四种配置方式，等同于上文提到的"三螺旋"从自由配置结构到平衡配置结构的转换。

  "空间"一旦形成，它们就会在连续性的、历时性的转变中相互

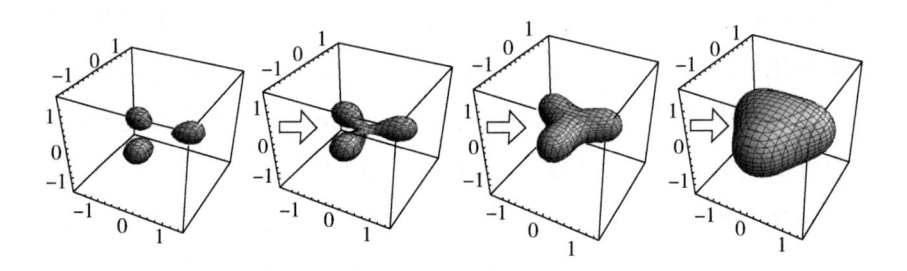

图 3-7 "三螺旋"机构领域在空间形成中的互动演化

作用,这种转变以非线性的过程在不同的方向发生。转变方向取决于不同的区域环境和区域发展的不同阶段。

第一个案例是美国新英格兰委员会(1920—1950年),阐释了初始阶段知识空间和共识空间对激发创新空间的重要性,从共识空间转向知识空间,进而到创新空间的过程在这个案例中得到体现,如图 3-8 所示。共识空间产生于 6 个新英格兰州的州长联合发起的委员会,建议将资源整合用于实行复兴战略,复兴自 20 世纪初开始经济衰退的地区,衰退原因是该地区的工业企业转移到劳动力更廉价的地区。该委员会最初尝试吸引和革新没落工业中的中小企业,但后来转向区域内的独特资源和相对优势,即学术资源的高度集中,如麻省理工、哈佛等著名高校聚集于此,这些高校代表了强势的知识空间。委员会着眼于给初创公司提供入门环境,并促成了 20 世纪 20 年代科学仪器和当时新兴行业(无线电行业)的腾飞,还创建了风投公司用于拓展和强化创新空间的形成。

第二个案例是加州硅谷(20 世纪 90 年代中期),阐释知识空间转向共识空间再进一步转为创新空间,发生在自我持续发展与改革阶段,如图 3-9 所示。硅谷的许多高科技公司倾向于把自身看作自我创造,而不是更广泛的高校—产业—政府综合体的一部分。到了 20 世纪 90 年代中期,这些公司感觉有必要与学术机构、当地政府开展合作来推动区域经济的前进,为此成立了一家新的合资企业硅谷公司,并启

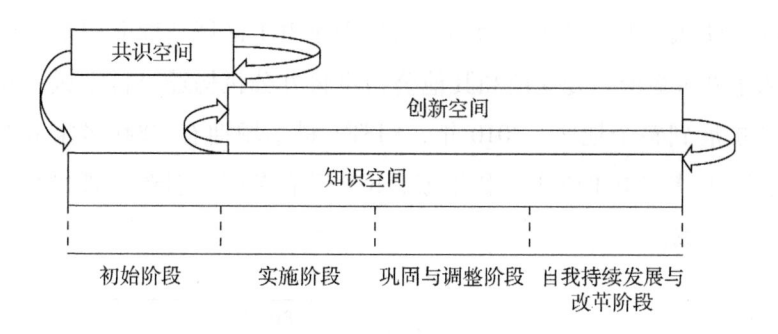

图 3-8　美国新英格兰委员会的三空间互动

动了公共流程，其形式为一系列的露天会议，旨在为未来技术发展提供创意。

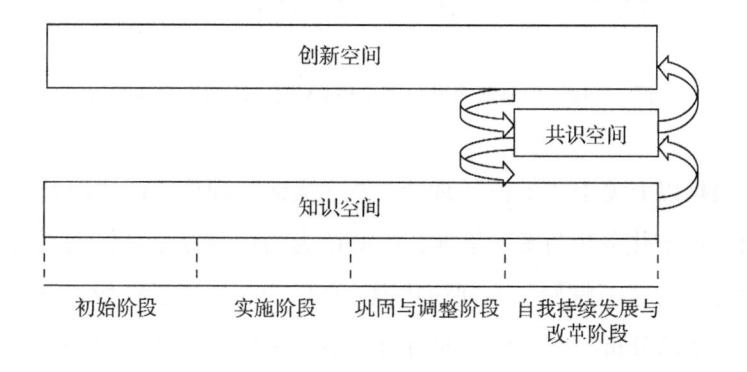

图 3-9　加州硅谷的三空间互动

第三个案例是瑞典斯德哥尔摩 KISTA 科学城，阐释成功的共识空间如何进一步强化知识密集型和商业密集型平台，该平台由知识空间和创新空间的互动所创建，如图 3-10 所示。20 世纪 80 年代早期，斯德哥尔摩市长构想创建一个电子中心，用于吸引电子、工程、计算机科技研究机构以及学术研究机构、商业公司，从而成立享誉国内外的信息通信技术中心（ICT）。2000 年，该市商业界、学界和市政府将该中心视作科学城的基石，西斯塔科学城（Kista Science City）逐步创建起来。2002 年，皇家科技学院 KTH 和斯德哥尔摩大学的合作项目——IT 大学开始招生,为科学城特别是 ICT 区域新商业网络的形成注入了新鲜血液。爱立信和其他公司也将办公机构迁至科学城,并将活动扩展到整个地区。2010 年,KISTA 科学城拥有 1000 多家 ICT 公司、5000 多名 ICT 学生、科学家,ICT 行业专家、创新机遇和商业机遇高度集聚。

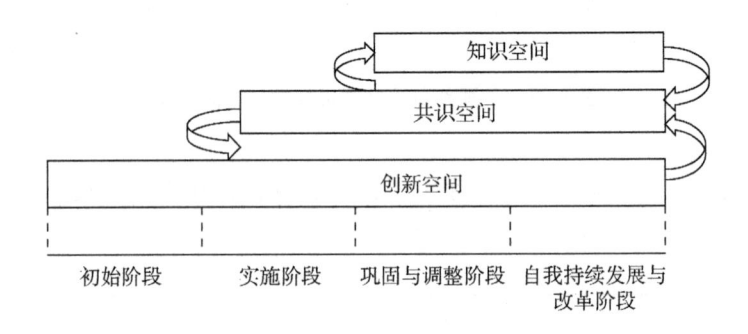

图 3-10 瑞典斯德哥尔摩 KISTA 科学城的三空间互动

根据以上关于"推拉"理论、"三螺旋"理论的阐述以及"三个空间"的演化分析与案例呈现,本书认为高校服务于乡村振兴是"推拉"理论与"三螺旋"空间演化理论的结合,适用于区域发展与创新行为过程的分析。其间的逻辑在于,在"推力""拉力"的作用下,"三螺旋"机构领域"三个空间"得以形成与演化。具体而言,在不同的区域经济社会发展环境中,在与环境各种"推力"因素、"拉力"因素、"中间障碍"因素等动力作用的过程中,由于"三螺旋"系统构件之间的替代关系机制,也就是强领域会代替弱领域或者促其发展,在区域发展的初始阶段、实施阶段、巩固与调整阶段、自我持续发展与改革阶段进行互动直至达成"共识空间"。由此产生的"共识空间"被认为是一个"干细胞空间"的功能对等体,在一定环境因素(如区域需求、地理位置、自然资源、资产等)的影响下,通过具体构件的流动、新组织模型的关系、资源与制度的创建等方式,进一步分化后成为知识空间、创新空间或共识空间,它们在一个连续的、历时性的转变中相互作用。在这个过程中，共识空间是其他空间关系沟通、加速成长的关键。当知识空间与创新空间存在时，共识空间是促进它们相互作用的关键因素；当知识空间与创新空间微弱或缺席时，共识空间是加速它们发展的关键；当知识空间或创新空间存在但没有共识空间时，便无法充分发挥知识空间或创新空间的潜能。因此，由于不同动力因素的作用，"三螺旋"机构领域的共识空间形成于不同的阶段（从"三个空间"互动案例中可得到证实），最终将促成不同的区域发展与创新模式，展现出区域发展与创新实践的异质性与复杂性。

3. 地方高校与乡村振兴耦合的"混合组织"

（1）"三螺旋"明确了高校服务乡村振兴相关利益的主体职能

基于中国国情与发展需要，党的十九大提出实施乡村振兴战略，为中国乡村发展指明了方向。实现乡村振兴不是一蹴而就的。党的二十大报告指出，全面建设社会主义现代化国家，最艰巨最繁重的任务仍然在农村。从乡村振兴到乡村全面振兴，表明了中国乡村振兴的最新发展阶段和"三农"工作任务的最新变化，即中国乡村建设已经步入全面振兴的新阶段。乡村振兴是一个系统性的工程，涉及政治、经济、文化、社会、教育等各个领域，涵盖政府、企业、高校、农民多方主体，需要人才、资金、土地等各种资源，其真正实现需要各种领域、各方主体、各种资源的协调、配合、支撑。仅靠政府的力量去实现乡村振兴是非常困难的，并且实现乡村振兴不仅是政府的责任，同时也是社会各界的责任与义务，这就需要各方力量相互支撑形成"螺旋上升"结构，助力乡村振兴。

地方高校具有人才培养、科学研究、社会服务、文化传承与创新等职能，并且是与县域经济联系最紧密的实体，在服务乡村振兴方面应该发挥独特优势与重要作用。地方高校服务乡村全面振兴的职能定位是新时期新阶段的自我定位，符合国家战略愿景的必然逻辑，体现出相关理论自洽的应然逻辑，遵循着中国实践需求的实然逻辑（王志远、朱德全，2023）。"三螺旋"理论主要研究大学、产业、政府三者的动力关系以形成知识、行政、生产三领域的合力。本书借鉴"三螺旋"理论及相关派生体系，研究地方高校、乡村产业（企业）、县域政府协同发展，并实现合作成效"螺旋上升"。在新的"三螺旋"主体中，地方高校是乡村振兴新知识、新技术的源头，负责进行有关乡村振兴科学研究、教育服务以及乡村人才培养的功能；乡村产业（企业）是生产场所，起着有关科技研究成果的转化以及承担风险投资的作用；县域政府是促进合作的源头，带动地方高校、乡村产业进行合作，制定有关乡村振兴规则并维护规则的实施，保证各机构的合作运行。

（2）地方高校、乡村产业与地方政府是乡村振兴领域的"混合组织"

埃兹科威兹教授认为形成"三螺旋"模型首先涉及创新制度层面上的传统角色的协作。比如，一个地区的大学、企业、政府可以共同参与到促进当地经济发展问题的讨论中，政府就会同意建设新工厂新企业；大学可以为区域发展培养更多合适的学生；产业作为初始集群就会产生新的供应关系，就会促进当地经济发展（亨利·埃茨科维兹，2016）。根据以上观点，地方高校服务乡村振兴涉及服务的提供者、接受者、管理者三方主体，即地方高校、乡村产业、县域政府。要想形成地方高校服务乡村振兴"三螺旋"模型，首先要地方高校、乡村产业、县域政府能够共同参与当地乡村振兴规划，进行协调融合。乡村振兴研究院（学院、实践基地）就是这一新"三螺旋"的"混合组织"，为高校、乡村产业、县域政府共建的组织。因此，以"三螺旋"理论为指导，帮助明确乡村振兴研究院（学院、实践基地）其职能定位，探索县域政府、地方高校、乡村企业如何在保持原有职能的同时，又能够发挥其新职能共同参与到乡村振兴各项建设中。

（3）"三螺旋"混合组织是服务乡村振兴的主战场

在"三螺旋"理论模型中，政府、企业、高校不仅具有自身领域的传统功能，而且可以起其他领域的部分职能。例如，高校帮助政府制定教育政策，企业帮助政府制定区域产业发展规划，政府参与高校，产业办学等。在这种重叠模式下，各机构资源与要素能够充分整合衍生，使各机构在纵向自身发展的同时横向交织，协同创新，实现"螺旋上升"的目标。三方功能的整合重叠会形成全新的，能够覆盖高校、产业、政府三方的混合组织，如大学科技园、科技示范园、高新技术开发区等，这些组织会通过"头脑风暴"的方法产生新理念（Etzkowitz，2003）。在政府—企业—高校组织"三螺旋"模式中，由于政府、高校、企业三方组织带有自身组织本来的任务，因此不能全身心地投入新型任务，于是一种新型的"混合组织"应运而生。这种"混合组织"往往诞生在政府—企业—高校螺旋交织的中间地带，是创新型、交叉性的组织，带有政府、企业、高校三方的性质，履行大学、企业、政府创新主体在"三螺旋"空间内达成的创新战略的职能，拥有三个创新主体的优势同时又能与三个创新主体合作，在知识创造、科技成果转化、促进区域经济发展中具有无法超越的优势。乡村振兴是国家依据新时代新阶段的"三农"国情提出的，具有时代性、创新性、复杂性和实践性的特点。需要"三螺旋"模型中形成的混合型组织，例如政府、地方高校、企业共建的乡村振兴研究院（学院、实践基地）等来执行服务乡村振兴的任务。乡村振兴研究院（学院、实践基地）这一新型"混合组织"，为地方高校、乡村产业、县域政府共建的组织，既具有地方高校所包含的乡村振兴专业知识、乡村振兴专业人才、乡村振兴有关信息等资源，又具有政府乡村振兴政策支持、产业资金及科技成果转化等优势，是地方高校服务乡村振兴最好的场所之一。

"三螺旋"理论对知识经济社会创新规律的认识科学性，为创新研究提供了一个一般工具，具有重要意义。无论何种社会，都需要重视大学、产业、政府之间的合作关系，这些机构的主要目的都是通过在"螺旋上升"的系统中相互合作、相互补充，为共处的社会创造价值，只不过在不同的体制下，高校、产业、政府三者之间的合作关系有紧密之分。这对我国高校、政府、产业互动服务乡村振兴具有重要的指导作用。

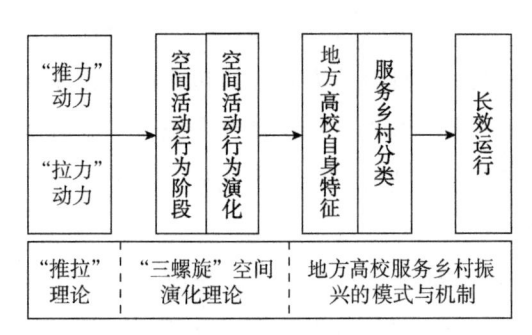

图 3-11 呈现了本书关于地方高校服务乡村振兴的理论分析框架。具体而言，地方高校在特定经济社会发展、教育改革背景下的"推力""拉力""阻力""斥力"等动力因素作用下，通过与县域政府、乡村产业等主要利益相关主体的互动，在初始阶段、实施阶段、巩固与调整阶段、自我持续发展与改革阶段等不同发展阶段形成共识空间，即作出了地方高校服务乡村振兴的决策，达成了合作的共识，产生了合作的行为。在这一过程中，由于受乡村产业、文化等经济社会发展环境的影响，合作主体的知识空间、创新空间与共识空间活动经历发展演化，通过重要活动或关键事件，发挥了不同的协同效应，产生了各具特色的服务结果，呈现不同的服务特征与模式分类，需要相应的机制来保障运行。本书正是以"三螺旋"理论为基础，分析地方高校、乡村产业、县域政府在服务乡村振兴过程中出现的乡村振兴研究院（学院、实践基地）这一新型"混合组织"的运行现状、主要模式、实践经验以及主要困境。针对存在的问题和遭遇的困境，结合"推拉"理论和"三螺旋"理论，提出地方高校服务乡村振兴的有效对策，形成地方高校服务乡村振兴耦合发展的"螺旋上升"。

图 3-11 地方高校服务乡村振兴的理论分析框架

第四章　地方高校与乡村振兴耦合的量化分析

《高等学校乡村振兴科技创新行动计划（2018—2022 年)》出台后，全国各高校积极响应，围绕产业振兴、人才振兴、文化振兴、生态振兴、组织振兴，进一步发挥各自在学科专业、师资队伍、科学研究等方面的优势，汇聚学校的创新创业资源，积极推动农业全面升级、农村全面进步和农民全面发展。据不完全统计，目前已经有 500 多所高校制定了服务乡村振兴的相关工作方案，其中有 100 多所地方高校成立了乡村振兴研究院（学院、实践基地)。那么，地方高校乡村振兴研究院（学院、实践基地）目前的运行状况如何？对县域（乡村）振兴到底作出了多大的贡献？其贡献的主要渠道和方式分别是什么？哪些"推拉"因素促成它们面向乡村振兴战略需要而进行学科专业改造、人才培养模式优化以及科学研究转型？这方面的实证研究还非常少见。本章通过对地方高校乡村振兴研究院（学院、实践基地）调查数据的实证分析，阐述它们的现状及成效。

第一节　调查工具的形成与测量

一　问卷编制与修订过程

本书采用定性与定量相结合的研究方法，通过半结构式访谈与调查问卷来获取研究数据和数据背后隐含的信息。本书的问卷编制与修订使用国内通用的问卷调查法（马庆国，2002），如图4-1所示。

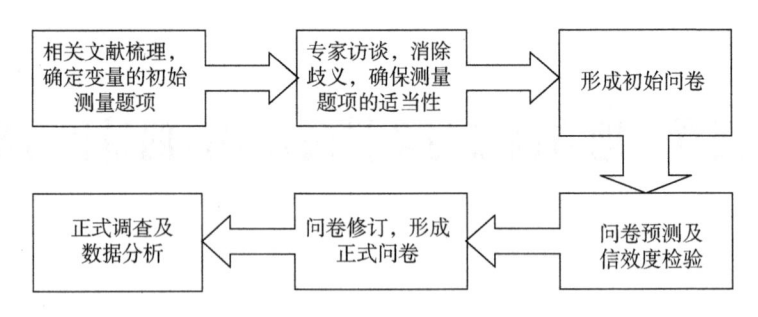

图4-1 问卷调查法的实施流程

首先，研究团队通过梳理国内外相关领域的文献，找出具有较高信效度的测量工具和访谈提纲，确定本书所需要的初始题项或变量。其次，邀请本领域的研究专家对测量工具和访谈提纲中的题项进行商榷，消除可能产生的歧义，确保各题项的科学性和有效性。初始问卷形成以后，先选择一些样本进行预调研。再次，对小样本调研数据的信度和效度进行分析，采纳预调研过程中受访对象和相关专家的意见。最后，对问卷和测量工具进行修订，形成正式问卷和量表，并组织团队研究人员和相关硕、博士研究生进行大规模施测。

二 相关题项、变量的选择与界定

1. 乡村振兴研究院（学院、实践基地）的运行状况

如何对乡村振兴研究院（学院、实践基地）的实际运行状况进行界定与测量？国内外这方面的直接文献较少，而较多从高校、新农村研究院等视角进行阐述，采用宏观思辨的研究方法较多，采用数据量化的研究方法较少。因此，目前为止缺乏科学有效的乡村振兴研究院（学院、实践基地）运行状况的问卷或量表。2012年以来，科技部、教育部批准建立的新农村研究院39所，其中农科类高校21所，综合

类高校 18 所。许竹青等（2016）提出对新农村研究院现状分析的三个维度，分别是组织形式、服务性质和运行模式。组织形式包括校企合作、校地合作、科研基地、农业科技专家大院、农民科技培训等，服务性质包括市场化、公益性、半市场化半公益性，运行模式有高校主导、企业主导、高校政府企业合作、教学科研附属性推广等。我们借鉴以往文献中的观察维度，以及听取实际预调研过程中专家和受访者的意见，参考编制了乡村振兴研究院（学院、实践基地）运行状况的问卷和实施效果评价量表，具体题项如表 4-1 和表 4-2 所示。

表 4-1　乡村振兴研究院（学院、实践基地）运行状况的问卷

题项序号	题项内容
XZ1	乡村振兴机构的运行模式
XZ2	乡村振兴机构的参与主体
XZ3	乡村振兴机构参与主体之间的关系
XZ4	乡村振兴机构的主要资金来源
XZ5	乡村振兴机构承担的主要职责
XZ6	是否制定乡村振兴相关制度文件

表 4-2　乡村振兴研究院（学院、实践基地）实施效果评价量表

题项序号	题项内容
XG1	有效发展了地方高校的优势特色学科
XG2	有效促进了地方高校相关学科的交叉与融合创新
XG3	有效解决了县域（乡村）相关产业产品的关键技术
XG4	有效改善了县域（乡村）的生态环境水平
XG5	有效构建了地方高校对乡村振兴的科技服务机制
XG6	有效提升了地方高校相关专业的人才培养质量
XG7	有效促进了教师"把论文写在大地上"
XG8	有效培训了县域（乡村）干部、技术人才和新型农民
XG9	有效提升了地方高校学生实习、实训的教学效果
XG10	有效建立了政府、高校、企业综合协调脱贫机制

2. 乡村振兴研究院（学院、实践基地）的贡献状况

乡村振兴研究院（学院、实践基地）的贡献状况如何进行界定与测量？国内外这方面的直接文献较少，但研究高等教育对区域经济社会发展贡献、新农村研究院的文献比较多。李萍（2006）以陕西省高等教育与区域经济互动发展为例，阐述高等教育对区域发展的影响作用，分别从对政治的影响（形成真理和思潮、选拔和培养社会管理人才、输出管理精英人才）、对文化的影响（传播延续整理文化、创造和更新文化）、对经济的影响（提高人力资本、推动科技进步）三大维度七个领域来进行量化分析。王宇飞（2010）以1990—2008年河北省经济增长和高等教育数据进行实证检验，选取人力资本因素（资源得到充分利用、组织生产与服务、经济发展更高效）、高新技术因素（提升企业的生产与创新能力、设立高新技术园区）、高等教育消费因素（周边的第三产业、设备和设施需求等）三大维度七个因素来分析高等教育对区域发展的贡献。王小婷（2017）从高校的人才培养（数量、层次、类型、质量）、科研生产（显性贡献如将技术原理、发明创造、新产品新工艺直接应用或投入社会生产，隐性贡献如对劳动者提供再教育和技术培训、人文社科成果）、文化建设（物质文化、环境文化、制度文化、人文因素）三个维度若干个指标来论证对区域经济发展的贡献。张社梅等（2015）将新农村发展研究院促进区域现代化农业发展和新农村建设的指标体系分为服务客户绩效、财务/资源获取与使用、内部运行管理、创新与可持续发展四个维度，分别设置了农村科技服务频次、农业科技成果推广转化程度、服务对接程度、资金收入结构与增长、资金支出结构、机构设置与机制建设、基地建设水平、参与服务人员情况、科技成果9个二级指标，以及承担农业科技推广服务项目数量等26个三级指标。陈诗波和李伟（2018）设计高校新农村发展研究院支撑乡村振兴的三大维度指标：一是产业技术协同，包括农业基础研究、技术开发、成果转化与产业化通道；二是人力资源协同，包括多学科、多领域、多层次的农村创

新人才培养，学历教育与职业培训有机结合的新型农民、专业大户和家庭农场主培训；三是发展理念协同，包括综合服务模式、乡村治理决策建议。于东超（2021）认为高校可以通过学科和专业建设，推进现代乡村产业体系；通过产学研一体化模式建设，推进科技资源向产业链集聚，为乡村振兴提供内生动力；通过规划决策支持与咨询服务，为乡村振兴提供智库支撑。我们借鉴以往文献中的观察维度，以及听取实际预调研过程中专家和受访者的意见，参考编制了乡村振兴研究院（学院、实践基地）贡献状况的问卷，具体题项如表4-3所示。

表4-3　　　　　乡村振兴研究院（学院、实践基地）
贡献状况的问卷

题项序号	题项内容
GX1	承担农业和工业关键技术的研发与创新
GX2	承担具有地域特色的科研试验基地
GX3	承担农业技术人员、新型职业农民、新型农业经营人员的培训
GX4	学校设置的专业与乡村振兴产业结构的契合程度
GX5	帮助脱贫地区打造新产业或经济增长点
GX6	对乡村文化发展的主要贡献

3. 县域政府对乡村振兴研究院（学院、实践基地）的支持状况

县域政府对乡村振兴研究院（学院、实践基地）的支持状况如何界定与测量？国内外较少有这方面的直接文献和测量问卷，而探究省域对高等教育发展的影响和支持的文献比较多。范明（2003）以江苏省高等教育与区域为研究对象，从个人及其家庭、企业和政府等受益方出发，运用投资收益的有关理论系统分析区域经济发展水平对区域内高等教育的影响。李萍（2006）用典型相关分析选取区域的GDP、人均GDP、GDP指数、财政支出、财政收入、城镇可支配收入、农村纯收入、居民消费支出、第三产业比重等指标来测

量区域对高等教育的支持状况。段从宇（2015）从区域人口结构（人口总数、高中毕业生人数等4个指标）、经济基础（GDP、家庭人均可支配收入2个指标）来测量区域发展高等教育的条件性资源。陈诗波和李伟（2018）在对沈阳农业大学等地方高校新农村发展研究院的实地调研基础上，提出"当地市县人民政府提供政策、土地、资金和基础设施建设等支持，地方企业提供劳动投入、项目资金或土地等"支持状况测量维度。我们借鉴以往文献中的观察维度，以及听取实际预调研过程中专家和受访者的意见，参考编制了县域政府对乡村振兴研究院（学院、实践基地）支持状况的问卷，具体题项如表4-4所示。

表4-4　县域政府对乡村振兴研究院（学院、实践基地）支持状况的问卷

题项序号	题项内容
ZC1	县域政府在乡村振兴研究院（学院、实践基地）中扮演的角色
ZC2	县域政府对乡村振兴研究院（学院、实践基地）的支持主要体现
ZC3	县域政府对地方高校科研与社会服务方面的支持主要体现
ZC4	当地企业与贵校开展了哪些合作
ZC5	当地企业对服务乡村振兴的教师和学生提供了哪些帮助

4. 乡村振兴研究院（学院、实践基地）的"推拉"因素及困境

地方高校设立乡村振兴研究院（学院、实践基地）的"推拉"因素和困境如何进行界定与测量？国内外文献较多关注国际或区域人口迁移的"推拉"因素及困境，而较少针对某类组织进行区域迁移时考虑的"推拉"因素及存在的困境进行测量。有些学者在研究其他问题时，略有谈及。雷晓云（2007）认为文化变迁的性质对中国高等教育制度的变迁有着很大的影响力。段从宇（2015）认为政策因素是区域高等教育资源存量的基础性决定因素，经济因素是辅助性条件（以往区域经济总量与教育资源总量的相关性是不显著的），文化因素使高

等教育资源汇集为多极双中心，除在大区传统中心城市间形成高等教育资源富集，在每个大区中均出现了一个到两个新的高等教育资源副中心。刘晋强（2015）阐释我国乡城劳动力转移的推拉拓展模型，认为"推力"因素主要有土地约束、收入差距，"拉力"因素主要有就业与收入的吸引、良好的区位条件和便利的交通、优越的社会设施和生活条件，而认为"中间障碍"因素主要有城乡二元制度导致迁移受阻。蔡真亮等（2017）分析浙江、江苏等地高校延伸到县域办学的"推拉"因素，提出国家政策要求是主要"推力"因素，县域经济社会发展需求是主要"拉力"因素，而高等教育大众化趋势以及高校自身的转型发展是"中间障碍"因素。梁成艾（2019）指出当前地方高校盲目追求升格和扩招，不认真研究区域劳动力需求的变化规律，不认真发掘区域的办学特色，不认真考虑自身的教育教学水平，存在应用型人才培养与区域发展需求疏远等问题。国家实施乡村振兴战略无疑为地方高校提供了更为广阔的发展舞台。但对地方高校来说既是机遇，也是挑战。乡村振兴战略需要大批高素质的专业人才作支撑。我们借鉴以往文献中的观察维度，以及听取实际预调研过程中专家和受访者的意见，编制了地方高校服务乡村振兴"推力"因素、"拉力"因素及"中间障碍"因素量表，具体题项如表4－5、表4－6、表4－7所示。

表4－5　　　　　　　　　　"推力"因素量表

题项序号	题项内容
TL1	教育部对高校应用型转型的政策要求
TL2	地方高校获得更多办学资源的迫切需求
TL3	地方高校开展应用型人才培养、解决师生实习实训基地等的实践需求
TL4	地方高校开展科学研究、技术创新等需要贴近地方、县域（乡村）的需求
TL5	地方高校开展社会服务、各类培训需要贴近地方、县域（乡村）的需求

表4-6　　　　　　　　　　"拉力"因素量表

题项序号	题项内容
LL1	国家、区域的发展大环境吸引地方高校设立乡村振兴研究院
LL2	县域（乡村）优惠政策吸引地方高校面向乡村振兴办学，设立乡村振兴研究院
LL3	县域（乡村）的农业产业、乡村建设等需求吸引地方高校面向乡村振兴办学，设立乡村振兴研究院
LL4	县域（乡村）产业特性吸引地方高校进行科技成果有效转化和产业应用
LL5	县域（乡村）创业环境吸引地方高校青年创客，开展农业农村领域创新创业活动

表4-7　　　　　　　　　"中间障碍"因素量表

题项序号	题项内容
KJ1	地方高校获得当地政策、经费、项目支持的难度大
KJ2	县域（乡村）产业落后，地方高校与企业合作的难度大
KJ3	教师在县域（乡村）工作的文化环境和基础设施条件不佳
KJ4	学生到县域（乡村）进行实习实训的交通不便利
KJ5	学生到县域（乡村）实习实训日常管理难度、成本高

三　正式问卷的形成

1. 小规模的预调研

初始问卷形成以后，为保证正式调研数据的信效度，进行了小规模的预调研。本书选取QD大学、ZGZ学院作为预调研样本。选择QD大学的主要理由如下：一是该校目前成立了QD大学齐鲁乡村振兴研究院，并获批为山东省社会科学规划重点研究基地，致力于研究山东境内各县域（乡村）振兴的建设现状、制度建设与政策体系等，为各级政府提供理论基础和政策支持，为我国乡村振兴战略凝练"齐鲁经验"和"齐鲁样板"。二是齐鲁乡村振兴研究院已经在青岛平度市、潍坊诸城市开展当地乡村振兴有关制度建设、政策体系、人才培养、农业技术、标准体系等方面建设，率先探索高校带领当地农民进行创新创业的"农创+科技""农创+名品""农创+旅游""农创+电商""农创+脱贫""农创+金融"六大模式，形成了"农创平度"服务品牌。三是齐鲁乡村振兴研究院已经组建了"QD大学（平度）自动化与电气工程研究院""QD大学（平度）石墨烯应用技术创新研究院""QD大学（平度）功能化工品研究院"等实体研发机构，成立形成了"研究院+产业院"的乡村产业振兴多元合作模式。在乡村振兴人才支撑方面，学校先后选聘食品科学与工程、高分子材料与工程、数字媒体技术、化学工程与工艺、旅游管理等专业高层次技术人才到平度市相关企业和乡村进行挂职，实地进行技术指导。选择ZGZ学院的主要理由如下：一是该学校目前有两个在县域办学的学院，分别是在宁波市宁海县办学的宁海学院（现代模具、乡村旅游）和在宁波市慈溪市办学的慈溪学院（智能家电、电子商务）。二是该校于2004年提出了"总部—基地"的办学构想，并与宁海县人民政府开展"县校合作"，共同打造一个面向县域（乡村）产业集人才培养、技术研发、社会服务于一体的发展平台，被《中国青年报》《光明日报》等媒体评价为"中国高职教育的'宁海模式'，成为专家学者解读高职院校'县校合作模式'的范本"。三是该校校领导、职能管理层以及各个分院领导、专业教师对县域（乡村）振兴设立产业学院有了全面的认知，能较为客观地评价其现状、优劣以及利弊。

2. 正式量表和访谈问卷的形成与调研

在小规模样本信效度检验的基础上，对问卷各变量的测量题项进行了完善，形成了本书的最终调查问卷，详见附录1。调查问卷和量表正式形成后，要求访谈时采取平视的态度，说明来意、消除顾虑，营造宽松的氛围，采用无记名方式，尽可能接近被访谈者的内心世界和真实感受。在指导填写量表时，要求细致读题，理解题目的意思，填写后注意检查问卷，避免重复作答或漏题，以求获取高质量的数据。

四　问卷信效度分析

1. 信度检验

信度系数的可靠性往往以 Cronbach's α 系数为判断依据。地方高校乡村振兴研究院（学院、实践基地）实施效果量表总 Cronbach's α 系数为 0.834，高于 0.8，表明此部分量表问卷具有良好的信度。删除任何一项指标后的信度值都会有所下降，因此保留所有测量条目。具体数据见表 4-8。

表 4-8　地方高校乡村振兴研究院（学院、实践基地）实施效果的 Cronbach's α 系数

实施效果	平均值	项目删除后的 Cronbach's α 系数	Cronbach's α
1. 有效发展了地方高校的优势特色学科	3.45	0.815	0.834
2. 有效促进了地方高校相关学科的交叉与融合创新	3.51	0.814	
3. 有效解决了县域（乡村）相关产业产品的关键技术	3.06	0.834	
4. 有效改善了县域（乡村）的生态环境水平	2.97	0.826	
5. 有效构建了地方高校对乡村振兴的科技服务机制	3.60	0.820	
6. 有效提升了地方高校相关专业的人才培养质量	3.53	0.815	
7. 有效促进了教师"把论文写在大地上"	3.34	0.809	
8. 有效培训了县域（乡村）干部、技术人才和新型农民	3.61	0.815	
9. 有效提升了地方高校学生实习、实训的教学效果	3.30	0.825	
10. 有效建立了政府、高校、企业综合协调脱贫机制	3.25	0.816	

2. 效度分析

选取 KMO 和巴特利特检验分析采样充足度以及因子模型是否合

适。地方高校乡村振兴研究院（学院、实践基地）实施效果量表计算结果的 KMO 值是 0.782（>0.50），当该值为 0.7 以上时，因子的分析效果较好，巴特利特检验的卡方值为 405.848（df = 45，sig. = 0.000），达到显著性水平。即变量间具有较强的相关性，项目间信息重叠度很高，可以提取公因子，如表 4-9 所示。采用方差最大正交旋转法进行因子旋转，表 4-10 结果显示，提取了两个特征值大于 1 的因子，方差贡献率为 60.138%，共解释了 60.138% 的方差变异量。

表 4-9　　　　　　　　KMO 和巴特利特检验

	KMO	0.782
巴特利特检验	卡方	405.848
	自由度	45.000
	显著性	0

表 4-10　　　　　　　　总方差解释

组件	初始特征值			旋转载荷平方和		
	总计	方差百分比	累积（%）	总计	方差百分比	累积（%）
1	4.032	40.316	40.316	4.032	40.316	40.316
2	1.982	19.822	60.138	1.982	19.822	60.138

进行最大方差旋转后，旋转后的因子载荷矩阵从表 4-11 可以看出：第一公因子在 1、2、5、6、7、9 项目评分上有较大的载荷，可以将该因子命名为"高校发展"。第二公因子在 3、4、8、10 项目评分上有较大的载荷，可以将该因子命名为"乡村发展"。从以上的因子提取中得知，每个题项均落到对应的因素中，表明量表具有良好的结构效度。

表 4-11　　　　　　　　旋转后的成分矩阵

因素	1	2
1. 有效发展了地方高校的优势特色学科	0.595	
2. 有效促进了地方高校相关学科的交叉与融合创新	0.891	
5. 有效构建了地方高校对乡村振兴的科技服务机制	0.814	
6. 有效提升了地方高校相关专业的人才培养质量	0.847	
7. 有效促进了教师"把论文写在大地上"	0.586	
9. 有效提升了地方高校学生实习、实训的教学效果	0.844	
3. 有效解决了县域（乡村）相关产业产品的关键技术		0.809
4. 有效改善了县域（乡村）的生态环境水平		0.726
8. 有效培训了县域（乡村）干部、技术人才和新型农民		0.578
10. 有效建立了政府、高校、企业综合协调脱贫机制		0.573

第二节　地方高校服务乡村振兴模式的运行现状

课题组对山东、浙江、湖北和贵州 4 个位于中部、东部、西部省份的 92 所地方高校的乡村振兴研究院（学院、实践基地）运行状况、贡献状况、支持状况、实施效果评价等耦合状况进行调查和分析（见表 4-12、表 4-13、表 4-14）。

表 4-12　　地方高校乡村振兴研究院（学院、实践基地）
　　　　　　运行状况描述性统计

变量		数量（个）	百分比（%）
乡村振兴机构的运行模式	乡村振兴研究院	45	43.7
	乡村振兴学院	23	22.3
	乡村振兴实践基地	35	33.9

续表

变量		数量（个）	百分比（%）
乡村振兴机构的参与主体（多项选择）	地方高校	53	51.5
	当地政府	67	65.1
	当地科研院所	49	47.6
	当地骨干企业	33	32.0
乡村振兴机构参与主体之间的关系	当地政府处于主导地位	9	8.7
	当地政府、企业、高校各自独立运行	45	43.7
	政府、高校、企业互动融合，形成紧密型合作关系	49	47.6
乡村振兴机构的主要资金来源（多项选择）	地方高校投入	63	61.2
	行业企业投入	47	45.6
	当地政府拨款	50	48.5
	其他	1	1.0
乡村振兴机构承担的主要职责（多项选择）	承担农业农村的重大科技任务	35	34.0
	承担现代农业产业关键技术创新	53	51.5
	乡村振兴战略的高端智库	62	60.2
	乡村人居生态环境整治	59	57.3
	涉农类人才培养	69	67.0
	承担农村干部、职业农民、技术人员培训	63	61.2
	带动乡村企业、种植户脱贫攻坚	30	29.1
是否制定乡村振兴相关制度文件	是	24	23.3
	否	79	76.7

注：表中百分比项经过四舍五入处理，下同。

表4-13　地方高校乡村振兴研究院（学院、实践基地）贡献状况描述性统计

变量		数量（个）	百分比（%）
承担农业和工业关键技术的研发与创新	完全没有	9	8.7
	正在尝试	36	35.0
	承担了1—2个项目	47	45.6
	承担了3项及以上	11	10.7

续表

变量		数量（个）	百分比（%）
承担具有地域特色的科研试验基地	完全没有	6	5.8
	正在尝试	53	51.5
	承担了1—2个基地	35	34.0
	承担了3个及以上基地	9	8.7
承担技术人员、新型职业农民、新型经营人员的培训	完全没有	5	4.9
	正在尝试	21	16.5
	承担了1—2个项目	0	44.7
	承担了3个及以上项目	7	34.0
学校设置的专业与乡村振兴产业结构的契合程度	完全不契合	0	0
	不太契合	12	11.7
	一般	51	49.5
	比较契合	35	34.0
	非常契合	5	4.9
帮助脱贫地区打造新产业或经济增长点	完全没有	4	3.9
	正在尝试	43	41.8
	承担了1—2个产业	42	40.8
	承担了3个及以上产业	14	13.6
对乡村文化发展的主要贡献（多项选择）	开放各类学术、文化论坛及讲座	52	50.5
	开展地方文学、非遗文化专题研究	49	47.8
	邀请名人开设传统文化讲座或者选修课程	60	58.3
	开展志愿者服务、文化下乡、暑期社会实践	79	76.7
	其他	1	1.0

表4-14　县域政府、企业对乡村振兴研究院（学院、实践基地）支持状况描述统计

变量		数量（个）	百分比（%）
县域政府在乡村振兴研究院（学院、实践基地）中扮演角色	主导者	8	7.8
	共同参与者	71	69.0
	仅是服务对象	24	23.3

续表

变量		数量（个）	百分比（%）
县域政府对乡村振兴研究院（学院、实践基地）的支持主要体现（多项选择）	相关政策	56	54.4
	土地	47	45.6
	资金	42	40.8
	项目	62	60.2
	设施设备	11	10.7
县域政府对地方高校科研与社会服务方面的支持主要体现（多项选择）	共建公共服务平台	28	27.2
	设立培训学院	44	42.7
	设立联合研究所（科研基地）	70	68.0
	建立实习实训基地	29	28.2
当地企业与地方高校开展了哪些合作（多项选择）	共建产品研发平台	29	28.2
	共建涉农类专业	41	39.8
	共同培养人才	77	74.8
	共建实习实训基地	46	44.7
当地企业对服务乡村振兴的师生提供了哪些帮助（多项选择）	解决了住宿、吃饭等生活所需	48	46.6
	解决了师生交通	73	70.9
	给予了一定补贴	7	6.8

一 三种主要模式的运行状况

（一）参与主体与管理机制

在"乡村振兴机构的参与主体"（多项选择）统计中（见表4-15），乡村振兴研究院模式的参与主体选择"县域政府"的占比为62.2%，选择"当地骨干企业"的占比为53.3%；乡村振兴学院模式的参与主体选择"县域政府"的占比为73.9%；而在乡村振兴实践基地模式中"县域政府""当地骨干企业"为主要参与主体。但在"是否制定乡村振兴相关制度文件"的调查统计，仅23.3%的地方高校乡村振兴机构选择了"是"（见表4-12）。综上，虽然乡村振兴研究院（学院、实践基地）模式与当地政府、骨干企业建立起了比较紧密的合作关系，但相关管理制度等的政策文件还不完善。

表 4-15　　　　　　　　乡村振兴机构的参与主体

机构	地方高校	县域政府	科研院所	当地骨干企业	乡村政府	小计
乡村振兴研究院	19（42.2%）	28（62.2%）	22（48.9%）	24（53.3%）	13（28.9%）	45
乡村振兴学院	21（91.3%）	17（73.9%）	11（47.8%）	12（52.2%）	10（43.5%）	23
乡村振兴实践基地	13（37.1%）	22（62.9%）	16（45.7%）	25（71.4%）	10（28.6%）	35

（二）资金来源

在"乡村振兴机构的主要资金来源"（多项选择）统计中，乡村振兴研究院模式、乡村振兴学院模式的资金的来源主要为地方高校投入，分别占比66.8%和78.3%；乡村振兴实践基地模式资金来源主要为行业企业投入，占比54.3%。总体来看，地方高校乡村振兴研究院（学院、实践基地）的资金来源以"学校投入"为主。具体如表4-16所示。

表 4-16　　　　　　　　乡村振兴机构的资金来源

机构	地方高校投入	县域政府拨款	行业企业投入	其他
乡村振兴研究院	30（66.8%）	22（48.9%）	18（40%）	1（2.2%）
乡村振兴学院	18（78.3%）	10（43.5%）	10（43.5%）	0（0%）
乡村振兴实践基地	15（42.9%）	18（51.4%）	19（54.3%）	0（0%）

（三）主要职责

在"乡村振兴机构承担的主要职责"（多项选择）统计中，乡村振兴研究院模式主要承担了"乡村振兴战略高端智库"、"涉农类人才培养"和"乡村人居生态环境整治"，分别占比68.9%、62.2%和60%。乡村振兴学院模式与乡村振兴实践基地模式主要承担"乡村干部等人员培训"，分别占比73.9%和77.1%；"涉农类人才培养"，分别占比69.8%

和71.4%；"乡村人居生态环境整治"，分别占比60.9%和51.4%。总体来看，三种模式在服务乡村振兴过程中承担的主要职责大致相同。

表4－17　　　　　　乡村振兴机构承担的主要职责

机构	承担农业农村的重大科技任务	现代农业产业关键技术创新	乡村振兴战略高端智库	乡村人居生态环境整治	涉农类人才培养	乡村干部等人员培训	带动乡村企业、种植户脱贫
乡村振兴研究院	15（33.3%）	26（57.8%）	31（68.9%）	27（60.0%）	28（62.2%）	25（55.65%）	9（20.0%）
乡村振兴学院	13（56.5%）	12（52.2%）	10（43.5%）	14（60.9%）	16（69.8%）	17（73.9%）	8（34.9%）
乡村振兴实践基地	7（20.0%）	16（45.7%）	14（40.0%）	18（51.4%）	25（71.4%）	27（77.1%）	13（37.1%）

二　三种主要模式的贡献状况

（一）乡村产业与人才发展

根据乡村振兴机构"承担农业和工业关键技术的研发与创新"的统计调查，乡村振兴研究院模式"承担了1—2个项目"居多，占比为55.6%，"正在尝试"的占比31.1%，而"承担了3个及以上项目"的占比8.9%。乡村振兴学院模式"正在尝试"居多，占比为39.1%，"承担了3个及以上项目"的占比26.1%。而乡村振兴实践基地模式选择"承担了1—2个项目"的占比48.8%，而选择"正在尝试"的占比37.1%。这主要与各服务模式的定位以及相关高校的学科特长有关。乡村振兴机构"帮助脱贫地区打造新产业或经济增长点"的统计调查显示，乡村振兴研究院模式在此方面的贡献状况良好，"承担了1—2个项目"和"承担了3个及以上项目"共占77.8%。乡村振兴实践基地模式在此方面的贡献状况也不错，"承担了1—2个项目"和"承担了3个及以上项目"共占54.3%。乡村振兴学院模式在此方面较少有实践，选择

"完全没有"和"正在尝试"的共占比52.2%。乡村振兴机构"承担农业技术人员、新型职业农民、新型农业经营人员的培训"状况的统计调查显示,乡村振兴研究院"承担了1—2个项目"的占比为44.4%。乡村振兴学院模式"承担了3个及以上项目"的占比为39.1%。乡村振兴实践基地模式"承担了1—2个项目"的占比为57.1%。可见,乡村振兴研究院(学院、实践基地)当前在产业发展方面主要进行农业关键技术研发的实践,在帮助脱贫地区打造新产业方面实践还不足。在助力乡村人才发展方面,主要通过"培训"这一途径。具体如表4-18、表4-19、表4-20所示。

表4-18　乡村振兴机构承担农业和工业关键技术的研发与创新

机构	完全没有	正在尝试	承担了1—2个项目	承担了3个及以上项目
乡村振兴研究院	2 (4.4%)	14 (31.1%)	25 (55.6%)	4 (8.9%)
乡村振兴学院	3 (13.1%)	9 (39.1%)	5 (21.7%)	6 (26.1%)
乡村振兴实践基地	4 (11.4%)	13 (37.1%)	17 (48.8%)	1 (2.7%)

表4-19　乡村振兴机构帮助脱贫地区打造新产业或经济增长点

机构	完全没有	正在尝试	承担了1—2个项目	承担了3个及以上项目
乡村振兴研究院	2 (4.4%)	8 (17.8%)	18 (40.0%)	17 (37.8%)
乡村振兴学院	1 (4.4%)	11 (47.8%)	8 (34.8%)	3 (13.0%)
乡村振兴实践基地	1 (2.9%)	15 (42.9%)	16 (45.7%)	3 (8.6%)

表4-20　乡村振兴机构承担农业技术人员、新型职业农民、新型农业经营人员的培训状况

机构	完全没有	正在尝试	承担了1—2个项目	承担了3个及以上项目
乡村振兴研究院	2 (4.4%)	8 (17.8%)	20 (44.4%)	15 (33.3%)
乡村振兴学院	2 (8.7%)	6 (26.1%)	6 (26.1%)	9 (39.1%)
乡村振兴实践基地	1 (2.9%)	3 (8.8%)	20 (57.1%)	11 (31.2%)

(二) 乡村文化发展与平台建设

在乡村振兴机构"对乡村文化发展的主要贡献"（多项选择）的统计调查中，乡村振兴研究院模式以"开展各类学术、文化论坛及讲座"作为其参与乡村文化发展的主要途径，占比为73.3%，同时"开展地方文学、非遗文化专题研究""邀请名人开设传统文化讲座或选修课程"也是研究院参与乡村文化发展的主要途径，均占比57.8%。乡村振兴学院模式以"开展志愿服务、文化下乡、暑期社会实践""开展各类学术、文化论坛及讲座"作为其参与乡村文化发展的主要途径，分别占比73.9%和69.8%。乡村振兴实践基地模式以"开展志愿者服务、文化下乡、暑期社会实践"作为其参与乡村文化发展的主要途径，占比为85.7%，同时，"邀请名人开设传统文化讲座或选修课程"的占比60.0%。总体来看，"开展各类学术、文化论坛及讲座""开展志愿者服务、文化下乡、暑期社会实践"是地方高校乡村振兴研究院（学院、实践基地）参与乡村文化发展的主要途径。乡村振兴机构"承担具有地域特色的科研试验基地"的调查显示，乡村振兴研究院（学院、实践基地）三种模式选择"正在尝试"的分别占比为53.3%、60.9%和45.7%。选择"承担了1—2个基地"的分别占比为31.1%、21.7%和42.9%。具体如表4－21、表4－22所示。

表4－21　　乡村振兴机构对乡村文化发展的主要贡献

机构	开展各类学术、文化论坛及讲座	开展地方文学、非遗文化专题研究	邀请名人开设传统文化讲座或选修课程	开展志愿服务、文化下乡、暑期社会实践
乡村振兴研究院	33（73.3%）	26（57.8%）	26（57.8%）	25（55.6%）
乡村振兴学院	16（69.8%）	13（56.5%）	13（56.5%）	17（73.9%）
乡村振兴实践基地	10（28.6%）	10（28.6%）	21（60.0%）	30（85.7%）

表4－22　　乡村振兴机构承担具有地域特色的科研试验基地状况

机构	完全没有	正在尝试	承担了1—2个基地	承担了3个及以上基地
乡村振兴研究院	3（6.7%）	24（53.3%）	14（31.1%）	4（8.9%）

续表

机构	完全没有	正在尝试	承担了1—2个基地	承担了3个及以上基地
乡村振兴学院	1（4.4%）	14（60.9%）	5（21.7%）	3（13.0%）
乡村振兴实践基地	2（5.7%）	16（45.7%）	15（42.9%）	2（5.7%）

三 三种主要模式获支持状况

（一）县域政府对乡村振兴研究院（学院、实践基地）的支持状况

在"县域政府对乡村振兴研究院（学院、实践基地）的支持主要体现（多项选择）"统计显示60.2%的调查对象选择"项目"，54.4%的调查对象选择"相关政策"，45.6%的调查对象选择"土地"，40.8%的调查对象选择"资金"，10.7%选择"设施设备"。可见，地方政府发挥了政策的引导和项目的引领功能，其中项目是对地方高校乡村振兴研究院（学院、实践基地）的最大支持。具体如图4-2所示。

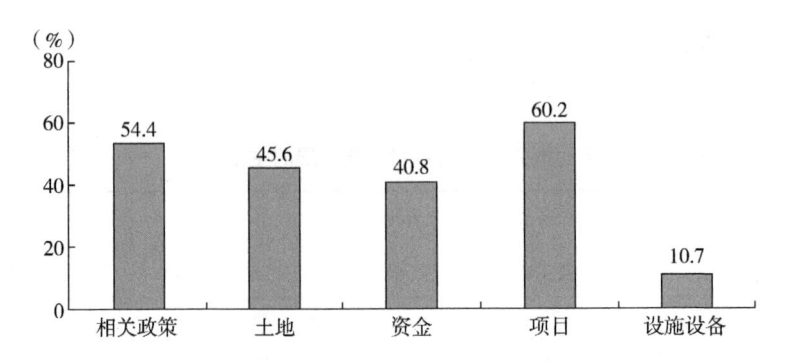

图4-2 县域政府对乡村振兴研究院（学院、实践基地）的支持状况

"县域政府对地方高校科研与社会服务的支持主要体现（多项选择）"统计，显示"设立联合研究所（科研基地）"比例最高，为68.0%，其次是"设立培训学院"为42.7%，选择"建立实习实训基地"的为28.2%，而选择"共建公共服务平台"的为27.2%。可见，

当前县域政府与乡村振兴研究院（学院、实践基地）合作的主要形式是以"设立联合研究所（科研基地）""设立培训学院"为主。具体如图4-3所示。

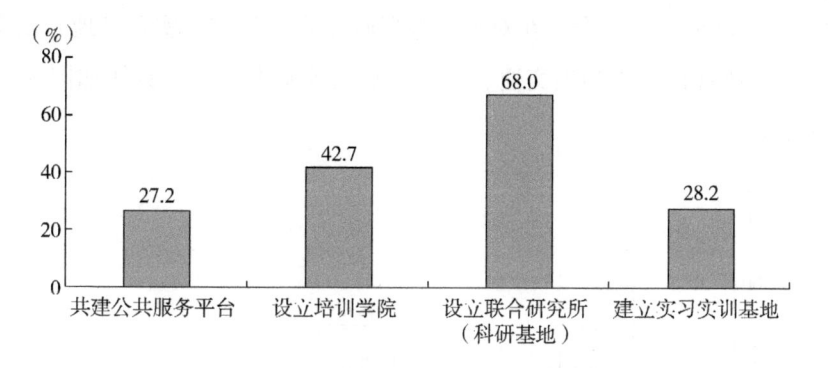

图4-3 县域政府对学校科研与社会服务的支持状况

（二）当地企业对乡村振兴研究院（学院、实践基地）的支持

"当地企业与地方高校开展了哪些合作（多项选择）"统计，显示选择比例从高到低的顺序依次为"共同培养人才"74.8%、"共建实习实训基地"44.7%、"共建涉农类专业"39.8%、"共建产品研发平台"28.2%。可见，校企合作中以"共同培养人才""共建实习实训基地"为主。具体如图4-4所示。

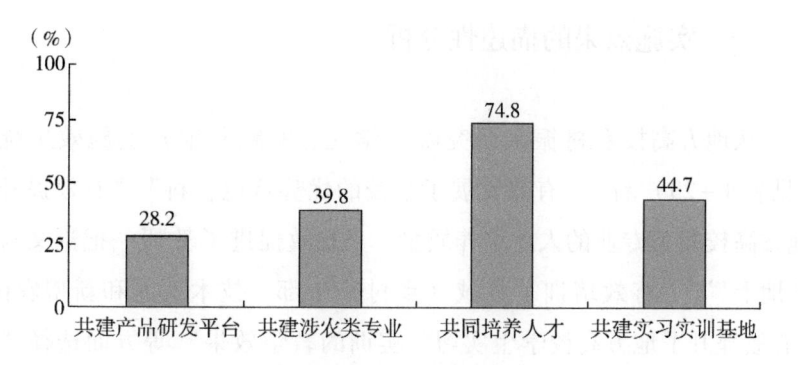

图4-4 当地企业与地方高校开展合作状况

"当地企业对服务乡村振兴的师生提供了哪些帮助（多项选择）"统计，显示选择比例从高到低的顺序依次为"解决了师生交通"70.9%，"解决了住宿、吃饭等生活所需"46.6%，"给予了一定补贴"6.8%。可见，当地企业在对乡村振兴研究院（学院、实践基地）的支持主要体现在解决师生交通、住宿、吃饭等基本需求。具体如图4-5所示。

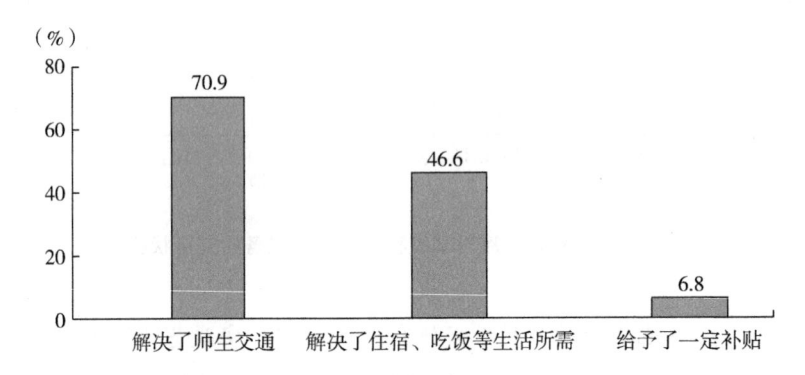

图4-5 当地企业对服务乡村振兴的师生提供帮助状况

第三节 地方高校服务乡村振兴模式的实施效果

一 实施效果的描述性分析

从地方高校乡村振兴研究院（学院、实践基地）实施效果统计（见表4-23）看，"有效发展了学校的优势特色学科""有效提升了地方高校相关专业的人才培养质量""有效促进了教师'把论文写在大地上'""有效培训了县域（乡村）干部、技术人才和新型农民""有效提升了地方高校学生实习、实训的教学效果"等方面选择"比较符合"和"非常符合"的合计比例较高。

表4-23 地方高校乡村振兴研究院（学院、实践基地）实施效果统计

实施效果		计数	百分比（%）	实施效果		计数	百分比（%）
1. 有效发展了地方高校的优势特色学科	非常不符合	7	6.9	6. 有效提升了地方高校相关专业的人才培养质量	非常不符合	7	6.9
	比较不符合	11	16.7		比较不符合	13	12.8
	一般	19	18.6		一般	27	25.5
	比较符合	42	40.2		比较符合	31	30.4
	非常符合	18	17.5		非常符合	25	24.5
2. 有效促进了地方高校相关学科的交叉与融合创新	非常不符合	6	5.9	7. 有效促进了教师"把论文写在大地上"	非常不符合	4	3.9
	比较不符合	16	15.7		比较不符合	24	23.5
	一般	24	23.5		一般	26	25.5
	比较符合	33	31.4		比较符合	28	26.5
	非常符合	24	23.5		非常符合	21	20.6
3. 有效解决了县域（乡村）相关产业产品的关键技术	非常不符合	2	2.0	8. 有效培训了县域（乡村）干部、技术人才和新型农民	非常不符合	5	4.9
	比较不符合	32	30.4		比较不符合	14	13.7
	一般	35	33.3		一般	23	22.6
	比较符合	29	28.4		比较符合	35	33.3
	非常符合	6	5.9		非常符合	26	25.5
4. 有效改善了县域（乡村）的生态环境水平	非常不符合	4	3.9	9. 有效提升了地方高校学生实习、实训的教学效果	非常不符合	3	2.9
	比较不符合	36	34.3		比较不符合	13	12.8
	一般	32	31.4		一般	31	30.4
	比较符合	27	26.5		比较符合	43	41.2
	非常符合	4	3.9		非常符合	13	12.8
5. 有效构建了地方高校对乡村振兴的科技服务机制	非常不符合	5	4.9	10. 有效建立了政府、高校、企业综合协调脱贫机制	非常不符合	1	1.0
	比较不符合	11	13.4		比较不符合	33	31.4
	一般	31	22.6		一般	31	30.4
	比较符合	30	33.3		比较符合	24	23.5
	非常符合	26	25.5		非常符合	14	13.7

二 实施效果的差异性分析

将实施效果部分中的10个评分项进行方差同质性检验，由检验的

结果显示10个评分项的方差同质性检验 P 值都大于 0.05，表明在 0.05 的显著性水平下，方差齐性的假设成立，这些评分项的方差分析的结果值得信赖。具体检验结果如表 4-24 所示。

表 4-24　　实施效果的 10 个评分项的方差同质性检验

办学实施效果	Levene 统计	P
1. 有效发展了地方高校的优势特色学科	2.724	0.071
2. 有效促进了地方高校相关学科的交叉与融合创新	1.131	0.327
3. 有效解决了县域（乡村）相关产业产品的关键技术	2.285	0.107
4. 有效改善了县域（乡村）的生态环境水平	0.985	0.377
5. 有效构建了地方高校对乡村振兴的科技服务机制	1.376	0.257
6. 有效提升了地方高校相关专业的人才培养质量	0.734	0.483
7. 有效促进了教师"把论文写在大地上"	0.414	0.684
8. 有效培训了县域（乡村）干部、技术人才和新型农民	0.578	0.662
9. 有效提升了地方高校学生实习、实训的教学效果	0.204	0.816
10. 有效建立了政府、高校、企业综合协调脱贫机制	0.120	0.887

（一）乡村发展的差异性分析

由表 4-25 可知，"有效解决了县域（乡村）相关产业产品的关键技术""有效改善了县域（乡村）的生态环境水平""有效建立了政府、高校、企业综合协调脱贫机制"在三种模式上不具有显著性差异（$p>0.05$）。"有效培训了县域（乡村）干部、技术人才和新型农民"在三种模式上的方差分析通过 F 检验（$p<0.05$），通过事后检验多重对比发现，研究院模式与实践基地模式不存在显著性差异，学院模式的实施效果要显著高于实践基地模式。

表4-25　　乡村发展维度实施效果在三种模式上的差异分析

实施效果	模式	N	平均值	标准偏差	F	P	事后检验
有效解决了县域（乡村）相关产业产品的关键技术	研究院	23	2.86	0.834	2.620	0.09	
	学院	45	3.24	0.883			
	实践基地	35	2.94	1.083			
有效改善了县域（乡村）的生态环境水平	研究院	23	2.95	1.133	3.564	0.071	
	学院	45	3.13	0.944			
	实践基地	35	2.77	0.942			
有效培训了县域（乡村）干部、技术人才和新型农民	研究院	23	3.67	1.066	5.810*	0.031	学院模式>实践基地模式
	学院	45	3.83	1.098			
	实践基地	35	3.14	1.320			
有效建立了政府、高校、企业综合协调脱贫机制	研究院	23	3.23	1.152	4.791	0.062	
	学院	45	3.38	1.051			
	实践基地	35	3.09	1.067			

注：*表示$p<0.05$。

（二）学校发展的差异性分析

由表4-26可知，"有效促进了学校相关学科的交叉与融合创新""有效提升了地方高校相关专业的人才培养质量""有效提升了地方高校学生实习、实训的教学效果"在三种模式上不存在显著性差异（$p>0.05$）。"有效发展了地方高校的优势特色学科"在三种模式上的方差分析通过F检验（$p<0.05$），通过LSD事后检验对比发现，研究院模式的实施效果要高于学院模式，实践基地模式要显著高于学院模式。"有效构建了地方高校对乡村振兴的科技服务机制"在三种模式上的方差分析通过F检验（$p<0.05$），通过LSD事后检验对比发现，研究院模式的实施效果要高于学院模式，实践基地模式的实施效果要高于研究院模式。"有效促进了教师'把论文写在大地上'"在三种模式上的方差分析通过F检验（$p<0.05$），通过LSD事后检验对比发现，学院模式与实践基地模式的实施效果无显著差异；学院模式的实施效果要显著低于研究院模式。

表4-26　　学校发展实施效果在三种服务模式上的差异分析

实施效果	模式	N	平均值	标准偏差	F	P	事后检验
有效发展了地方高校的优势特色学科	研究院	23	3.53	0.991	7.631*	0.027	研究院模式>学院模式；实践基地模式>研究院模式
	学院	45	2.77	1.412			
	实践基地	35	3.77	1.060			
有效促进了地方高校相关学科的交叉与融合创新	研究院	23	3.14	1.320	4.042	0.069	
	学院	45	3.58	1.033			
	实践基地	35	3.66	1.259			
有效构建了地方高校对乡村振兴的科技服务机制	研究院	23	3.69	0.973	5.749*	0.044	研究院模式>学院模式；实践基地模式>研究院模式
	学院	45	3.09	1.192			
	实践基地	35	3.8	1.208			
有效提升了地方高校相关专业的人才培养质量	研究院	23	3.09	1.151	2.404	0.095	
	学院	45	3.6	1.095			
	实践基地	35	3.71	1.296			
有效促进了教师"把论文写在大地上"	研究院	23	3.51	1.18	8.810**	0.004	研究院模式>学院模式；学院模式>实践基地模式
	学院	45	3.29	1.155			
	实践基地	35	3.27	1.187			
有效提升了地方高校学生实习、实训的教学效果	研究院	23	3.14	1.207	4.791	0.060	
	学院	45	3.56	1.099			
	实践基地	35	3.09	1.067			

注：*表示 $p<0.05$，**表示 $p<0.01$。

第五章　地方高校服务乡村振兴"研究院"模式研究

为充分了解中国地方高校服务乡村振兴的"研究院"模式，本书通过在山东、浙江、湖北、贵州四省的地方高校官网以"乡村振兴"为词条进行检索获得相关数据，并深入四省的四所地方高校进行调查问卷和访谈。本章将总结提炼并阐述地方高校乡村振兴"研究院"模式的运行状况、实践经验以及存在困境。

第一节　"研究院"模式的整体状况

一　山东省地方高校设立乡村振兴研究院整体状况

（一）基本情况

基于中华人民共和国教育部发布的《2021全国普通高等学校名单》统计，山东省共有154所具有普通高等学历教育招生资格的高等学校，其中3所为部属院校。截至2022年5月，本书对山东省151所地方高校官网及相关网页进行查询，统计发现共有14所院校设立了乡村振兴研究院共20个，具体见表5-1。

表5-1　　山东省地方高校乡村振兴研究院设立基本情况

序号	学校名称	乡村振兴研究院名称
1	SJ 大学	齐鲁乡村振兴发展研究院
2	LC 大学	中国乡村研究院
3	DZ 学院	乡村振兴研究院
4	LD 大学	烟台乡村振兴战略研究院
5	LY 大学	乡村振兴研究院
6	QD 大学	齐鲁乡村振兴研究院
7	QD 大学	QD—平度齐鲁乡村振兴研究院
8	WP 学院	乡村振兴潍坊模式研究院（筹）
9	SN 大学	乡村振兴研究院
10	SN 大学	乡村振兴研究院冠县分院
11	QN 大学	乡村振兴研究院
12	QN 大学	鲁南乡村振兴研究院
13	QN 大学	乡村振兴研究院（平度）
14	QN 大学	乡村振兴研究院栖霞分院
15	QN 大学	青岛市乡村振兴研究院
16	SC 大学	乡村振兴研究院
17	SNG 学院	乡村振兴研究院
18	QL 大学	乡村旅游规划研究院
19	WFK 学院	新时代乡村振兴与区域经济发展研究院
20	QZ 学院	旅游协同创新中心与乡村旅游研究所

（二）运行状况

1. 组织结构与相关制度

"组织结构"调查统计显示，SC 大学乡村振兴研究院是依托学校经济学院建立的，属于实体机构。其他13所地方高校的乡村振兴研究院均不依托具体学院，以培训、科研、社会服务为主要任务，属于虚拟机构。在"是否制定乡村振兴相关制度文件？"的调查统计中，QD—平度齐鲁乡村振兴研究院、QN 大学的鲁南乡村振兴研究院与 LY 大学乡村振兴研究院分别与合作政府签订了合作框架协议。

2. 校内外参与主体

"乡村振兴机构的参与主体"的调查统计显示，山东省地方高校乡村振兴研究院的参与主体主要为地方高校与县域政府，与当地骨干企业、科研院所合作较少。地方高校单独建立的有 5 所，分别是 SJ 大学的齐鲁乡村振兴发展研究院、SN 大学的乡村振兴研究院、QN 大学的乡村振兴研究院、WF 学院的乡村振兴潍坊模式研究院（筹）、QZ 学院的旅游协同创新中心与乡村旅游研究所。地方高校与当地科研院所共建的仅 1 所，即 LD 大学与某市农科院共建的烟台乡村振兴战略研究院；地方高校与当地产业共建的仅 1 所，为 QL 大学与济南某农业发展有限公司共建的乡村旅游规划研究院。其余 13 所乡村振兴研究院为地方高校与当地政府共建。

3. 主要职责分析

"乡村振兴机构承担的主要职责"的调查统计显示，15 所乡村振兴研究院将自身职责定位在"乡村振兴战略的高端智库"。5 所定位在"承担现代农业产业关键技术创新"，"承担农村干部、职业农民、技术人员培训"。烟台乡村振兴战略研究院承担了文登西洋参种植的技术创新职责。QD—平度齐鲁乡村振兴研究院承担了超薄石墨烯薄膜制备技术，平度市马家沟芹菜、番茄种植培育工作。SN 大学的乡村振兴研究院冠县分院研发林果产业"山农酥"种植生产技术。LY 大学的乡村振兴研究院开展新农科人才培养、农村科技人才培训，选派第一书记深入基层参与脱贫攻坚。QN 大学定位于建立国际盐碱地牧草种质资源圃、草业遗传改良与利用中心。SNG 学院定位于对齐河县大杨国家级蔬菜标准园、千亩丰裕蔬菜示范园及晏城镇蔬菜种植基地的技术指导与人才培养培训。另外，DZ 学院的乡村振兴研究院、QZ 学院的旅游协同创新中心与乡村旅游研究所，没有明确提出自身职责定位。可见，山东省地方高校乡村振兴研究院对服务乡村振兴的定位主要集中在成为乡村发展智库，为乡村发展提供理论与科技研究，帮助当地农业、产业进行关键技术革新。

(三) 贡献状况

1. 对乡村产业关键技术研发与生态保护的贡献

"承担了县域（乡村）哪些产业关键技术的研发？"的统计调查显示，LD大学承担了某市文登西洋参种植技术的研发工作；QD大学承担了超薄石墨烯薄膜制备技术等县域核心技术的研发工作；SN大学研发林果产业新品种"山农酥"；QN大学选育出适合黄河三角洲地区种植的耐盐小麦品种，选育"鲁秀""鲁蜜"等耐盐梨树新品种；QZ学院研究"北茶36"茶树的种植技术；LC大学研究大棚蔬菜绿色高效栽培技术，筛选出适应不同类型设施的甜瓜品种。在"促进县域（乡村）生态保护的措施有哪些？"的统计调查中，QL大学的乡村旅游规划研究院整合学校新媒体学科优势服务乡村生态振兴。其他高校通过暑期社会实践活动、志愿服务、实践调研等形式组织师生参与乡村生态建设。例如，QD大学乡村振兴服务队为前垛埠村文化展馆创作墙体绘画作品，宣传乡村生态文明；WF学院"七色花"大学生志愿服务队到文登区泽库镇开展"美轮美绘·彩绘轮胎"社会实践活动，助力当地生态文明建设。

2. 对乡村人才发展的贡献

"对乡村人才发展有哪些贡献？"的统计调查显示，4所乡村振兴研究院通过开展创业人才、乡村干部、新型经营主体、乡村教师培训班的形式提供创业指导、技术支持、教育培训等形式服务乡村人才发展。3所响应国家号召，派遣驻村"第一书记"深入乡村基层，通过向乡村"输血"服务乡村发展。如QN大学与平度市合作启动乡村振兴研究院（平度）特派员工作站，选派150名教师、专家学者组成乡村振兴服务队向平度30个县、村提供人才支持、智力支持。DZ学院2020年针对当地乡村振兴需求，组织相关专业教师定期深入乡村，开展专业技术、经营管理能力等培训200多人次。可见，在服务乡村人才发展方面，山东省地方高校乡村振兴研究院主要采取开展培训班、派遣"驻村"第一书记等形式。

3. 对文化发展与乡村治理的贡献

"对县域（乡村）的文化发展有哪些贡献？"的统计调查显示，2 所地方高校有实践，分别为 SJ 大学"济阳乡村遗产要素普查调研"活动对济阳县域（乡村）遗产要素开展理论与实践层面的调研，为开展传统文化的传承与发展夯实基础；QD 大学与平度市合作设立文化产业新旧动能转换研究中心，以挖掘一批具有平度符号的特色文创产品，助力当地乡村文化振兴。在"对县域（乡村）组织建设和治理能力提升方面的贡献主要有哪些？"的调查统计中，1 所高校通过社会实践形式在驻点乡村举行法律宣讲活动来宣传相关法律知识，解读乡村振兴政策，参与乡村治理。即 LD 大学的"携法同行，情暖城乡"社会实践团，协同青岛平度市店子镇司法所工作人员开展宣讲会，共建和谐社区的理念。可见，在促进文化发展与乡村治理层面，山东省地方高校乡村振兴研究院的实践活动稍显不足。

（四）地方政府、企业对乡村振兴研究院的支持情况

"县域（乡村）政府有哪些支持？""当地企业或行业有哪些支持？"的调查统计显示，地方政府、企业对乡村振兴研究院的支持较少，且主要手段还是资金支持。

二 浙江省地方高校设立乡村振兴研究院整体状况

（一）基本情况

浙江省共有高校 109 所，其中普通本科高校有 60 所；高职（专科）院校 49 所。截至 2022 年 5 月，本书对除部属院校以外的 108 所浙江省地方院校官网及相关网页进行查询，统计发现共有 4 所院校设立了乡村振兴研究院，占比为 3.7%，具体见表 5-2。

表5-2　浙江省地方高校乡村振兴研究院设立基本情况

序号	学校名称	乡村振兴研究院名称
1	NB大学	中国乡村政策与实践研究院
2	WZ大学	文成产业学院、文成文旅产业研究院
3	ZN大学	浙江省乡村振兴研究院
4	ZC大学	中国乡村振兴研究院

(二) 运行状况

1. 组织结构与相关制度

"组织结构"的调查统计显示，3所学校建立的乡村振兴研究院是依托学校主导学院建立的，属于实体机构。具体为WZ大学的乡村振兴研究院是依托马克思主义学院建立的；ZN大学的乡村振兴研究院是以中国农民发展研究中心为申报主体，以校内"三农"科研创新平台和校外协同研究机构为两翼建立的。NB大学和ZC大学的乡村振兴研究院不依托具体学院，以培训、科研、社会服务为主要任务，属于虚拟机构。在"是否制定乡村振兴相关制度文件？"的调查统计中，4所地方高校的乡村振兴研究院均没有制定相关的制度和文件。

2. 校内外参与主体

"乡村振兴机构的参与主体"的调查统计显示，浙江省地方高校单独建立的有1所，为ZC大学的中国乡村振兴研究院。与当地政府共建有2所为WZ大学与文成县人民政府共同建立的文成产业学院、文成文旅产业研究院，NB大学与宁波市政府共同建立的中国乡村政策与实践研究院。地方高校与中国农民发展研究中心共建的有1所为ZN大学与中国农民发展研究中心共建的浙江省乡村振兴研究院。

3. 主要职责分析

"乡村振兴机构承担的主要职责"的调查统计显示，4所地方高校的乡村振兴研究院的主要职责定位为"乡村振兴战略的高端智库"。温州大学还选择了"承担现代农业产业关键技术创新"和"承担农村干部、职业农民、技术人员培训"。具体来讲，WZ大学科技特派员深入基层实施油菜套种黄精高产技术研究与示范项目。可见，浙江省地方高校乡村振兴研究院与山东省地方高校乡村振兴研究院的定位相似，主要定位于高端智库、承担关键技术创新以及人员培训等。

（三）贡献状况

1. 对乡村产业关键技术研发与生态保护的贡献

"承担了县域（乡村）哪些产业关键技术的研发？"的调查统计显示，WZ大学科技特派员到乡村实施油菜套种黄精高产技术研究与示范项目；ZN大学国家重点实验室研究团队开展"一根科技竹"相关技术示范推广工作；"促进县域（乡村）生态保护的措施有哪些？"的调查统计显示，WZ大学通过开办全省国土生态修复主题研讨班的形式参与了乡村生态建设。ZN大学乡村振兴研究院牵头成立"绿水青山就是金山银山"理念智库联盟，凝聚专家智慧、智库力量组织开展学术研讨。

2. 对乡村人才发展的贡献

"对乡村人才发展有哪些贡献？"的调查统计显示，WZ大学、ZN大学的两所研究院通过开展培训班与派遣科技特派员的形式参与乡村文化振兴。例如，WZ大学派遣科技特派员前往衢州柯城区万田乡勇勤家庭农场指导柑橘园区管理；ZN大学通过在相关乡村建立村级乡村振兴学院开展乡村实用人才的培训。可见，在服务乡村人才发展方面，浙江省高校乡村振兴研究院的途径与实践较少，而且主要是开展培训班、派遣科技特派员。

3. 对文化发展与乡村治理的贡献

"对县域（乡村）的文化发展有哪些贡献？"的调查统计显示，4所院校无实际行动。"对县域（乡村）组织建设和治理能力提升方面的方面贡献主要有哪些？"的调查统计显示，仅1所高校通过调研的形式到马道村考察其在"五大要求"方面的表征，探寻其活力发展密码。

（四）地方政府、企业对乡村振兴研究院的支持状况

"县域（乡村）政府有哪些支持？""当地企业或行业有哪些支持？"的调查统计显示，除个别乡村振兴研究院获得了当地政府的政策支持，其他研究院获得的各方面支持力度比较小。

三 湖北省地方高校设立乡村振兴研究院整体状况

（一）基本情况

基于教育部发布的《2021全国普通高等学校名单》统计，湖北省共有130所具有普通高等学历教育招生资格的高等学校，其中8所高校为部属院校。截至2022年5月，本书对湖北省122所地方高校官网及相关网页进行查询，统计发现共有7所院校设立了乡村振兴研究院，占地方高校总数的5.7%，具体见表5-3。

表5-3 湖北省地方高校乡村振兴研究院设立基本情况

序号	学校名称	乡村振兴研究院名称
1	CJ大学	乡村振兴研究院
2	WG大学	WG大学·华润赤壁长江经济带乡村振兴创新研究院
3	HGY大学	乡村振兴产业研究院
4	HB大学	湖北县域治理研究院
5	HGS学院	湖北大别山乡村振兴研究院
6	HW学院	乡村振兴和基层治理研究中心
7	HGC学院	湖北乡村振兴战略研究中心

（二）运行状况

1. 组织结构与相关制度

"组织结构"的调查统计显示，7所地方高校的乡村振兴研究院均不依托具体学院，以培训、科研、社会服务为主要任务，属于虚拟机构。"是否制定乡村振兴相关制度文件？"的调查统计显示，HGY 大学的乡村振兴产业研究院与当地政府签订了合作框架协议。

2. 校内外参与主体

"乡村振兴机构的参与主体"的调查统计显示，湖北省地方高校乡村振兴研究院参与主体主要为地方高校、当地政府以及当地骨干企业。地方院校单独建立的有 5 所，分别是 CJ 大学的乡村振兴研究院、HB 大学的湖北县域治理研究院、HGS 学院的湖北大别山乡村振兴研究院、HW 学院的乡村振兴和基层治理研究中心以及 HGC 学院的湖北乡村振兴战略研究中心。参与主体包括地方高校与当地政府的有 HGY 大学与谷城县人民政府共建的乡村产业振兴研究院，参与主体包括地方高校与当地骨干企业的有 WG 大学与华润电力湖北有限公司共建的 WG 大学·华润赤壁长江经济带乡村振兴创新研究院。

3. 主要职责分析

"乡村振兴机构承担的主要职责"的调查统计显示，3 所乡村振兴研究院将自身职责定位"乡村振兴战略的高端智库"。4 所将职责定位在"承担现代农业产业关键技术创新"和"承担农村干部、职业农民、技术人员培训"。例如，WG 大学·华润赤壁长江经济带乡村振兴创新研究院融合当地主要产业的产业链、金融链和创新链，打造乡村振兴人才培养和培训的新高地；HGY 大学的乡村产业振兴研究院提出聚焦产业发展，推动校地双方在科技、平台、人才建设和项目等方面实现共赢；HB 大学的湖北县域治理研究院的主要职责在于做好政策咨询研究和理论研究，为区域经济发展提供智力支撑；HGS 学院的湖北大别山乡村振兴研究院明确自身定位，面向区域性的战略问题与政府关注的重点问题开展有针对性的研究。HGC 学院的湖北乡村振兴战略研究中心重点开展区域农业农村经济发展新型高端智库建设、规划论证、可行性研究报告，为区域乡村振兴战略的实施提供人才、技术、信息等方面的支撑。可见，湖北省地方高校乡村振兴研究院对服务乡村振兴的定位主要集中在"乡村振兴战略的高端智库"，同时侧重为当地乡村发展提供各类实用型人才的培养和培训。

（三）贡献状况

1. 对乡村产业关键技术研发与生态保护的贡献

"承担了县域（乡村）哪些产业关键技术的研发？"的调查统计显示，HB 大学的湖北县城治理研究院与恩施州进行技术合作，重点针对当地特色柑橘、高山蔬菜、富硒红茶等农产品的病虫害防治、新品种培育等。"促进县域（乡村）生态保护的措施有哪些？"的调查统计显示，WG 大学的乡村振兴创新研究院深入太平口村实地考察农村生活污水和垃圾处理情况、土壤和水体污染情况，掌握了太平口村土壤和水体结构一手的数据，为构建生态循环体系打下坚实基础。HGS 学院的湖北大别山乡村振兴研究院"厕所革命"实践团队先后前往红安、罗田、团风三县开展暑期社会实践。HGY 大学的乡村产业振兴研究院赴洪湖市开展美丽乡村规划设计调研工作，为当地研究制定了乡村生态规划实施方案。HW 学院为宜城小河镇的 21 个村庄规划进行乡村生态建设规划。可见，湖北省地方高校乡村振兴研究院在参与当地乡村生态建设的实践活动较为丰富。

2. 对乡村人才发展的贡献

"对乡村人才发展有哪些贡献？"的调查统计显示，3 所地方高校的乡村振兴研究院为当地乡村干部、电商从业者等提供了教育培训、技术支持等服务。4 所地方高校的乡村振兴研究院积极响应国家号召，派遣驻村"第一书记"、驻村工作队以及相关涉农领域专家深入乡村基层，通过向乡村"输血"服务乡村发展。例如，HB 大学先后选派 11 位旅游管理、化工领域专家到兴山县担任科技副县长，坚持为乡村送技术、送人才、送理念。

3. 对文化发展与乡村治理的贡献

"对县域（乡村）的文化发展有哪些贡献？"的调查统计显示，

2 所地方高校的乡村振兴研究院通过与其他学科性学院联合开展支教活动、开展墙体彩绘等形式服务乡村文化发展与乡村治理。例如，CJ 大学的乡村振兴研究院青年志愿服务队于 2020 年起对湖北省监利县八镇村荷花小学开展了线上支教活动，并且开展"乡村文化振兴 彩绘公益行"活动以营造当地乡村美好的文化环境。WGC 大学的 WGC 大学·华润赤壁长江经济带乡村振兴研究院 97 名优秀支教志愿者赴荆门市各"希望家园"服务点进行为期一个月的支教服务，同时该校的墙绘实践团赴咸宁通山利用专业所长，设计党建文化宣传长廊。"对县域（乡村）组织建设和治理能力提升方面的贡献主要有哪些？"的调查统计显示，HGS 学院举办了"乡村振兴法治同行"实践活动，向村民发放《中华人民共和国宪法》等书籍 200 余本，并开展了宪法宣讲、法律咨询等活动。HW 学院的乡村振兴和基层治理研究中心先后七次赴樊城区牛首镇、太平店镇乡村开展乡村组织建设和治理的专题调研活动，参与村庄部分事项决策过程，为各村经济发展、基层治理体系构建、乡村生态建设等提供决策咨询服务。

（四）地方政府、企业对乡村振兴研究院的支持状况

"县域（乡村）政府有哪些支持？""当地企业或行业有哪些支持？"的调查统计显示，湖北省地方政府、企业对地方高校乡村振兴研究院的支持较少。地方高校乡村振兴研究院主要通过申请纵向和横向科研项目获得相关经费支持。

四 贵州省地方高校设立乡村振兴研究院整体状况

（一）基本情况

基于教育部发布的《2021 全国普通高等学校名单》统计，贵州省目前共有高校 75 所，其中普通本科高校有 29 所，高职（专科）院校 46 所。截至 2022 年 5 月，本书对贵州省 75 所地方高校的官网及相关

网页进行查询，统计发现仅2所院校设立乡村振兴研究院，占高校数量的2.6%，具体见表5-4。

表5-4 贵州省地方高校乡村振兴研究院设立基本情况

序号	学校名称	乡村振兴研究院名称
1	QN学院	QN学院民族地区乡村振兴战略研究中心
2	KL学院	KL学院黔东南乡村振兴研究院

（二）运行状况

1. 组织结构与相关制度

"组织结构"的调查统计显示，QN学院民族地区乡村振兴战略研究中心依托学校主导学院建立，属于实体机构。KL学院黔东南乡村振兴研究院不依托具体学院，以培训、科研、社会服务为主要任务，属于虚拟机构。"是否制定乡村振兴相关制度文件？"的调查统计显示，仅QN学院制定了"校农结合"的相关政策文件，同时学院团委发布了关于践行"乡村振兴发展战略"的活动方案。

2. 校内外参与主体

"乡村振兴机构的参与主体"的调查统计显示，QN学院民族地区乡村振兴战略研究中心是QN学院与平塘等6个县市党委政府合作共建的。KL学院黔东南乡村振兴研究院是学校单独设立的。总体来看，贵州省地方高校乡村振兴研究院以自身单独设立，或与当地政府合作，与当地骨干企业等主体的合作不足。

3. 主要职责分析

"乡村振兴机构承担的主要职责"的调查统计显示，QN学院民族地区乡村振兴战略研究中心主要承担"乡村振兴战略的高端智库""承担现代农业产业关键技术创新"的职责。KL学院黔东南乡村振兴研究院提出要把研究课题做在黔东南田间地头，为黔东南全面实施乡村振兴战略提供科技支撑和智库服务。可见，贵州省地方高校乡村振兴研究院与山东省、浙江省地方高校乡村振兴研究院的职责定位较为一致，都集中于乡村振兴的智库服务。

（三）贡献状况

1. 对乡村产业关键技术研发与生态保护的贡献

"承担了县域（乡村）哪些产业关键技术的研发？""促进县域（乡村）生态保护的措施有哪些？"的调查统计显示，地方高校的乡村振兴研究院均未开展具体的实践活动。

2. 对乡村人才发展的贡献

"对乡村人才发展有哪些贡献？"的调查统计显示，QN学院选派驻村干部、生农学院相关专业教师和专家深入乡村进行帮扶，选派专业教师和学生对乡村教育上的盲点和难点全力攻关。贵州省高校乡村振兴研究中心举办社科研究成果运用转化培训会，提升研究者素质，促进乡村科研成果转化。可见，在服务乡村人才发展方面，贵州省地方高校乡村振兴研究院主要通过开展各类乡村所需人才培训班、选派专家的形式服务乡村人才振兴。

3. 对文化发展与乡村治理的贡献

"对县域（乡村）的文化发展有哪些贡献？"的调查统计显示，仅QN学院民族地区乡村振兴战略研究中心建立黔南州名师培训分中心，发挥引领、示范、带动、辐射作用，提升当地乡村教师的教育教学水平，帮助发展乡村教育。

（四）地方政府、企业对乡村振兴研究院的支持状况

"县域（乡村）政府有哪些支持？""当地企业或行业有哪些支持？"调查统计显示，贵州省政府部门通过与学校共建乡村振兴研发平台来支持QN学院的乡村振兴研究院服务乡村振兴。例如，与黔南州农村信用社联合社签署乡村振兴战略合作协议，共建黔南州农信社金融支持乡村振兴研究基地。

第二节 "研究院"模式的典型案例分析

一 山东省地方高校"研究院"模式——以 QD 大学为例

QD 大学积极响应当地政府号召，于 2018 年成立 QD 大学乡村振兴研究院服务乡村振兴，助力打造齐鲁乡村振兴样板。通过对 QD 大学乡村振兴研究院多位院领导和多名骨干教师的访谈，详细分析了 QD 大学乡村振兴研究院服务乡村振兴的运行现状、取得的成绩以及存在的困境。

（一）QD 大学乡村振兴研究院简介

QD 大学是山东省属重点综合大学，为了努力破解乡村振兴中的人才瓶颈、智力瓶颈、科技瓶颈，QD 大学设立齐鲁乡村振兴研究院。研究院致力于研究山东省乡村振兴的基本体制机制、制度与政策体系建设等内容，为助力山东乡村振兴实施提供理论基础和政策咨询，为中国乡村振兴战略凝练齐鲁经验、提供齐鲁样板。研究院由副校级领导担任院长，组建了由 28 位专家组成的产业振兴研究团队、人才振兴研究团队、生态振兴研究团队、文化振兴研究团队、组织振兴研究团队五大科研支撑团队，与平度市展开定点帮扶合作，规划了乡村产业融合发展与规划研究、旅游视域下齐鲁乡村振兴研究、乡村自治与德治研究等 16 项课题。

（二）QD 大学乡村振兴研究院访谈资料的转录与分析

为保证访谈资料的原始性，将访谈录音文件转译为访谈文本。另外，运用斯特劳斯（Strauss）和科尔宾（Corbin）提出的三级编码方法对访谈资料进行三级编码，建立分析框架，提炼出 QD 大学乡村振兴研究院服务乡村振兴的实践经验。一级编码（开放式编码）是将访谈资料打散，进行整理提炼与概括形成的概念类属；二级编码（主轴式编码）是在一级编码的基础上，对出现频率最多的一级编码背后的深层含义进行挖掘与类属归并,从而形成的;三级编码(选择式编码)是在已提炼出的概念类属选择核心类属,将分析集中到核心类属有关的文本上。以 QD 大学乡村振兴研究院的访谈资料为例,三级编码如表 5-5 所示。

表 5-5　　QD 大学乡村振兴研究院访谈资料三级编码

一级编码(开放式编码)	二级编码 (主轴式编码)	三级编码 (选择式编码)
1. 平度市人口众多,乡村振兴相关问题类型复杂。当地主动与我们大学对接,共同建立了研究院。 2. 我们与平度市签订了协议,就会开展比较紧密的合作,平度市给我们提供了合作的平台、基地,对我们科研来说比较容易出成果。我们 QD 大学服务乡村振兴主要是提供智力支持,乡村振兴当中的新产业、新项目、新业态,以及一些技术创新	与当地对接合作,双方优势互补	共建乡村振兴研究院
1. 我们在与平度合作的过程中,也做了很多实际工作,比如平度的 QD 市北部医疗中心,就是我们 QD 大学医学部帮扶建立的。 2. 我们旅游地理学院给平度市,在 2019 年策划了面向 QD 市的"百万游客游平度"的营销活动,帮他们写了导游词,梳理平时的一些文旅融合规划,做了一些具体工作	建立医疗中心,发展旅游业	产业振兴
1. 初步形成《乡村"平台+模块"人才培养的平度经验》理论文章,以此为基础,积极组织申报国家和山东省社科规划课题研究,对平度模式进行跟踪深度研究。 2. 我们研究院依托学校师范学院帮平度市策划了"3+4"小学教育品牌项目,这个对他们来讲真的是很有帮助	人才培养研究,"3+4"教育品牌	人才振兴
1. 通过在平度建设 QD 大学附属学校,建立专家工作站,组织专家学者开展平度民俗文化、非物质文化遗产等文化领域调查研究。 2. 聘请平度市高杰、姜言博等 6 名专业人才为"客座教授",完成红色基因文化——罗头村村庄整体规划,并交付村庄进行规划建设,挖掘出具有平度符号的特色文创产品,助力乡村文化振兴	文化建设与规划,特色文创产品研发	文化振兴

(三) QD 大学乡村振兴研究院实践

1. "校—地" 共建乡村振兴研究院

地方高校服务乡村振兴是其不可推卸的责任与义务。平度市是山东省面积最大的县级市，物产丰富、农业发达，是乡村振兴的鲜活样本。近年来，平度市借助其作为山东省唯一的国家中小城市综合改革试点的身份，在全国率先探索"农创"+"科技+旅游+金融+电商+名品+脱贫"六大"农创+"模式，开创了以"农创平度"品牌模式引领乡村振兴发展的新路径，为与QD大学合作建立乡村振兴研究院打下了良好的基础。2018年，QD大学针对平度市乡村振兴需求开展积极对接，依托QD大学齐鲁乡村振兴研究院成立QD大学—平度齐鲁乡村振兴研究院。形成"三螺旋"系统中双主体互动的混合组织，探索校地共建推进乡村振兴模式，助力平度乡村振兴。"平度市人口众多，乡村振兴相关问题类型复杂。当地主动与我们大学对接，共同建立了研究院。"（乡村振兴研究院Z副院长）

强化对接，建立项目协作机制。2018年5月，QD大学与平度市政府举行战略合作项目双向对接工作会议，就项目推进制定了切合实际的推进实施步骤。双方共同建立了各项目战略合作领导小组与专家团队，建立了周周联系、月月组会碰头的双向对接工作机制和课题双向进出机制，明确了工作推进图、责任表等。具体职责为，平度市为合作推进乡村振兴提供平台、科研条件、人才政策等方面支持，QD大学将与平度市主导产业、文化发展等方面相契合的科技成果、专业人才团队及项目成果，优先考虑在平度落户，为平度乡村振兴提供智力支持。QD大学有关专家在"全国中小城市综合改革高层论坛"等全国性研讨交流会议中多次提及"平度案例""平度经验"，共同探索平度乡村振兴"鲜活样本"。

2. "产—研"融合，助力乡村产业振兴

高素质的农业人才和高质量的科研成果是实现乡村振兴的关键因素。高校充分发挥科研成果的优势服务"三农"、助力乡村振兴是自身的责任和使命（鲁银梭，2019）。QD大学乡村振兴研究院确立乡村产业融合发展与规划、旅游视域下齐鲁乡村振兴研究、农村文创特色小镇建设、农村电商发展与规划、乡村老年人健康管理、农村"互联网+"医养结合模式与体系等产业研究方向,并聘请学校相关专业教授、博士研究生组建八大研究团队,产出理论或实践科研成果助力乡村产业振兴。在农村"互联网+"医养结合模式与体系、乡村老年人健康管理方面,QD大学与平度市政府致力于将QD市北部医疗中心打造成集医疗、教学、预防保健和科学研究于一体的综合医联体;与QD大学附属医院签订托管协议合作构建平度综合医联体项目,正在深化设计平度中心医院景观设计和亮化设计方案。研究院与市社会福利中心、QD市国泰养老产业有限公司合作成立项目示范基地,现已挂牌成立,并依托基地全面展开失智、失能老年人康复指导、护理员培训等工作。在旅游文化推介方面。深入挖掘平度市旅游文化,帮助平度进行"快乐生活·平度周末——百万游客乐享平度"活动规划、创新编制平度旅游导游词。创新平度市旅游宣传营销机制,策划平度市旅游市场开拓方案,该活动在青岛汇泉广场成功举行。

3. 建立"3+4"教育品牌,助力乡村人才振兴

乡村教育是乡村振兴的重要战略支撑。发展乡村教育既是现代乡村建设的基本要求,也是乡村文化保护发掘、乡村文明复兴、发扬的动力源,更是培养新型乡民的重要途径。QD大学乡村振兴研究院紧密结合农村三次产业融合发展体系,发挥校师范教育的特色优势,以附属学校建设和乡村教师培训为关键抓手,以打造教师教育联合体、教育科研基地和学生实践基地为中心,加强基本公共教育服务,培育农村人力资本,为平度市农村建设提供坚实的人才与智力支持。QD大学乡村振兴研究院依托师范学院与平度市展开合作。帮助平度市西关中学增挂"QD大学平度附属中学"的牌子;帮助第二实验小学加挂"QD大学平度附属小学"的牌子,并与两所学校开展在职实习和职业素养提升培训活动,从初中开始的"3+4"小学教育分段培养项目已开展试点工作。

4. 成立专家工作站,助力乡村文化振兴

乡村振兴的实现离不开传统优秀文化的引领。齐鲁乡村历史文化

氛围浓厚，是中国乡村历史文化的重要代表，传统的精神和价值观念、民间习俗礼节、生活生产方式等文化要素有序传承，物质文化遗产和非物质文化遗产丰富多样，是传统历史文化发生、孕育、生息的地方，对了解中国农村文化的发展演变具有重要意义。QD 大学乡村振兴研究院确立齐鲁乡村历史文化资料整理与研究、乡村中小学国学文化建设与规划、乡村文化传播和特色文化创意产业三大研究方向。设立文化产业新旧动能转换研究中心，聘请平度市专业人才为"客座教授"，完成红色基因文化——罗头村村庄整体规划，并交付村庄进行规划建设，挖掘出具有平度符号的特色文创产品，助力乡村文化振兴。

二 浙江省地方高校"研究院"模式——以 ZN 大学为例

（一）ZN 大学乡村振兴研究院简介

ZN 大学乡村振兴研究院是 2019 年 ZN 大学中国农民发展研究中心、"三农"科研创新平台和校外协同研究机构三方合作申报设立的，下设乡村振兴产业研究中心、人才研究中心、文化研究中心、生态研究中心、治理研究中心五大研究中心。"2018 年浙江省社科联组织智库申报，乡村振兴研究院的前身浙江省哲学社科重点研究基地——浙江省农民发展研究中心，紧抓机遇，以 5 年的成果积淀，成功申报浙江省重点培育智库，研究院从此获批成立。""该研究院的目标是通过乡村振兴学术理论研究、咨政服务、人才培养以及机制创新，提升研究与服务能力，形成'乡村振兴'智库共同体，为国家部委和浙江省、社会各界和市场主体提供乡村振兴决策咨询服务，成为浙江乡村振兴战略实施推进的重点智库和推动全国乡村振兴的研究推广平台。"（ZN 大学乡村振兴研究院成员）同时，当地省政府通过每年定额拨付研究院资金，要求智库依托单位进行 1∶1 配套进行经费支持，同时专门开设专报——《浙江智库要报》，面向所有智库成员征集稿件。

(二) ZN 乡村振兴研究院服务乡村振兴实践

1. 深入基层，校—地合作共建乡级乡村振兴学院

乡村振兴的需要是多方面的，需要高校深入乡村，了解乡村真正的发展问题与需求才能"对症下药""药到病除"。ZN 大学乡村振兴研究院为更好地服务乡村振兴，与上海交通大学海外教育学院合作建立了缪家乡村振兴学院，缪家乡村振兴学院是全国首家实体运营的村级乡村振兴学院，真正深入乡村，把学院建在乡野之中，把课堂开在田间地头上。

乡村振兴的首要问题是通过人才振兴发展乡村建设，进而达到乡村全面振兴（邹晓青，2021）。缪家乡村振兴学院依托浙江省乡村振兴研究院雄厚的专家学者优势联合村内有"明星村支部书记""致富带头人"称号的优秀带头人组建师资团队开展新型职业农民培训班，制定"菜单式"选课、"模块化"组课方案供委托培训单位选择，联合长三角区域乡村振兴示范标杆，采取权威专家全程陪同解读、深度研讨行业解决方案等方式开展教学培训，进一步提升学员学习效果。到 2020 年，缪家乡村振兴学院共承接乡村振兴相关培训班、考察团等 100 多批次，培训学员 6000 多人，培训收入超 100 万元，既为当地乡村振兴培养了一批有文化、懂技术、善经营、会管理的高素质农民队伍，又带动了周围乡村发展。网红经济正在繁荣发展。缪家乡村振兴学院以直播电商基地为中心，吸引本地新青年、善于电商销售的大学生、返乡青年进入"三农"领域进行农业创业，培育出一批专职服务农产品的"网红"主播苗子。同时，通过"名农带新农"的方式，将嘉善县美化水产养殖场杨珍、嘉善永青家庭农场孙永青等优秀农创案例的创业经历、经验形成书面成果"无缝嫁接"，培育出乡村农业创新发展的新生力量。产业振兴是乡村振兴的重要抓手。缪家乡村振兴学院通过建立"个性农产品收集—优质农产品整合—特色农产品挖掘"产业集聚模式，创建属于大云镇的农产品公共品牌——"大云农好"，拓宽了当地农产品销售渠道，

提升了当地村民的收入。① 目前，已经完成 16 款产品的设计与生产工作，首批"大云农好·秋意醇香"礼盒成为精英培训班伴手礼，不断提高当地特色优质农产品的知名度与销售量。

2. 加强合作交流，成立智库联盟

地方高校服务乡村振兴是其施展社会服务职能的主要表现。ZN 大学在建设过程中，培养了一批生态文明以及碳达峰、碳中和领域的专家，在理论研究和咨政服务方面取得了丰硕成果，整体研究水平在全省乃至全国都有较强的影响力。ZN 大学乡村振兴研究院以专家学者为依托，牵头与 ZN 大学中国农村发展研究院等 12 家智库共同成立浙江省"绿水青山就是金山银山"理念智库联盟。通过凝聚专家智慧、智库力量组织开展学术研讨、确定研究选题与项目、发挥智库优势互补、形成重大理论研究成果，更好地服务浙江省经济社会全面绿色转型工作，为浙江省打造生态文明建设的重要窗口，建立共同富裕示范区，为促进浙江省乡村振兴提供理论与决策支持。

3. 打造品牌活动，提供建设方案

举办大学生乡村振兴创意大赛。大学生创新创业是我国深化创新创业教育改革的重要载体，现已成为覆盖全国高校、大学生的双创盛会。为响应国家乡村振兴战略的号召，ZN 大学乡村振兴研究院依托学校人才与智力优势，与浙江省教育厅、浙江省农业农村厅、浙江省农村信用社联合举办第二届"农信杯"大学生乡村振兴创意大赛。大赛分校赛、省赛两个层级，乡村产业创意类、乡村规划设计类、乡村文化公益类三个赛道。除此之外，乡村振兴研究院还强调了落地实施和绩效评估的重要性，设置了临海"美丽庭院"专项赛，参赛选手在参赛期间，为临海市打造了 40 多个美丽庭院，为乡村振兴环境整治提供了样本。"农信杯"大学生乡村振兴创意大赛探索出了"政校企村"

---

① 《小乡村大学院，全国首家实体运营的村级乡村振兴学院在缪家村揭牌》，https://www.sohu.com/a/343863897_120206410，2019 - 09 - 27。

四位一体联合促进高校服务乡村振兴的浙江模式。乡村根据需求出题，高校发挥人才智力以点带面，内容有深度、参与有广度、落地有力度。为解决乡村人才流失问题、乡村教育医疗问题、乡村农产品销售问题、乡村旅游景区打造等问题提供了解决方案与思路。同时，帮助各区域有关部门厘清了乡村振兴工作遇到的难点与痛点，从中找到低成本、新理念、差异化等乡村振兴模式的方案。

4. 发挥智库作用，开展决策咨询

围绕乡村经济、乡村社会发展中的严峻问题，以问题、需求为导向，以创新为原则，注重开展针对性、前瞻性政策研究，为政府决策提供专业的、具有建设性的、可行的对策建议，充分发挥"思想库"和"智库"作用。"研究院不定期编写上报《乡村振兴研究》决策参考件，供省部级及以上领导参阅，形成了一批高质量的研究报告和决策咨询件。"（ZN 大学乡村振兴研究院成员）50 余件决策参考件获得省部级及以上领导批示，30 余篇理论文章在《光明日报》《浙江日报》等主流新闻媒体刊登。

三 湖北省地方高校"研究院"模式——以 HB 大学为例

（一）HB 大学乡村振兴研究院简介

为更好服务乡村振兴战略，HB 大学于 2017 年成立乡村振兴研究院。研究院以"高级智库，一流外脑"为建设目标。已成立农业转型与农业治理、乡村治理与发展、农村返贫治理等方向的课题组。以社会学、政治学等专业为依托，整合经济学、哲学等学科，形成了学科交叉互补、团队成员相对稳定、学术研究本土化与国际化并存的研究团队。成立以来，研究院每年针对湖北县域治理现状出台一份研究报告。为各级政府提供决策咨询报告 40 余份，获得武汉市第十九次社会科学优秀成果奖三等奖 1 项，1 篇资政报告被厅局单位采纳。

（二）HB 大学乡村振兴研究院的实践

1. 建立"三、四、五"乡土人才培养模式，培育乡村振兴人才

"三"即"三阶段衔接"。第一阶段为以学校思想政治教育课程为抓手，培养学生服务"三农"的意识；第二阶段为以所学专业为载体、以职业生涯规划课程或就业创业课程为载体帮助学生将职业理想与专业理想对应起来；第三阶段为以实践教育为抓手，通过开展"暑期三下乡""志愿者支教"等社会实践活动，开设地方文化类课程，开展地方非物质文化遗产进校园活动，增进学生对"三农"的感情，促进学生乡村文化、乡土情怀的培养。"四"即构建"类别化培养、多元化育人、平台化支撑、立体化评价"四化乡土人才培养体系。学校先后开展乡村干部、村民普通话等人才培训班，并先后选派 11 位旅游管理、化工专家到兴山县担任科技副县长，坚持给乡村送技术、送人才、送理念。研究院共选派 9 批博士服务团，深入省内的市县人民政府、企业、学校、农业技术推广中心等单位挂职，为地方提供技术人才服务。"五"即"大学科技园＋研究院＋农技小院＋基层之声＋创客空间"五大平台体系。为对接地方产业发展需求，推进科技成果转化，研究院助力学校在省内十个市县建设十个产业技术研究院，助推县域经济高质量发展。目前，麻城产业技术研究院、黄石科技成果转化中心已成立并运行。组建了农业转型与农业治理、农村返贫治理、乡村治理与发展等研究团队。共建农技小院 6 个，在研究院学术网站开辟了"基层之声"专栏，校企共建 27 个专业型创客空间。

2. 开展"三送"活动，促进乡村新发展

"送技术"，组织送技术下乡等活动，通过技术合作推广了高山蔬菜、富硒红茶等特色农产品。恩施正努力打造湖北高山蔬菜新"硒"望。刘俊松教授多次赴丹江口、麻城、黄石等地指导优质柑橘种植技术，助力乡村振兴。开发的生物菌防治柑橘黄龙病新技术，在桂林的柑橘黄龙病防治基地试验获得良好的防治效果。"送场地"，研究院与

咸丰县人民政府签订合作协议，共同成立唐崖文化遗产研究中心，推动唐崖土司文化资源的挖掘、保护、传承和创新。"送扶持"，研究院联合学校开展"拓展扶贫成果，助力乡村振兴"结对帮扶活动，连续三年到鹤峰县、英山县进行对口帮扶，以实际行动助力对口帮扶村发展，推动当地农乡村振兴。同时，研究院协助学校选派9批博士服务团共43名博士，深入省内的市县人民政府、企业、农业技术推广中心、合作社、乡村"两委"等单位挂职，为地方提供技术人才服务。

四 贵州省地方高校"研究院"模式——以KL学院为例

（一）KL学院乡村振兴研究院简介

为充分发挥地方高校在研究乡村、服务乡村、振兴乡村中的积极作用，KL学院在2021年9月23日设立黔东南乡村振兴研究院。该研究院着眼于黔东南乡村需求和经济社会高质量发展的需要，对新时代乡村振兴进行理论、实践和应用全方位研究，让学院相关专业的教师科研工作扎根于乡村、让相关专业培养的人才扎根乡土，把论文写在黔东南大地上，把课题做在黔东南田间地头，为黔东南全面实施乡村振兴战略提供科技支撑和智库服务。

（二）KL学院乡村振兴研究院的实践

1. 积极落实国家政策，助力乡村生态与组织振兴

习近平总书记在党的十九大报告中提出，要坚定地走"生产发展、生活富裕、生态良好"的文明发展道路，促进乡村振兴战略的实施。中共中央办公厅、国务院办公厅印发的《农村人居环境整治三年行动方案》指出，建设美丽又宜居的农村人居环境是实施乡村振兴战略的重要任务。[①]因此，建设宜居农村人居环境成为社会主义新农村

---

① 中共中央办公厅、国务院办公厅：《农村人居环境整治三年行动方案》，https://www.mee.gov.cn/home/ztbd/2020/wdlchhcj_1/zxfx/202001/t20200109_758349.shtml。

建设的重要内容,是实现"全面小康"和"中国梦"的重要组成部分。KL学院乡村振兴研究院以建设美丽宜居村庄为目标,以处理好农村垃圾、污水治理和提升村容村貌为主攻方向,建立农村生活垃圾分类治理和资源化、生态低碳型生活污水治理体系;进一步优化乡村规划模式,推进"美丽乡村"建设。例如,依托学校美术学院成立乡村振兴实践团,在乡村开展墙体绘画,增强村庄的艺术气息,起到一定的乡村建设美化作用。党的十九大报告指出,健全乡村自治、法治、德治相结合的乡村治理体系。"三治合一"的治理体系标志着中国特色社会主义治理体系进入新时代。KL学院乡村振兴研究院主要探讨乡村自治和德治的历史资源、现实问题和前景展望,为促进乡村民主政治发展和乡村道德面貌改善提供智力支持。

2. 打造品牌活动,扩大社会影响

为更好地服务党和政府科学民主依法决策,增强学校广大师生对乡村振兴的了解和关注,促进乡村振兴研究人员的学术交流,活跃学术氛围,KL学院乡村振兴研究院开展"乡村振兴大讲堂"品牌论坛活动。其宗旨是"为农民谋发展,为农民达心声,为农民著历史"。大讲堂定期邀请乡村振兴领域专家、领导干部、企业家、农创客、乡村运营师等政产学研涉农嘉宾,分享各自的乡村振兴所思所想、所见所闻,打造一个在省内外具有重要影响力的乡村振兴交流分享大平台。如在首期大讲堂上,KL学院乡村振兴研究院邀请中央农办、农业农村部乡村振兴专家咨询委员会委员赵兴泉作了题为"以良法善治推进乡村全面振兴—兼解读乡村振兴'一法一条例'"的精彩报告。同时,该研究院十分关注实现生态价值、农业价值、乡村价值和农民权益价值拓展"四大拓展机制",启发当地广大干部和群众的乡村振兴建设思路。"研究院在'三农'改革发展研究方面形成了品牌效应,并形成广泛的社会影响。"(KL学院乡村振兴研究院负责人)

第三节 "研究院"模式的实践经验与主要困境

一 "研究院"模式服务乡村振兴的实践经验

本书在分析中国东部、中部、西部地区部分地方高校乡村振兴研究院服务乡村振兴整体状况的基础上,深度剖析 QD 大学、ZN 大学、HB 大学、KL 学院等地方高校服务乡村振兴的"研究院"模式。通过总结归纳发现 4 所地方高校乡村振兴研究院在服务乡村振兴过程中普遍拥有发挥校—地优势、搭建综合性服务平台,依托科研项目、开展乡村振兴实践问题研究,打造服务品牌、推广乡村振兴经验等实践经验。

(一)发挥校—地优势,搭建综合性服务平台

研究院依托高校人才、科研等智力优势,整合地方政府、乡村骨干企业、科研院所、智库、其他高校资源,成立校—地合作乡村振兴研究院、乡镇乡村振兴学院、智库联盟、专家工作站、研究中心等综合性平台,形成校—地综合服务乡村振兴模式。于东超(2021)认为高校通过学科和专业,推进现代乡村产业体系建设;通过产学研一体化模式,推进乡村科技资源向产业链集聚;通过决策支持与咨询服务,发挥乡村振兴的智库作用。其中,有两所地方高校乡村振兴研究院利用研究院以及其他学科的师资优势,组建高水平服务团队,与所在地县域政府开展理论与实践研究,针对乡村旅游、乡村生态、乡村主要产业、乡村基础教育等领域存在的突出问题提供政策咨询、理论研究、人才培养、科研成果转化、品牌推广等各方面服务。例如,QD 大学乡村振兴研究院与平度市合作成立 QD 大学—平度齐鲁乡村振兴研究院、"文化产业新旧动能转换研究中心"等综合性平台服务平度市乡村振兴。ZN 大学乡村振兴研究院与 12 所乡村振兴智库合力打造生态文明智库联盟,与上海交通大学海外教育学院合作在缪家村成立乡村振兴学院带动缪家村人才与产业发展。

（二）依托科研项目，开展乡村振兴实践问题研究

发挥乡村振兴研究院的科研优势，依托科研服务乡村振兴。乡村振兴研究院的优势在于会集了乡村振兴领域的一批高精尖专家，有针对性、目标性地开展科研，解决农产品关键技术、虫害防治、生态环境治理等关键问题。QD 大学乡村振兴研究院开展《乡村人才的类型及开发策略——基于平度的调查》理论研究项目、与 QD 大附属医院签订托管协议合作构建平度综合医联体项目、与平度市第二实验小学合作建立"3+4"小学教育分段培养项目均获得相应研究成果，为平度市乡村振兴提供强有力的理论与技术支撑。ZN 大学乡村振兴研究院承担乡村振兴急需解决的实践性课题 100 余项，其中 24 个课题上升到了国家级项目，同时编著出版了著作 30 余部。

（三）打造服务品牌，推广乡村振兴经验

"研究院"模式往往能够集中学校师生、科研、社会服务等人才和智力优势，深入乡村一线分析当地乡村各项振兴的关键点问题以及解决方法等，积极打造乡村振兴论坛、乡村振兴大讲堂、产品科研攻关等标志性服务品牌。同时，能够依托平台优势，联络其他相关高校、科研院所，集思广益为解决复杂问题提供综合解决方案。QD 大学乡村振兴研究院与平度市共同打造小学师资"3+4"的教育品牌，解决乡村基层优秀教师难以招聘和留任等问题。ZN 大学乡村振兴研究院开展乡村振兴大讲堂、全国性乡村振兴论坛等活动，集思广益，解决目前乡村振兴过程中的关键性障碍和痛点，形成品牌效应扩展服务乡村振兴的思路与经验，服务于当地的乡村振兴。也有地方高校依托乡村振兴研究院形成了"大学小镇"模式，以小镇乡村振兴的实际需求为导向，以大学的人才培养、科学研究、社会服务等拳头项目为支撑，全面推进大学对接乡村在产业层次、创新能力、城镇品质、核心区域等方面共同提升。双方重点在于突破完成乡村绿色特色健康产业链集成技术、乡村特色旅游产业开发及商业运作模式、乡村污染治理与生态安全格局重构技术、乡村基础设施提升与环境"微改造"技术体

系、乡村"数字治理"技术及产品、乡村民俗与乡村文化特色因子提炼及数字化管理等新业态新技术。"大学小镇"模式旨在激发当地乡村的产业引擎、治理引擎、文化引擎以及生态引擎等，因地制宜地重塑乡村当地的生态旅游、绿色康养、文化创意等新业态，共同打造地方高校服务当地乡村振兴与共同富裕的样板。

二 "研究院"模式服务乡村振兴面临的主要困境

（一）"人才"——缺乏乡村振兴专职人员

乡村振兴研究院服务乡村振兴，既要进行理论研究，又要对乡村振兴进行实践层面的研究，储备有关乡村振兴的前沿理论、富有成效的实践成果，为深入实施乡村振兴战略提供理论与实践基础；需要有效整合地方政府、骨干企业等各类资源，把握乡村发展的重点、难点、痛点和具体需求，及时总结典型、优秀案例中的发展经验、思路与理念，并转化为促进乡村振兴的模式，将其推广出去，实现良性循环。因此，需要具有乡村振兴专业知识的专家学者，以及专业的从事乡村振兴工作的实践人员。当前，乡村振兴研究院普遍缺少专职人员，后备人员力量不足，影响其服务乡村振兴的可持续性。例如，QD 大学乡村振兴研究院由副校级领导担任院长，组建了拥有 28 位专家教授、近百名青年学者的科研团队，但团队成员基本是学校委派的兼职人员，一定程度上影响了研究院服务乡村振兴工作的积极性、专业性、可持续性。"一个研究院最主要的是组织架构与人，需要把合适的人通过一定的机制，组成一个有战斗力、执行力的团队。研究院里面可能有协调能力比较强的，组织能力比较强的，但是我觉得更多的是需要专业性人员。因为我们都是兼职，更多的是学校委派我们做，缺少专职人员。"（QD 大学乡村振兴研究院副院长）《QD 大学乡村振兴研究院建设方案》推进会上指出"目前研究院后备人员，尤其是年轻的研究与实践力量不足，这将会是今后影响学校乡村振兴研究院发展的关键问题"(ZN 大学乡村振兴研究院副院长)。

(二)"激励"——机制体制不完善

无论是营利组织还是非营利组织,都应该与时俱进地重视激励管理,才能在不断"螺旋上升"的社会发展中顺应时代潮流,可持续发展下去。服务乡村振兴,到乡村就业、创业是地方高校教师、毕业生非强制性的责任。高校普遍以学术论文、纵向课题和科研奖项来评定教师的职称、待遇以及各类人才称号,往往忽视乡村振兴等社会服务性指标。这对教师服务当地乡村振兴缺少激励,或者激励机制体制不够完善。例如,QD 大学乡村振兴研究院成员服务乡村振兴基本都是零薪酬,大大影响了服务乡村振兴的积极性。"我们研究院教师所做的这些工作都是学校委派,属于一项政治任务。对于研究院教师的薪酬,学校没有任何体现。但是,研究院老师又有自己的教学科研等本职工作。如果学校在我们教师的社会服务激励机制体制方面不够完善,这种研究院服务模式很难持续。"(QD 大学乡村振兴研究院副院长) KL 学院乡村振兴研究院派遣科技特派员驻村服务乡村振兴,但在职称晋升方面,学校没有明确出台去挂职有助于晋升的政策,仅是报销每天三分之一住宿费用,在激励方面是不足的。ZN 大学乡村振兴研究院成员在访谈中也提到一些专职人员的职称评定措施不完善。"针对乡村振兴研究院的专兼职人员的职称评定、薪酬绩效等相关激励政策有待进一步完善。"(ZN 大学乡村振兴研究院成员)

(三)"经费"——政府、学校、企业投入经费少

地方高校服务乡村振兴与企业服务乡村振兴一样,需要人力和物力成本。乡村振兴研究院要实现可持续发展,就必须有充足的经费支持。为响应国家号召,努力破解乡村振兴中的人才瓶颈、智力瓶颈、科技瓶颈,各地方高校成立乡村振兴研究院服务乡村振兴。在对山东省、浙江省、湖北省、贵州省四省地方高校设立乡村振兴研究院服务乡村振兴整体状况进行调查、访谈时,四省地方高校、当地政府以及乡村骨干企业等主体在对乡村振兴研究院的资金支持较少,难以促进

第五章　地方高校服务乡村振兴"研究院"模式研究

其实现可持续发展。"学校在乡村振兴研究院上的经费投入仅仅够维持日常运行，要想有大的发展规划，经费明显不足。"（KL学院乡村振兴研究院副院长）"我们跟平度市政府的乡村振兴战略合作比较顺利，但是经费支持方面显得比较薄弱。比如，我们研究院给平度做了全域旅游规划这个项目，基本没有什么经费支持，我们团队基本都是义务劳动，这样后续可能难以持续。"（QD大学乡村振兴研究院副院长）"省社科联下拨的纵向经费只能用于项目立项、会议差旅等开支，学校配套的经费主要用于维持研究院正常运行。如果乡村振兴研究院想要拓展其他服务业务，需要更多的启动资金，尤其需要来自乡村产业行业协会、骨干企业的支持，这方面我们需要进一步建立一种互利共赢的合作机制。"（ZN大学乡村振兴研究院负责人）

第六章 地方高校服务乡村振兴"学院"模式研究

为充分了解中国地方高校服务乡村振兴"学院"模式,本章通过在山东、浙江、湖北、贵州四省的地方高校官网以"乡村振兴"为词条进行检索获得相关数据,并深入四省的四所地方高校进行问卷调查和访谈。本章将总结提炼并阐述地方高校乡村振兴"学院"模式的运行状况、实践经验以及存在困境。

第一节 "学院"模式的整体状况

一 山东省地方高校乡村振兴学院整体状况

（一）基本情况

截至 2022 年 5 月,本书对山东省 151 所地方高校官网及相关网页进行查询,统计发现共有 10 所院校建立乡村振兴学院,具体见表 6-1。

表 6-1　山东省地方高校乡村振兴学院建立基本情况

序号	学校名称	乡村振兴学院名称
1	LY 大学	LY 大学乡村振兴学院
2	HZ 学院	菏泽乡村振兴学院

续表

序号	学校名称	乡村振兴学院名称
3	ZZ 学院	ZZ 学院乡村振兴学院
4	SJ 学院	马克思主义学院乡村振兴培训学院
5	SDY 大学	利津县乡村振兴培训学院
6	SN 大学	齐鲁乡村振兴学院
7	SLZ 学院	醴泉乡村振兴学院
8	WFZ 学院	潍坊职业农民学院
9	ZZZ 学院	枣庄市乡村振兴学院
10	SKZ 学院	潍坊市志愿服务学院

（二）运行状况

1. 组织结构与相关制度

"组织结构"的调查统计显示，LY 大学、SJ 学院 2 所高校的乡村振兴学院是依托学校学科性学院建立的，属于实体机构。其中，LY 大学乡村振兴学院为 LY 大学的二级学院，由当地企业全额出资兴建，实行双方共建、学校主管的管理体制；SJ 学院的马克思主义学院乡村振兴培训学院依托马克思主义学院建立。其他 8 所高校的乡村振兴学院均不依托具体学院，以培训、科研、社会服务为主要任务，属于虚拟机构。"是否制定乡村振兴相关制度文件？"的调查统计显示，只有 3 所地方高校签订了乡村振兴相关的制度文件。

2. 校内外参与主体

"乡村振兴机构的参与主体"的调查统计显示，5 所高校学校属于自己单独建立，分别是 ZZ 学院、SDY 大学、SJ 学院、SKZ 学院、WFZ 学院。乡村振兴学院参与主体由地方高校、当地政府共建的有两所，分别为 HZ 学院与菏泽市政府共建的菏泽乡村振兴学院，ZZZ 学院与枣庄市农业农村局共建的枣庄市乡村振兴学院。由地方高校、县域政府、当地骨干企业等主体共建乡村振兴学院的有两所，分别为 LY 大学与蒙阴县人民政府、山东东蒙企业集团公司（简称东蒙集团）共建的 LY 大学乡村振兴学院，SN 大学与山东省土地发展集团有限公司共建的齐鲁乡村振兴学院。地方高校之间合作共建的有 1 所，为 SLZ 学院与 SN 大学共建的醴泉乡村振兴学院。综合来看，山东省地方高校乡村振兴学院的参与主体较多，分别为地方高校自身、当地政府、当地骨干企业以及其他高校。

3. 主要职责分析

"乡村振兴机构承担的主要职责"的调查统计显示，SJ 学院马克思主义学院乡村振兴培训学院，将自身职责定位为"乡村振兴战略的高端智库"，"承担农村干部、职业农民、技术人员培训"。SDY 大学提出将依托学校医学类学科优势为乡村振兴提供医疗、卫生等服务，通过开展健康义诊活动建立对口联系帮扶基层医疗卫生机构的长效机制，提高基层群众保健意识和健康水平。SLZ 学院提出将开设农业专家免费热线、农业技术服务团等平台，开设电教课，为新型职业农民提供政策、科技、信息等服务，实现理论研究和实践操作"双元制"培训模式，乡村振兴学院成为乡村振兴的有力推手。LY 大学乡村振兴学院提出为蒙阴县乡村振兴提供全方面的服务，并且将形成可推广的服务品牌。SN 大学齐鲁乡村振兴学院提出改革自身涉农类专业的人才培养模式，以更好地满足基层乡村振兴对于各类人才的需求。可见，山东省地方高校乡村振兴学院的职责定位比较多样，但是主要集中在明确进一步发挥学校学科专业的人才培养优势、涉农类学科师生的科研等智力优势，全面服务于乡村振兴各项需求。

（三）贡献状况

1. 对乡村产业关键技术研发与生态保护的贡献

"承担了县域（乡村）哪些产业关键技术的研发？"的统计调查显示，枣庄素来有"中国石榴之乡"的美誉，ZZ 学院通过研发石榴红茶加工技术、石榴果醋深层液态二次发酵技术等，帮助相关石榴加工企业的年产值增加超过千万元，为企业带来丰厚的利润，助力乡村振兴。SN 大学深化与种业企业合作，加大对现有小麦、玉米优良品种的推广力度；同时，转化水产生态养殖技术成果2项，转化畜禽生态养殖技术成果1项。可见，地方高校乡村振兴学院承担了当地乡村主流产业相关产品关键技术的研发工作。"促进县域（乡村）生态保护的措施有哪些？"的统计调查显示，SJ学院艺术与设计学院学生党支部党员、入党积极分子走进大街小巷，开展了以"弘扬社会主义核心价值观"为主题的墙绘活动，帮助当地进行美丽乡村建设。

2. 对乡村人才发展的贡献

"对乡村人才发展有哪些贡献？"的统计调查显示，山东省有7所地方高校乡村振兴学院通过开展创业人才、乡村干部、新型经营主体、乡村教师培训班的形式提供创业指导、技术支持、教育培训等。最具代表性的为LY大学乡村振兴学院，学院打造了乡村振兴培训课程体系，承担了新型职业农民培养、临沂市农药经营人员培训、临沂市基层农技人员培训等18种培训。6所地方高校乡村振兴学院通过派遣驻村"第一书记"深入乡村基层，向乡村"输血"来服务乡村发展。例如，LY大学积极选派相关领域的博士、教授担任驻村第一书记，深入基层从事脱贫攻坚、乡村振兴等具体工作；HZ学院开展人才振兴服务项目，充分发挥驻村"第一书记"的工作职责。SN大学2020年帮扶省扶贫工作重点村4个，培养培训乡村振兴基层人才200多人。

3. 对文化发展与乡村治理的贡献

"对县域（乡村）的文化发展有哪些贡献？"的统计调查显示，ZZ学院通过暑期"三下乡"社会实践活动的形式向驻点村庄进行社会主义先进文化的宣传，同时通过开展暑期"三下乡"社会实践活动，帮助基层乡村根据当地风土人情，研究设计了"和满中华""莲花图"等多个主题的墙绘，以更好地传播社会主义核心价值观。"对县域（乡村）组织建设和治理能力提升方面的贡献主要有哪些？"调查统计显示，10所地方高校乡村振兴学院均针对自身服务的乡村基层实际情况，有的放矢地开展了不同形式的实践活动。

(四) 地方政府、企业对乡村振兴学院的支持情况

"县域（乡村）政府有哪些支持？""当地企业或行业有哪些支持？"的调查统计显示，地方政府对高校乡村振兴学院各类支持相对较少。但是，已有企业意识到乡村实现振兴对于自身发展带来的重要影响。例如，东蒙集团出资 2 亿元，与 LY 大学共建了乡村振兴学院，共同推进乡村振兴各项工作。

二 浙江省地方高校乡村振兴学院整体状况

（一）基本情况

截至 2022 年 5 月，本书对除浙江大学的 108 所浙江省地方院校官网及相关网页进行查询，统计发现共有 7 所院校建立乡村振兴学院，具体见表 6-2。

表 6-2　浙江省地方高校乡村振兴研究院建立基本情况

序号	学校名称	乡村振兴学院名称
1	JH 学院	金华丰收乡村振兴学院
2	JX 学院	嘉兴乡村振兴学院
3	QZ 学院	衢州乡村振兴学院
4	WZ 学院	温州乡村运营学院
5	ZNS 学院	绍兴市乡村振兴学院
6	ZCM 学院	浙江基层社会治理学院
7	WS 学院	温州乡学院

（二）运行状况

1. 组织结构与相关制度

"组织结构"的调查统计显示，WZ 学院的温州乡村运营学院是依托学校的经贸管理学院建立的，属于实体机构。其他 6 所地方高校的乡村振兴学院均不依托具体学院，以培训、科研、社会服务为主要任

务，属于虚拟机构。"是否制定乡村振兴相关制度文件？"的调查统计显示，QZ学院制定了《衢州乡村振兴学院建设方案》《乡村振兴学院工作导图》《教材编写标准》等相关标准和制度文件。其他6所地方高校或多或少都制定了一些乡村振兴相关政策、文件以及具体措施。

2. 校内外参与主体

"乡村振兴机构的参与主体"的调查统计显示，浙江省地方高校乡村振兴学院均是与当地政府共建的乡村振兴学院。例如，QZ学院与衢州市政府共建的衢州乡村振兴学院，WZ学院与温州市政府共建的温州乡村运营学院，ZNS学院与绍兴市政府共建的绍兴市乡村振兴学院，JX学院与嘉兴市委、嘉兴市政府共建的嘉兴乡村振兴学院，ZCM学院和中共桐乡市委共建的浙江基层社会治理学院，WS学院与温州市委宣传部和温州市农业农村局共建的温州乡学院，JH学院与省农信金华办事处、市委农办、团市委共建的金华丰收乡村振兴学院。总体来看，浙江省地方高校乡村振兴学院的参与主体主要是高校自身、当地政府及相关局办。

3. 主要职责分析

"乡村振兴机构承担的主要职责"的调查统计显示，7所地方高校乡村振兴学院均明确自己的主要职责。例如，JH学院明确依托当地政府开展农创客、农场主等乡村振兴人才培训，举办创业经验交流分享会提炼成功案例，凝聚政校企三方力量积极打造"乡村学院"品牌。QZ学院明确通过开展乡村振兴人才培养、理论研究、实践推广，采用"传承与创新结合、请进来与走出去结合"等途径，形成市县乡村四级联动、开放式、全覆盖的办学网络，全方位服务衢州乡村振兴。WZ学院明确定位温州乡村运营学院为新型智库机构，开展农村集体资产产权制度改革、精准扶贫、新型农业经营主体培育、一二三产融合发展等研究。同时，培养乡村振兴所需的"智慧新农匠"。ZNS学院指出的拟建立"四个中心"，为乡村振兴进行理论研究、实践指导、人才培养。ZCM学院明确以"三治融合"服务基层社会治理，致力于开发基层社会治理的教学体系、基层社会治理的智库建设以及人才队伍培养。WS学院明确承担县域农村干部、农民、技术人员的培训，乡村振兴示范带规划设计与乡村振兴专项研究。总体来看，浙江省地方高校乡村振兴学院的主要职责包括为当地乡村振兴提供智库服务、当地乡村振兴各类人才的培养培训、乡村基层治理、乡村生态文明建设等。

(三) 贡献状况

1. 对乡村产业关键技术研发与生态保护的贡献

"承担了县域（乡村）哪些产业关键技术的研发？"的统计调查显示，温州乡村运营学院发现制约当地乡村羊栖菜产业发展的瓶颈问题，联合相关科研院所进行技术攻关。"促进县域（乡村）生态保护的措施有哪些"的统计调查显示，2所地方高校乡村振兴学院通过参与美丽乡村与特色小镇建设以投入乡村生态建设工作。例如，JH学院对区内安地镇岩头村、白龙桥镇新昌桥村等21个精品村、10个秀美村、4个美丽宜居示范村建设，给予了悉心指导，制定具体发展规划。WZ学院赴永嘉三江街道龙下村"瓯窑小镇"，就"大建大美，打造特色小镇"课题与民建永嘉县支部联合开展实地调研参与乡村生态建设工作。

2. 对乡村人才发展的贡献

"对乡村人才发展有哪些贡献？"的统计调查显示，6所地方高校乡村振兴学院通过开展新型农业经营主体带头人、基层供销社主任、区供销社各科室及社有企业负责人、特色小吃连锁经营技术管理者培训班的形式来服务乡村人才发展。JX学院与嘉兴市妇联主办的第三期IYB（优化你的企业）乡村振兴培训班，来自各县（市、区）的民宿女主人及家庭农场、农家乐女主人参加了本次培训。同时开设了乡村运营官专题研修班，采用专题讲座、视频教学、现场教学、交流研讨相结合的方式培养乡村人才。WZ学院精准定位新时代乡村振兴的"智慧新农匠"的培养，重构"智慧+"课程体系，实施"产学研创推"全链条培养路径，培养毕业生"爱农业、懂技术、知数字、懂管理、会创业、能带富"。WS 学院的温州乡学院通过开展乡村振兴战略干部培训班，3 年来培养了近万名职业农民以及各级各类基层干部，助力于当地的乡村振兴。

3. 对文化发展与乡村治理的贡献

"对县域（乡村）的文化发展有哪些贡献？"的统计调查显示，JX 学院的嘉兴乡村振兴学院通过"社区教育进农村文化礼堂"专题工作现场交流会的途径把新思想、新理念、国家大事很好地转化成朴素的语言、形象的画面传达给农村居民。"对县域（乡村）组织建设和治理能力提升方面的贡献主要有哪些"的调查统计显示，ZNS 学院进行以"乡村治理"为主题的实地考察参与乡村治理工作。ZCM 学院在桐乡市探索"自治、法治、德治"三治相融合的治理模式研究与实践，并探索"全科网格化"新型治理模式，助力当地的乡村组织建设和治理水平提升。

（四）地方政府、企业对乡村振兴学院的支持情况

"县域（乡村）政府有哪些支持？""当地企业或行业有哪些支持？"的调查统计显示，JH 学院的金华丰收乡村振兴学院获得了当地政府和企业充足的经费保障。当地市财政和各县（市、区）财政每年安排一定的经费，保障乡村振兴学院和各县（市、区）分院的日常运行。当地市委组织部、骨干企业安排了乡村振兴学院与各县（市、区）分院进行乡村振兴各类人才培训所需的资金。

三　湖北省地方高校乡村振兴学院整体状况

（一）基本情况

截至 2022 年 5 月，本书对湖北省 122 所地方高校官网及相关网页进行查询，统计发现共有 4 所院校建立了乡村振兴研究院，具体见表 6-3。

表6-3　　湖北省地方高校乡村振兴学院建立基本情况

序号	学校名称	乡村振兴学院名称
1	WGS 学院	武汉工商学院振兴学院
2	HG 学院	HG 乡村振兴学院
3	XY 学院	XY 乡村振兴学院
4	XN 学院	乡村振兴学院

(二) 运行状况

1. 组织结构与相关制度

"组织结构"的调查统计显示，HG 学院的 HG 乡村振兴学院、XY 学院的 XY 乡村振兴学院是依托学校相关学科性学院建立的，属于实体机构。HG 乡村振兴学院依托学校生物与制药工程学院，XY 乡村振兴学院依托于学校农学院。其他 2 所地方高校乡村振兴学院均不依托于具体学院，以培训、科研、社会服务为主要任务，属于虚拟机构。在"是否制定乡村振兴相关制度文件？"的调查统计显示，2 所地方高校制定了相关乡村振兴的制度及政策文件。可见，当前湖北省地方高校服务乡村振兴学院的组织机制、制度规范等较为健全。

2. 校内外参与主体

"乡村振兴机构的参与主体"的调查统计显示，WGS 学院乡村振兴学院是依靠自身力量单独建立的，HG 学院乡村振兴学院参与主体主要有高校自身、黄冈市农业农村局、黄冈市乡村振兴局，XY 学院乡村振兴学院由 XY 学院与襄阳市政府共同建立，XN 学院乡村振兴学院则与嘉鱼县的骨干企业——田野集团共同建立。综合来看，湖北省地方高校乡村振兴学院的参与主体主要包括当地政府及所属局办、当地骨干企业等。

3. 主要职责分析

"乡村振兴机构承担的主要职责"的调查统计显示，4 所地方高校的乡村振兴学院均根据自身学科专业优势，提出自身的职责定位。例如，WGS学院振兴学院将职责定位为凝聚乡村振兴的社会力量，把主要精力放在帮助重建乡村文化，帮助乡村干部、新型职业农民、农业技术人员学习各种政策、产业知识，引导城市资本回归农村建设。HG学院乡村振兴学院明确整合学校、行业、企业资源，组建专家技术团队，有效对接黄冈11个县（市、区）的特色主导产业，提供技术支撑和智力服务。XY学院乡村振兴学院明确围绕乡村振兴过程中的基层组织建设、农业产业发展、乡土人才培养、新型经营主体培育，开展乡村振兴人才培养、农村实用技术研发与推广、乡村振兴课题研究。XN学院的乡村振兴学院从人才共育、团队共建、项目共扶等五个方面服务当地乡村振兴。可见，湖北省地方高校乡村振兴学院服务乡村振兴的职责定位相似，主要集中于发挥学校自身学科专业优势改革人才培养模式，为乡村振兴培养优秀人才；服务于当地主导产业的技术革新；承担乡村干部、职业农民、技术人员培训等。

（三）贡献状况

1. 对乡村产业关键技术研发与生态保护的贡献

"承担了县域（乡村）哪些产业关键技术的研发？"的统计调查显示，XY乡村振兴学院实行"百校联百县"——高校服务乡村振兴科技支撑行动，主要针对保康柴胡绿色技术的研发与推广、柑橘种植关键技术突破等方面。HG乡村振兴学院为湖北圣果酒庄有限公司提供桑叶综合利用技术、果酒加工工艺、果酒营销策略等关键技术研发服务。

2. 对乡村人才发展的贡献

"对乡村人才发展有哪些贡献？"的统计调查显示，4所地方高校乡村振兴学院均通过开展创业人才、乡村干部、新型经营主体、乡村教师、电商人才培训班的形式提供创业指导、技术支持、教育培训等来服务乡村人才发展。例如，WGS学院乡村振兴学院承办村干部培训班，宣传乡村振兴战略、有关移民的政策法规，讲授农业技术、乡村产业发展典型案例、网络销售模式。3 所地方高校的乡村振兴学院通过派遣驻村工作队深入乡村基层、开展"一村多名大学生计划"向乡村"输血"来服务乡村发展。例如，HG 学院乡村振兴学院通过开展"一村多名大学生计划"为乡村高质量培养符合乡村振兴发展的复合型实用人才。可见，湖北省地方高校乡村振兴学院主要通过进行乡村振兴所需的各级各类人才培训、开展"一村多名大学生计划"以及派遣驻村工作队等方式助力乡村人才发展。

3. 对文化发展与乡村治理的贡献

"对县域（乡村）的文化发展有哪些贡献？"的统计调查显示，WGS 学院乡村振兴学院联合校团委组织学生开展"七彩假期"支教活动；XN 学院的乡村振兴学院在通城县隽水镇石泉村举办"乡村课堂"等活动，助力当地的乡村文化振兴和乡村治理能力提升。

（四）地方政府、企业对乡村振兴学院的支持情况

"县域（乡村）政府有哪些支持？""当地企业或行业有哪些支持？"的调查统计显示，地方政府、乡村主要行业、企业对地方高校乡村振兴学院的各方面支持力度比较小。

四 贵州省地方高校乡村振兴学院整体状况

（一）基本情况

截至 2022 年 5 月，本书对贵州省 75 所地方高校的官网及相关网页进行查询，统计发现共有两所院校建立乡村振兴学院，具体见表 6-4。

表 6-4　　　贵州省地方高校乡村振兴学院建立基本情况

序号	学校名称	乡村振兴学院名称
1	GZ 大学	GZ 大学乡村振兴学院
2	GM 大学	GM 大学·镇远县人民政府乡村振兴学院

(二) 运行状况

1. 组织结构与相关制度

"组织结构"的调查统计显示,两所地方院校均是依托学校学科性学院建立的,属于实体机构。GZ大学乡村振兴学院是依托学校继续教育学院建立的。GM大学·镇远县人民政府乡村振兴学院实行"院务委员会+双院长"管理模式,校县双方行政主要负责人担任双院长,学院下设办公室、研究中心、教学培训部、事业发展部4个工作部门,以及专家工作室、研究生导师工作室、学习实践实训基地等,明确专人负责和各项管理措施。在"是否制定乡村振兴相关制度文件?"的调查统计显示,GM大学·镇远县人民政府乡村振兴学院制定了相关的制度和文件,如《院务委员会岗位工作职责》《乡村振兴专项科研课题管理办法》等组织管理、项目管理、绩效考核指标等配套制度。

2. 校内外参与主体

"乡村振兴机构的参与主体"的调查统计显示,GM大学·镇远县人民政府乡村振兴学院由学校、镇远县人民政府共同建立。GZ大学乡村振兴学院则是自身单独建立的。

3. 主要职责分析

"乡村振兴机构承担的主要职责"的调查统计显示,两所学校均承担县域农村干部、农民、技术人员培训的职责。GZ大学开展乡村中小学校长及骨干教师、乡村干部等教育培训,GM大学开设镇远县卫健系统干部医疗专业人才综合技能培训班。GZ大学明确承担县域现代农业产业的关键技术创新,助力当地的乡村振兴。

(三) 贡献状况

1. 对乡村产业关键技术研发与生态保护的贡献

"承担了县域(乡村)哪些产业关键技术的研发?"的统计调查显示,GZ大学积极为当地的骨干企业——百香果酒业有限公司进行产品研发以及关键技术突破。"促进县域(乡村)生态保护的措施有哪些?"的统计调查显示,GM 大学援建报京村集体鱼塘,帮助报京村整治环境,改善了当地生态环境。

2. 对乡村人才发展的贡献

"对乡村人才发展有哪些贡献?"的统计调查显示,贵州省地方高校乡村振兴学院主要通过开设乡村干部、新型经营主体、乡村教师培训班的形式提供创业指导、技术支持、教育培训等助力乡村人才发展。例如,GZ 大学定期为当地乡村开展乡村干部、新型职业农民、村镇规划和特色村镇保护管理人员等教育培训;GM 大学的心理学教师团队赴镇远县开展中小学心理健康教育师资培训,开设"脱贫攻坚乡村振兴专题培训班"进行乡村振兴干部的素质培训。

3. 文化发展与乡村治理的贡献

"对县域(乡村)的文化发展有哪些贡献?"的统计调查显示,GZ 大学通过有针对性地开展成人学历教育项目,设立教育帮扶基金,提升村民文化素质。

(四)地方政府、企业对乡村振兴学院的支持情况

"县域(乡村)政府有哪些支持?""当地企业或行业有哪些支持?"的调查统计显示,地方政府对乡村振兴学院的支持较少,当地企业对乡村振兴学院的支持主要是签署相关合作协议、共建示范园区。

第二节 "学院"模式的典型案例分析

一 山东省地方高校设立"学院"模式——以 LY 大学为例

LY 大学在 2020 年 4 月建立了山东省首个实体建制运行的乡村振兴学院,在服务乡村振兴的过程中案例较多,具有典型性与代表性。因此,本节选取 LY 大学乡村振兴学院作为乡村振兴"学院"模式的分析对象,通过对 LY 大学发展规划处处长、LY 大学乡村振兴学院院长、副县长以及各村镇镇长及驻村第一书记的访谈,详细分析 LY 大学

乡村振兴学院服务乡村振兴的实践模式、取得的成绩以及存在的困境。

（一）LY 大学乡村振兴学院简介

LY 大学乡村振兴学院是山东省高校首个实体建制运行的乡村振兴学院。为满足乡村振兴需要，学院依托 LY 大学现有 20 多个新农科专业，开设了乡村治理、生态建设、文化旅游等 40 多门精品课程为乡村振兴服务；建立完善的基础设施，设有 8 个培训中心可同时容纳 1300 多人在校培训与学习。学院采用政府统筹规划、地方高校参与、企业投资的合作模式。在师资配备上采取专兼职相结合的方式，依托 LY 大学现有教师及与 LY 大学有联系的国内外专家学者、优秀基层工作者、党员干部为主体组建教学团队，目前已配备"五大振兴"领域教授 30 余名，"乡土专家" 20 余名。LY 大学乡村振兴学院是政府、企业、大学三方组织构成的"三螺旋"系统，其顺利建造与服务乡村振兴离不开这三方主体的共同努力。

（二）打造乡村振兴学院的可推广品牌

1. 当地政府营造了优越外部环境

"三螺旋"系统中政府是关键一环。LY 市农业在山东省占据十分重要的地位，同时具有深厚的红色文化基因。LY 市政府积极响应国家乡村振兴战略，出台政策，促进各方主体参与乡村振兴。为促进高校参与乡村振兴，LY 市在 2019 年出台的《LY 市乡村振兴战略规划纲要（2018—2022 年）》中指出，要借助高校的教学、师资、科研等优势条件，借助农业院校、农业广播电视学校等，构建政府主导、面向市场、多元参与的培育中心服务乡村振兴，为高校参与乡村振兴提供了政策基础与服务乡村振兴行动方向。2021 年，LY 市教育局印发《LY 市职业教育助力乡村振兴行动方案》的通知指出，要针对乡村振兴过程中的突出问题以及其薄弱环节，整合职业院校优势资源，从人才培养、文化建设、经济发展等方面掀起职业教育助力乡村振兴的热潮，为职业院校参与乡村振兴提供了发展思路。这一系列政策充分体现了 LY 市政府在支持高校参与乡村振兴中做的努力，从政策层面为地方高校服务乡村振兴的"三螺旋"系统提供了政策保障。

地方高校服务乡村振兴需要专门的组织机构（混合组织），乡村振兴学院、乡村振兴研究院、乡村振兴基地则是这个专门机构，是高校服务乡村振兴的主战场。LY大学协同县人民政府共建乡村振兴学院服务于当地的乡村振兴。"省派蒙阴县服务队，在队长刘欣堂的领导下于两年的工作期间里，做了很多的事情，争取了很多项目，比如修路、农田建设、水利、养殖、种植等项目；引进新的东西、外部资源、建设图书馆、修建学校等，对农村基层建设起了巨大的推动作用。服务队有一个比较大的理想：留下一个永久的工程，就是建设实体运行的乡村振兴学院。就以蒙阴县人民政府牵头的形式与我们LY大学合作建立了乡村振兴学院。"（LY大学发展规划处处长）LY大学乡村振兴学院采用政府、高校、企业多方参与、共荣共建的运行方式，采用双重领导机制，学校设一位院长，企业设一位院长共同对乡村振兴学院负责。硬件设施、后勤保障等工作由合作企业东蒙集团负责；软件方面，如课程设计是由LY大学负责完成的。"学院于2020年4月份开始建立，是企业投资、高校参与、政府推动的机制。学校有一位院长，企业有一位院长，是双方配置院长的。"（LY大学发展规划处处长）

2. 地方企业为LY大学服务乡村振兴提供经费

乡村企业是县域经济发展的主要推动力之一。企业出资与地方高校、政府合作建立乡村振兴学院教育培训实践基地或示范园，为师生提供教学、实践、住宿或食堂等场馆服务。2018年，东蒙集团为LY大学乡村振兴学院的筹建出资2亿元，提供了充足的经费支持。在学院建成之后，为学院的运行提供后勤方面的工作，为学院顺利运行提供全方位保障。"学院筹建的资金由东蒙集团全资投入，全部投了两个亿。两个亿的资金基本能保障学院的运行与发展。学院相关培训课程设计、科研服务、乡村治理服务由学校负责实施，东蒙集团主要负责项目的吃、住、行等后勤保障工作。同时，乡村振兴学院是双方配置院长，企业会选一位院长参与管理。"（LY大学发展规划处处长）

3. 三方致力于打造乡村振兴的服务品牌

LY 大学主动响应国家战略，实施"校—地—企"共建策略，与蒙阴县人民政府、东蒙集团联合成立了山东省首个实体建制运行的乡村振兴学院。LY 大学乡村振兴学院办学的目标是打造齐鲁乡村振兴的品牌，然后进行品牌整体推广，为全国其他区域和地方高校提供"样板"。"我们想做的核心工作就是打造乡村振兴的服务品牌。因为现在各地服务乡村振兴喊得多，但真正成功的案例很少，探索出来的可行性模式也很少。我们就想打造一个可复制、可推广的乡村振兴服务品牌未来可以被其他地方复制和推广。"（LY 大学乡村振兴学院院长）主要通过以下三个方面推进。

（1）打造适宜当地区域的可推广模式

因地制宜是实现乡村振兴不可或缺的原则。LY 市是沂蒙革命老区的所在地，是沂蒙精神的发源地。LY 大学乡村振兴学院根据 LY 市各县域发展需要及当地气候、土壤等自然条件，将可利用的人才资源、适合当地发展的产业、政府集合起来，帮助当地做规划，慢慢打造出 LY 大学乡村振兴学院品牌，助力 LY 市乡村振兴，进而推广到其他地区，助力全乡村振兴。"以岱崮镇为例，我们根据岱崮镇的地理位置、土壤、气候的特点，根据这个地域的人口数量，包括已经在农村这片区域走出来的人士，有意愿回来反哺家乡的人才，另外我们再召集全国产业中可以带动、适合在这个地方成长的企业，同时去争取当地政府的政策。在多重作用之下，实现岱崮镇农民人均实际收入持续增长。经过一段时间实践后，打造适合当地区域的品牌模式，推广到其他地域，根据其他区域的土壤气候特点和产业结构，给出一个可行的方案。"（LY 大学乡村振兴学院院长）

（2）打造乡村规划模块的可推广模式

乡村振兴包括产业振兴、文化振兴、生态振兴、组织振兴、人才振兴五个方面，缺少哪一方面都不能实现真正意义上的乡村振兴。规划是行动的依据，要想真正实现乡村振兴，首先要有好的乡村振兴规划。为帮助 LY 市真正实现乡村振兴，LY 大学乡村振兴学院依托于 LY 大学现有 20 多个新农科专业，建立了农业发展团队、文旅团队、城建团队、污水治理团队等专业团队，帮助 LY 市文化、产业、生态、组织、人才各方面做相应规划。"我们有农业发展团队、文旅团队、城建团队、污水治理团队，是成体系的、全方位的服务模式。例如，当地污水池的'十四五'规划整体方案，就是我们团队研究制定的。"（LY 大学乡村振兴学院院长）现在 LY 大学乡村振兴学院的乡村规划模式已经推广到其他省市，承接了农业园区规划、农业产业规划、美丽乡村规划、园林景观规划、乡村建设规划、建设建筑规划以及环境改造提升规划等乡村振兴规划项目。

（3）打造培训课程体系的可推广模式

乡村振兴的实现关键在于人。当前中国乡村人才素质处于偏低的状态，很多涉农一线的工作人员只有本科以下的学历和初、中级职称，缺少各类素质高、有技术、有乡村情怀的人才。"人才振兴是乡村振兴的重要基础，当地就业或外出创业都需要一技之长。因此，当地农民外出创业或务工都需要技能培训。同时，基层班子建设和党员培训也很需要。"（LY 市费县人民政府副县长）实施各类培训的核心内容是课程。LY 大学乡村振兴学院根据当地各类人才培训需要，依照"缺什么补什么"的原则，有针对性地开设了政策法规、乡村治理、生态建设、文化旅游等 40 多个精品课程，能够满足不同层次、不同专题的人才培训需求。培训课程体系的建设主要是通过订单式展开的，根据政府、企业等主体的培训需求，进行课程设计。"LY 大学乡村振兴学院课程体系的建设主要采用订单式，也就是根据政府不同部门、不同企业的需求，进行课程设计及打造。每个课程为期三天，分 A、B 两个套餐。课程可以选择，也可以重新组合。目前，学院已经与山东省委党校、山东省人才集团签订了合作协议，由乡村振兴学院承接他们所需要的各类培训业务。"（LY 大学乡村振兴学院院长）

二 浙江省地方高校设立"学院"模式——以 JH 学院为例

(一) JH 学院乡村振兴学院简介

JH 学院乡村振兴学院以"整合校内外资源、创新管理体制机制、提高效益、构建服务乡村振兴平台"为原则,按照"一校多点、发挥优势、规范管理、优化服务"的思路,旨在打造乡村振兴理论研究、实践指导、人才培养"三位一体"的乡村振兴综合服务平台。同时,在市委党校、市电大设立分校,在县(市、区)级形成乡村振兴分院、乡(镇)级形成乡村振兴教学点、村级乡村振兴讲堂,构建"1+2+N"的架构服务乡村振兴。"如何发挥专业优势,服务地方农业农村发展?服务国家乡村振兴战略?需要有一个平台支撑,这是学院与衢州市政府合作共建乡村振兴学院的出发点。"(JH 学院乡村振兴学院负责人) JH 学院乡村振兴学院建立了较完善的组织架构,设立校务委员会与办公室、培训中心和研究指导中心等日常管理机构。其中校务委员负责重大问题的决议与统筹安排,由市领导担任,JH 学院、市教育局、市财政局等主要负责人担任副主任。同时,已经建立了 JH 学院乡村振兴学院管理办法等制度文件。落实专门场地用于衢州乡村振兴学院的办公教学培训使用,各县(市、区)分院分别由挂靠单位负责落实相应办公教学培训场地。更重要的是,学院已经有了充足的经费保障,市财政和各县(市、区)财政每年安排一定的经费,保障乡村振兴学院和各县(市、区)分院的日常运行以及各类培训项目。

(二) JH 学院乡村振兴学院服务乡村振兴实践

JH 学院乡村振兴学院以"五大振兴"目标为要求,以乡村振兴实践为基础,积极开展乡村振兴人才培养、理论研究、实践推广,全方位服务衢州乡村振兴建设和发展。

1. 人才培养——开展万名带头人、"领头雁"的培训工程

全面实现乡村振兴的难度不亚于脱贫攻坚,对人才需求更为广泛。

为帮助 JH 市培养一支"有文化、懂技术、会管理"的本土人才，该乡村振兴学院负责全市"三农"工作队伍专业人才培养管理工作。牵头组织编写乡村振兴人才教学培养计划、课程教材等，开展"月嫂"、康养护理员、乡村休闲旅游等培训项目。组建"大学生返乡创业创新联盟"，鼓励并重点支持衢籍大学生返乡创业创新，帮助衢州培养具有当地特色的"乡村匠人"和"三农"工作队伍，积极助推乡村振兴大讲堂和党建治理大花园建设工作。该校的乡村振兴学院联合当地龙头企业，针对直播产业，开设一系列培训服务，包括互联网营销、直播、短视频制作运营、视频剪辑、电商运营推广等，打造乡村振兴的人才培养基地。聚焦最新政策、盘活乡村资源和市场化运营等热点问题，邀请专家、学员共同设计培训方案，采用专题讲座、现场教学、交流研讨相结合的方式开展系统化培训。"学院计划每年完成 10 个左右高素质农民的培训项目。截至 2020 年年底，乡村振兴学院累计开展种养殖技术类培训、创业类培训、来料加工、电子商务类培训项目 473 期，培训农民人数达 28103 人。"（JH 学院乡村振兴学院负责人）

2. 理论研究——组建乡村振兴学院智库

发挥乡村振兴高端智库职能，选聘中国农业大学人文与发展学院社会学系、浙江大学农业与生物技术学院的知名专家组建乡村振兴学院智库并签订咨询服务协议书。根据当地政府及相关局办需求，学院以科研项目为支撑，建立起当地政府、高校、科研院所、乡村、企业等主体协调互动的乡村振兴协同创新中心与乡村振兴科技服务机制，围绕"五大振兴"等重大、前瞻性问题开展理论、实践与政策研究，围绕乡村振兴讲堂"五位一体"开展供给侧结构性改革战略研究。通过乡村振兴智库与乡村振兴协同创新中心的资源集聚，推动高校科学技术成果与乡村发展、企业发展需求对接，助力农村产业转型升级与区域经济创新发展。

3. 实践推广——抓好各类教育实践平台建设

JH 学院的乡村振兴学院开展乡村振兴讲堂建设工作，帮助衢州市建设村级讲堂 1400 余个。同时，紧跟时代发展趋势，打造联通党员群众与教育服务供给者的全媒体指挥平台。借助实践平台，将新理念融入人才链，建立精准适应乡村振兴的实践体系。早在 2021 年疫情防控期间，学院就依托自身衢州无线 App 乡村振兴讲堂模块，开展了以蔬菜种植技术、病虫害防治、家风家训提振乡风文明等为主题的空中讲堂 5 期，观看人次达到 11285 人次。同时，选择若干个乡村，打造成为在党建统领、美丽乡村、现代农业示范园等方面主题突出、富有特色、宜居、文明的乡村振兴示范点、典型示范村，并在全市乡村进行实践推广。选择具有创业引领乡村群众脱贫致富典型人物的乡村作为乡村振兴实践教育基地，探索乡村振兴新的发展体制机制与路径，积累乡村振兴优秀案例与经验并进行推广。

三 湖北省地方高校设立"学院"模式——以 XN 学院为例

XN 学院在 2019 年 6 月 3 日建立了乡村振兴学院，并于 2021 年 5 月入选全国乡村振兴人才培养优质校，在服务乡村振兴方面具有典型性与代表性。因此，本节选取 XN 学院乡村振兴学院作为乡村振兴学院模式分析对象，详细分析该乡村振兴学院的运行模式、取得的成绩以及存在的困境。

（一）XN 学院乡村振兴学院简介

XN 学院乡村振兴学院由学校与嘉鱼县的骨干企业——田野集团共同建立。嘉鱼县田野集团为学院在专业共建、师资互聘、人才共育以及后勤保障等方面提供强力支持。双方签订《乡村振兴　产教融合共同体章程》，并作为学院管理制度。以国家乡村公园项目为依托，实行理事会负责制，设有常任理事长单位、轮值理事长单位、理事长单位、特聘专家单位，并在人才共育、团队共建、资源共享、服务共推、项目共扶五个方面提出学院职责。乡村振兴学院的建立是学校创新人才培养模式的重要举措，是落实乡村振兴战略、实现学校"转型晋级"的重要路径。

(二) XN 学院乡村振兴学院实践

乡村振兴的实现关键在于人。当前中国乡村人才素质处于偏低的状态，很多涉农一线的工作人员是高中及以下的学历，缺少各类素质高、有技术、有情怀的人才，需要通过高校来定向培养。XN 学院乡村振兴学院成立以来，承接学校"一村多名大学生计划"走出了一条培养乡村振兴带头人的稳健路子。该计划主要包括以下两个方面内容：

1. 整合"校—政—企"资源，量身定做人才培养模式

"一村多名大学生计划"的学员包括村两委干部、合作社负责人、中小企业老板、回乡创新创业者、种养殖技术能手、打工返乡人员、乡贤等，人员组成较为复杂，在职学员的"工学"矛盾较为突出，对学校教学组织与管理带来了巨大挑战。学校整合校、政、企多方资源，组成"三导师"团队，分别是由优秀骨干教师等组成的校内创业导师团队；由省、市政府政策研究室专家、相关企业专家组成的校外创业导师团队；由优秀学员组成的学员讲授团队。师生同学同创、边学边创、边创边学。乡村振兴学院根据学员的知识能力结构和现实需求，为学员量身定制培养和培训方案，有效激发了学员的学习热情（刘婷，2020）。同时，乡村振兴学院探索实行"旺工淡学"，分段教学的制度。根据学员农忙以及其他工作实际情况，农闲期间主要进行专业理论教学，农忙期间主要进行生产实践教学，使专业知识学习环节与农业生产环节紧密结合。在保证总学时不低于大纲规定的学时标准基础上，有效地解决了学习、生产、工作三者的矛盾，使学员安心完成学业、工作。

2. 创新"校—地"双主体的育人方式

"一村多名大学生计划"的学员平均年龄在 32 岁，且党员和村两委干部占很大比例，综合素质较强，具有较好的自我控制力和组织能力。因此，乡村振兴学院进一步探索实施"自我管理、一主双育、三化互动"的育人方式。"自我管理"是依靠学生党支部和班委会进行

的，学生党支部和班委会成员由学员选举选出，负责班会、集体活动的组织与考勤等管理制度的执行。同时，学校为学员配置优秀辅导员，教师的指导服务与学员的自主管理双管齐下，充分发挥党员与优秀学员主体作用与示范作用。"一主双育"是校、县双主体育人。学校与各县区建立常态化联动机制，学校向各县区及时反馈学员表现与需求，同时听取各县区对学院培养的建议。各县市区组织召开学员座谈会，及时掌握学员情况与困境，跟踪督促学员工作、学习。"三化互动"是教学过程项目化，通过项目立项、案例分析、创业引导等方式进行教学；教学形式多样化，在教师主导的基础上，采用专家座谈、课堂授课、技能竞赛、实训实习等多样化方式教学；考核方式多元化，不以期末成绩为评判标准，将学员平时表现、出勤、任务完成情况与其实际从业经历、技能学历、创业规模与效益相结合进行考核。乡村振兴学院实行"一村多名大学生计划"已有 4 年，围绕现代乡村治理、美丽乡村规划、优势特色产业发展、农产品深加工技术等方向，为基层培养了 1500 多名各级各类人才，有效支撑了咸宁市基层乡村振兴的各项工作。

四 贵州省地方高校设立"学院"模式——以 GZ 大学为例

（一）GZ 大学乡村振兴学院简介

为帮助贵州脱贫攻坚实现乡村振兴，2018 年 GZ 大学依托校内继续教育学院建立乡村振兴学院。学院主要职责是整合 GZ 大学的专业资源，搭建"乡村振兴学院"继续教育与服务平台，为贵州省脱贫攻坚、乡村振兴提供人才支持。学院成立后主动对接地方政府及相关部门、县域（乡村）、涉农骨干企业，争取乡村振兴相关政策、项目以及资金支持。同时，深入了解贵州省农村基层乡村振兴的各项需求，因地制宜，拟订乡村振兴服务计划，培养培训新型职业农民、基层乡村干部以及企业技术人员，推进基层乡村振兴各项工作。

（二）GZ 大学乡村振兴学院服务乡村振兴实践

1. 组建乡村振兴实践团，深入乡村基层开展实地调研

地方高校充分发挥自身在学术、人才、科技、资源等方面的优势助力乡村振兴各项工作。GZ 大学依托继续教育学院建立乡村振兴学院是 GZ 大学整合学校资源服务乡村振兴的最好答卷。GZ 大学乡村振兴学院依托管理学院、农学院等，发挥智力优势，组建乡村振兴实践团，深入乡村基层进行实地调研，深度挖掘农村发展改革的典范案例与经验，同时在实践中发现问题、解决问题。2018 年，乡村振兴学院与管理学院共同组建"塘约黔行"队伍深入贵州塘约村，在充分了解当地的风土人情、发展变化的基础上，用当地群众听得懂、记得住、可复述的语言宣讲乡村振兴战略政策与理论，让群众了解乡村振兴战略，增强内生动力与凝聚力共同为实现乡村振兴贡献力量。同年 6 月，学院实践团深入塘约村合作社，了解合作社运行状况，就合作社人才缺乏尤其是专业技术人才缺乏的问题、合作社财务公开问题、村民外出务工和薪金发放等问题展开集体讨论，并协助合作社解决关键问题。

2. 探索"校—企—村"合作，因地制宜开展乡村振兴人才培养

GZ 大学乡村振兴学院依托贵州省农委信息进村入户建设工程等项目，联合继续教育学院捐资 100 万元，主动对接县乡政府和涉农企业，深入了解乡村产业发展人才培养需求，因地制宜组建培训师资团队，开展定点帮扶乡村产业所需人才培训合作，为农村信息员、乡村干部、乡村骨干教师、农民工等乡村振兴一线人员提供技能与素质培训、创业实践和就业机会，做到学历教育、技能培训和能力素质提升并举。例如，2019 年该学院受某区委组织部委托，承办"领导干部乡村振兴战略专题提升培训"。学院深化"校—企—村"帮扶合作，与地方骨干企业签订合作框架和培训协议，与乡村共建"新时代农民讲习所"，实施"点对点"智力支持，着力培养培训一大批当地"有文化、有技术、会经营、懂管理"的乡土人才。

3. 联合相关学科开展"硕博士团入村"计划

GZ 大学乡村振兴学院发挥学校多学科的人才优势，专注当地乡村振兴的关键领域。大学生是社会主义事业的建设者与接班人，理应响应时代需要，参与乡村振兴的伟大事业。GZ 大学乡村振兴学院落实博士、硕士研究生的实践育人工作，联合各学科性学院不同专业实施"硕博士团入村"计划。该计划是构建以博士研究生为主、硕士研究生为辅的实践队，深入乡村基层，发挥专业优势，在产业扶贫、知识普及、科技服务等领域积极开展行动，助力乡村振兴各项工作。[①] 针对该省某些县域稻田综合产值较低的问题，植物保护学科团队依据当地地理条件探索出稻蛙复合种养产业模式，从农药化肥使用、水稻病虫草害防治等环节进行深入研究，制定技术规范，显著提升了稻米品质，使稻米售卖价格高于平均市场价格的 2 倍以上。目前，该项技术已在 20 余个县进行示范推广。针对普定县扶贫茶园茶毛虫危害严重问题，硕博士团成员赶赴一线，采用生物防治、药物防治等多种手段，成功解决茶叶病虫害问题，为扶贫茶园农户减少约 60 万元的损失。第三届"硕博士团入村"计划依据惠水县的地理环境和生态环境，发挥畜牧兽医与植物学专业知识，针对樱桃种植、养蜂管理过程中出现的问题提出解决办法。截至目前，GZ 大学乡村振兴学院"硕博士团入村"计划已经招募硕博士研究生 263 人，共组建 90 余支队伍深入 25 个基层乡村，开展技术服务 600 余次，真正把理论知识学习融入乡村振兴实践。

第三节 "学院"模式的实践经验与主要困境

在分析中国东、中、西部地区地方高校乡村振兴学院整体状况的基础上，深度剖析 LY 大学、JH 学院、XN 大学、GZ 大学 4 所地方高

---

① http：//news.gzu.edu.cn/2019/0621/c11068a118612/page.htm.

校服务乡村振兴的"学院"模式，总结归纳出4所高校乡村振兴学院"派出去""请进来""扩散开"的实践经验。

一 "学院"模式服务乡村振兴的实践经验

1. "派出去"——相关学科专家深入乡村挂职实践

人才振兴是乡村振兴的关键所在。由此，我们可以看出乡村振兴的关键就在于"人"。就中国农村人才状况而言，留在农村从事农业的绝大多数是50岁以上的中老年人，文化程度普遍偏低，思想落后，很难接受新技术、新思想，难以担当发展农业农村的重任。要想促进乡村人才振兴必须为乡村输入有新思想、有高素质、有强能力的新力量。乡村也需要有专业知识的专家学者为他们出谋划策。"我们需要领域内的专家来到我们这里，帮我们出谋划策，看看我们产业链如何扩展、人才如何引进、产业品牌如何打出去。"（LY市费县三星村驻村第一书记）例如，LY大学乡村振兴学院在选派第一书记深入基层参与脱贫攻坚。"'十四五'规划确定了我们乡村振兴学院每年选派6名博士、教授去乡村一线挂职，与地方骨干企业、乡村基层进行互换挂职，加强对口交流。"（LY大学发展规划处处长）

2. "请进来"——因地制宜开展各类乡村振兴人才培训

全面实施乡村振兴战略是脱贫攻坚战略的有效延续，但全面实现乡村振兴的难度不亚于脱贫攻坚，对人才的需求更为广泛，要想各类人才在乡村发展中建功立业，必须提高各类人才的素质。中国农村缺乏各类人才且素质不高是制约乡村振兴的关键因素。地方高校根据当地实际情况以及本校学科专业特点，分专业、分类型、分产业开展新型职业农民、创新创业者、基层干部、农技人员、农企经营者、电商网红培训班，定制符合培训对象生活、学习特点的培训内容、培训形式、培训方案，促进"有文化、懂技术、善经营、会管理"的乡土人才队伍的形成，是地方高校乡村振兴学院服务乡村振兴的主要方式之一。例如，LY 大学通过开展党员干部培训、基层党建培训、以 3—5 天为一个周期的乡村教师培训等培训课程，帮助提高乡村基层管理人员、乡村教师整体素质与对乡村振兴的理解，助力 LY 市的乡村振兴。"我们乡村振兴学院开展定向培训，长的是一两年的送教下乡，短的是三五天的培训课，也有利用周末开展志愿者下基层服务活动。这些培训活动形式多样，主要根据乡村基层的实际需求。"（LY 大学发展规划处处长）

3. "扩散开"——引导大量毕业生到乡村基层工作

由于传统思想意识的影响，农村的青年想方设法通过高考、参军、打工等方式"逃出"农村，希望能在城市站住脚。也有村民认为大学毕业后回到农村工作、在农村创业是一件很没有面子的事情，会给父母"蒙羞"。这种陈旧的思想认知严重影响着从农村走出来的大学生。他们不愿意报考农业类高校，或者不愿选择农业类专业，即使农业类专业毕业之后也不愿意回到乡村工作。高校具有人才培养的功能，不仅要为乡村发展培养素质高、能力强的人，更要培养学生的乡土情怀，引导广大毕业生到基层工作，助力乡村振兴。例如，XN 学院乡村振兴学院开展"一村多名大学生计划"，既培养本校学生、返乡创业青年、乡村干部、农业技术人员的乡土情怀，又教授其与专业相关的知识、技术，引导广大青年扎根乡村。LY 大学乡村振兴学院在学校范围内进行乡村振兴相关宣传，联合相关学科型学院组建暑期"三下乡"社会实践团，围绕理论普及、科技支农、教育帮扶等主题，组建了 117 支校级重点团队，深入田间地头、社区街道、脱困地区乡村开展社会实践活动，引导大学生充分了解当前乡村发展的状况，培养"三农"情怀。

二 "学院"模式服务乡村振兴面临的主要困境

1. "人才"——缺乏乡村振兴高层次人才

乡村振兴的实现，关键在于人才振兴。地方高校这个主体服务乡村振兴也不例外，关键在于有充足且优质的各类人才。当前，各高校乡村振兴学院的后备人员力量明显不足，尤其缺乏乡村振兴相关学科领域的高层次专业人才。例如：LY大学建立的乡村振兴学院办学主要有两个方向，一是进行乡村振兴政策研究，提供高端智库服务；二是深入乡村帮助具体产业和企业进行关键技术突破。无论哪个方向，都需要大量有相关专业知识的高层次专业人才。"我觉得目前我们学院最大的困难是缺少一些乡村振兴政策顶层设计和规划的人才，也缺乏能够帮助基层产业和企业解决实际技术难题的科研人员。我们全职人员有6个人，其中2个人是相关学院借调的。学校非常明确，需要谁，就能够抽调谁。但这只是暂时的，难以形成一支稳定的人才队伍。"（LY大学乡村振兴学院院长）

2. "经费"——政府、企业等投入的经费少

对山东省、浙江省、湖北省、贵州省地方高校乡村振兴学院整体状况的调查、访谈显示，地方高校乡村振兴学院受到当地政府、乡村行业骨干企业的支持力度相对较少，三方合作还停留在协议阶段。"目前三方乡村振兴相关政策、资源支持还是停留在口头上，没有形成相关文件制度。主要在农业产业研究、农业科技课题立项、农业技术推广和高素质农民培训等方面给予了一定的政策支持。"（JH学院乡村振兴学院负责人）LY大学乡村振兴学院是与政府、企业共同建立的，政府主要负责统筹规划，企业进行融资。但是也仅有东蒙集团一家企业进行了投资，其他企业并无参与。"对于高校的乡村振兴学院而言，政府可以提供政策支持，但经费还是需要学校向相关企业进行招募的，同时也要为相关企业带来盈利。"（LY大学发展规划处处长）

3. "科研"——难以获得高级别项目的支持

乡村振兴战略思想是中国乡村建设的百年延续。国家相关部委根据乡村振兴的实际需求，设立各类研究项目，吸引高校、研究院所、大型企业参与乡村振兴关键问题的研究和突破。地方高校具有科学研究的职能，通过申报国家科研课题有针对性地开展乡村振兴服务。但当前，国家相关部门设立的研究项目比较侧重高精尖以及前沿领域，

对于乡村振兴所需要的普适性、实用型项目的关注度较小（吕慈仙等，2021）。"国家部委这类大项目尽管很重要，学校也很看重。但是，服务乡村基层振兴，尤其是服务当地主要农业相关产业的振兴、关键技术的突破，更需要结合当地气候、土壤、水文等实际情况，需要长期跟踪研究，需要投入大量的时间、人力和物力。而这些课题往往难以获得国家级、省部级等高级别项目的支持。"（JH学院乡村振兴学院院长）

第七章　地方高校服务乡村振兴"实践基地"模式研究

为充分了解中国地方高校服务乡村振兴"实践基地"模式，本章通过在山东、浙江、湖北、贵州四省的地方高校官网以"乡村振兴"为词条进行检索获得相关数据，并深入四省的四所地方高校进行问卷调查和访谈。本章将总结提炼并阐述地方高校乡村振兴"实践基地"模式的运行状况、实践经验以及存在的困境。

第一节　"实践基地"模式的整体状况

一　山东省地方高校乡村振兴实践基地整体状况

（一）基本情况

截至2022年5月，本书对山东省151所地方高校官网及相关网页进行查询，统计发现共有26所院校建立乡村振兴实践基地，相比乡村振兴"研究院"模式与"学院"模式来说，数量较多，具体见表7-1。

表7-1　山东省地方高校乡村振兴实践基地建立基本情况

序号	学校名称	乡村振兴实践基地名称
1	JN 大学	周村乡村振兴研究服务基地
2	JM 学院	大学生社会实践基地
3	SQ 学院	现代服务管理学院乡村振兴研究基地
4	QK 大学	乡村振兴大学生实践基地
5	SS 大学	公共管理学院乡村振兴基地
6	SC 大学	乡村振兴实践基地
7	QF 大学	后勤党委党员教育实践基地
8	SNG 学院	全国新型职业农民培育示范基地
9	SY 学院	乡村振兴大学生实践基地
10	SGS 学院	"燎原乡村振兴"社会实践基地
11	LWZ 学院	校企共建科研基地
12	JNZ 学院	乡村振兴技能人才培训基地
13	YTZ 学院	乡村振兴实践基地
14	BZZ 学院	教师科研实践基地
15	SXSY 学院	十万新型职业农民培训计划基地
16	ZBZ 学院	大学生社会实践基地
17	SWZ 学院	乡村振兴和开放人才临清培训基地
18	YGZ 学院	乡村振兴共建基地
19	DZZ 学院	家庭培训省级示范基地
20	JGZ 学院	教学实践基地
21	SLZ 学院	助力乡村振兴志愿服务基地
22	SSZ 学院	大学生社会实践基地
23	SCZ 学院	社会服务基地
24	SDZ 学院	服务乡村振兴实践基地
25	WFZ 学院	乡村电商服务基地
26	SHZ 学院	红色教育实践基地

（二）运行状况

1. 组织结构与相关制度

"组织结构"的调查统计显示，SS 大学、JN 大学、QK 大学、SC

大学、ZBZ 学院、JGZ 学院 6 所高校依托学校学科性学院或系建立，属于实体机构。其中，SS 大学依托公共管理学院，JN 大学乡村振兴实践基地是依托美术学院、设计战略与原型创新研究所及周村区人民政府合作建立的，QK 大学依托艺术学院，SC 大学依托文学与新闻传播学院，ZBZ 学院依托文化传媒系，JGZ 学院依托马克思主义学院。其他 20 所地方高校的乡村振兴基地均不依托具体学科性学院，以培训、科研、社会服务为主要任务，属于虚拟机构。"是否制定乡村振兴相关制度文件？"的调查统计显示，SS 大学乡村振兴实践基地与夏津县人民政府签订《乡村振兴研究基地合作建设协议》，其他地方高校乡村振兴实践基地均制定或发布相应的制度文件。

2. 校内外参与主体

"乡村振兴机构的参与主体"的调查统计显示，地方高校单独建立的乡村振兴实践基地有 15 个。地方高校与当地政府共同建立的基地有 9 个。例如，JN 大学与周村区人民政府共建的周村乡村振兴研究服务基地，SS 大学与夏津县人民政府共建的公共管理学院乡村振兴基地，SQ 学院与博山镇政府共同建立的现代服务管理学院乡村振兴研究基地，SY 学院与泗水县人民政府共同建立的乡村振兴大学生实践基地，SK 大学与平度市政府共建的乡村振兴大学生实践基地，等等。地方高校与当地乡村骨干企业合作建立的基地有 2 个，分别为 LWZ 学院与莱芜区苗山镇紫光生态园有限公司、鲁赢粮蔬专业合作社共建的校企共建科研基地；SXSY 学院与新希望六和股份有限公司共建的十万新型职业农民培训计划基地。

3. 主要职责分析

"乡村振兴机构承担的主要职责"的调查统计显示，有些实践基地明确提出了自己的主要职责。例如，SS 大学的公共管理学院乡村振兴基地明确提出致力于将高等院校的智力成果落实到乡村振兴的主体上，围绕组织、人才、产业、生态、文化等方面开展专项研究。SNG 学院的全国新型职业农民培育示范基地定位于农业测绘科技培训、实用技术和职业技能培训、农村合作社负责人管理培训以及农产品电子商务销售培训等。LWZ 学院的校企共建科研基地明确定位为"乡村振兴战略的高端智库""承担现代农业产业关键技术创新""承担农业农村的重大科技任务"。JNZ 学院的乡村振兴技能人才培训基地明确"承担农业农村的重大科技任务""承担农村干部、职业农民、技术人员培训"。

（三）贡献状况

1. 对乡村产业关键技术研发与生态保护的贡献

"承担了县域（乡村）哪些产业关键技术的研发？"的统计调查显示，QK 大学通过运用细胞破壁、护绿等新技术对平度市蟠桃大姜、马家沟芹菜等 19 种国家地标产品进行产业深加工，实现平度市地标产品深加工"零的突破"。JN 大学联合当地龙头企业成立了当地支柱产业——生姜的深加工研发中心，在相关产品研发、技术公益改进等领域取得了新的突破，同时实现了生姜优良品质选育以及脱毒育苗技术。"促进县域（乡村）生态保护的措施有哪些？"的统计调查显示，JGZ 学院启动黄鹿泉村"一户一品"乡村振兴项目，经营规划各个庭院。YTZ 学院乡村振兴实践基地组建师生志愿服务队，帮助帮扶的村庄进行墙体彩绘工作，积极参与当地乡村振兴生态文明和乡风文明建设。

2. 对乡村人才发展的贡献

"对乡村人才发展有哪些贡献？"的统计调查显示，SXSY 学院举办"山东省科技特派员"服务当地乡村主要的行业产业。SNG 学院立足全国新型职业农民培育示范基地，2020 年开展各类培训 3 期，培养乡村产业、科技致富带头人 200 余人。SGS 学院印发《关于进一步加强大学生服务西部基层工作的意见》，鼓励毕业生去西部围绕乡村振兴战略奉献青春、建功立业，并且出台了一系列支持措施。SXSY 学院与新希望六和股份有限公司共建的十万新型职业农民培训计划基地，通过对畜牧养殖管理经营者、专业技术服务人才以及相关从业者的系统培训来培养乡村振兴所需人才。

3. 对文化发展与乡村治理的贡献

"对县域（乡村）的文化发展有哪些贡献？"的统计调查显示，SXSY学院"青年志愿者服务队"通过开展文化下乡活动，配合当地政府对"好媳妇""好婆婆""美在农家""孝德家庭"等系列评选表彰活动进行了颁奖，引导广大村民拒绝陋习，弘扬自强自立、勤劳致富、艰苦创业的社会风尚。SY学院的乡村振兴大学生实践基地选派了120余名师生走进蒙阴县岱崮镇开展以"传承红色基因 唱响红色旋律"为主题的文化下乡活动，弘扬沂蒙精神，传承红色基因，助推乡村文化振兴战略。"对县域（乡村）组织建设和治理能力提升方面的贡献主要有哪些？"的调查统计显示，有些地方高校党委选派青年干部到乡村基层实践基地挂职，直接参与乡村组织建设，也有学校对乡村干部开展了系列学习和培训项目。

（四）地方政府、企业对乡村振兴研究院的支持情况

与地方综合类本科院校相似，"县域（乡村）政府有哪些支持？""当地企业或行业有哪些支持？"的调查统计显示，虽然来自地方政府资金支持较少，但是当地企业对乡村振兴基地进行了资金、项目等方面的支持。

二　浙江省地方高校乡村振兴实践基地整体状况

（一）基本情况

截至2022年5月，本书对除ZJ大学的浙江省108所地方院校官网及相关网页进行查询，统计发现四所院校建立乡村振兴实践基地，具体见表7-2。

表7-2　　浙江省地方高校乡村振兴实践基地建立基本情况

序号	学校名称	乡村振兴实践基地名称
1	ZL大学	党支部实践教育基地、大学生实践基地
2	HS大学	马云乡村教育人才培养基地、中国新农村新陶行知培养基地
3	ZK学院	大学生劳动实践教育基地
4	ZC大学	"三地一窗口"思政教学与研究基地

(二) 运行状况

1. 组织结构与相关制度

"组织结构"的调查统计显示,四所高校均依托于学科性学院或系建立乡村振兴实践基地,属于实体机构。ZL大学的党支部实践教育基地、大学生实践基地是依托生命科学与医药学院建立的,ZK学院的大学生劳动实践教育基地是依托安吉校区后勤事务中心党支部建立的,ZC大学的"三地一窗口"思政教学与研究基地依托马克思主义学院建立,HS大学的马云乡村教育人才培养基地是依托经亨颐教育学院建立的。"是否制定乡村振兴相关制度文件?"的调查统计显示,只有1所地方高校制定了较为详细的制度和文件,明确了基地的职责以及发展规划。

2. 校内外参与主体

"乡村振兴机构的参与主体"的调查统计显示,ZL大学与百丈镇党委、杭州三叶青农业科技有限公司、小巷三寻公司等主体共建了党支部实践教育基地、大学生实践基地。ZK学院与安吉县孝源街道尚书干村党总支共建了大学生劳动实践教育基地。ZC大学与安吉县鲁家村共建了"三地一窗口"思政教学与研究基地。另外,HS大学与马云公益基金会还共建了中国新农村新陶行知培养基地。

3. 主要职责分析

"乡村振兴机构承担的主要职责"的调查统计显示,两所院校将自身职责定位为"承担农村干部、职业农民、乡村教师等人员培训"。

HS 大学的马云乡村教育人才培养基地，实施"乡村校长计划""乡村教师计划""乡村师范生计划"。ZC 大学"三地一窗口"思政教学与研究基地明确为"承担农村干部、职业农民、技术人员培训"。ZL 大学明确为"乡村人居生态环境整治""承担现代农业产业关键技术创新"。ZK 学院大学生劳动实践教育基地明确为努力打造党建品牌，为安吉当地乡村振兴和学校学科专业内涵建设作出贡献。

（三）贡献状况

1. 对乡村产业关键技术研发与生态保护的贡献

"承担了县域（乡村）哪些产业关键技术的研发？"的统计调查显示，ZK 学院围绕农林废弃生物质沼气能源化、纤维材料化、新型肥料化三个方面，开展资源化利用技术、工艺和装备研发及推广应用。

2. 对乡村人才发展的贡献

"对乡村人才发展有哪些贡献？"的统计调查显示，HS 大学的马云乡村教育人才培养基地面向广大农村基层，结合学校教育学、心理学以及学科教学论等方面的优势，积极展开乡村校长和教师的培训项目，促进乡村教师队伍整体素质发展。面向基层农村、偏远山区实施"马云乡村师范生计划"，定向招生培养乡村教师。

3. 对文化发展与乡村治理的贡献

"对县域（乡村）的文化发展有哪些贡献？"的统计调查显示，ZK 学院大学生劳动实践教育基地通过组建暑期社会实践团队，前往天台县南坪乡上杨村和下汤村传播红色文化，凭借包括主题墙绘、走访老党员及红色电影展播等方式参与乡村文化振兴。"对县域（乡村）组织建设和治理能力提升方面的贡献主要有哪些？"的调查统计显示，有些学校派遣博士、教授挂职当地政府的科技副县长，指导做好乡村产业的发展规划，组织相关专家对乡村产业关键技术进行研发攻关。

三 湖北省地方高校乡村振兴实践基地整体状况

(一) 基本情况

截至2022年5月,本书对湖北省122所地方高校官网及相关网页进行查询,统计发现有两所院校建立了乡村振兴基地,具体见表7-3。

表7-3　湖北省地方高校乡村振兴实践基地建立基本情况

序号	学校名称	乡村振兴实践基地名称
1	HGZ 学院	乡村振兴实践教学基地
2	HBSX 学院	乡村振兴党建研究基地、乡村振兴教育培训基地、乡村振兴创业创新实践基地

(二) 运行状况

1. 组织结构与相关制度

"组织结构"的调查统计显示,两所地方高校的乡村振兴实践基地均依托学科性学院或系,属于实体机构。例如,HBSX 学院的乡村振兴党建研究基地、乡村振兴教育培训基地、乡村振兴创业创新实践基地都依托经济管理学院建立。在"是否制定乡村振兴相关制度文件?"的调查统计中,实践基地都或多或少制定了一些支持政策。

2. 校内外参与主体

"乡村振兴机构的参与主体"的调查统计显示,HBSX 学院的乡村振兴党建研究基地是学校与当阳市合意村共同建立的。总体来看,湖北省地方高校乡村振兴实践基地与当地政府、相关骨干企业、科研院所的合作较少。

3. 主要职责分析

"乡村振兴机构承担的主要职责"的调查统计显示,HGZ 学院的乡村振兴学院实践教学基地明确提出为乡村振兴各项事业服务。HBSX

学院乡村振兴党建研究基地、乡村振兴教育培训基地、乡村振兴创业创新实践基地明确提出通过实施"一村多名大学生计划",将课堂开在田间地头上,提升专业知识和综合技能,在交流学习中拓宽视野,切实为农村培养出一批"留得住、用得上、懂技术、能致富"的新型农业人才。

(三)贡献状况

1. 对乡村产业关键技术研发与生态保护的贡献

"承担了县域(乡村)哪些产业关键技术的研发?"的统计调查显示,HBSX 学院的乡村振兴实践基地师生结合自身的学科特长,成立猕猴桃种植、中草药种植、蔬菜种植等科技服务队,深入田间或猪圈现场指导种养管理技术。"促进县域(乡村)生态保护的措施有哪些?"的统计调查显示,HBSX 学院组织师生赴远安就茅坪场村乡村振兴规划编制工作开展专题调研,提出了以茅坪场河为轴心,以河道治理为重点,推动沿河两岸发展乡村民宿、香菇种植、果蔬采摘、文体娱乐等农旅一体化的发展思路。

2. 对乡村人才发展的贡献

"对乡村人才发展有哪些贡献?"的统计调查显示,HBSX 学院的乡村振兴基地通过派遣乡村振兴驻村工作队、开展"一村多名大学生计划"、开展卫生人员培训班等方式服务乡村人才振兴。

3. 对文化发展与乡村治理的贡献

"对县域(乡村)的文化发展有哪些贡献?"的统计调查显示,实践基地积极开展乡村文化的调研和走访,收集整理相关文化典籍以及故事,丰富发展当地乡村的传统文化。

四 贵州省地方高校乡村振兴实践基地整体状况

(一)基本情况

截至 2022 年 5 月,本书对贵州省 75 所地方高校的官网及相关网页进行查询，统计发现共有4所高校建立乡村振兴实践基地，具体见表7-4。

表7-4 贵州省地方高校乡村振兴实践基地建立基本情况

序号	学校名称	乡村振兴实践基地名称
1	GS学院	贵州省地理国情与乡村振兴人才基地
2	GDZ学院	教育科技·乡村振兴高坡实践基地
3	GJZ学院	校地共建职教研学基地
4	AS学院	贵州省高校乡村振兴研究中心

（二）运行状况

1. 组织结构与相关制度

"组织结构"的调查统计显示，4所地方高校的乡村振兴实践基地均不依托具体的学科性学院，而是以培训、科研、社会服务为主要任务的，属于虚拟机构。"是否制定乡村振兴相关制度文件？"的调查统计显示，GJZ学院与从江县人民政府签署了校地共建职教研学基地的合作协议，明确了双方的职责以及发展规划。其他实践基地也制定了一些方案或措施。

2. 校内外参与主体

"乡村振兴机构的主要参与主体"的调查统计显示，GDZ学院的教育科技·乡村振兴高坡实践基地是学校与花溪区高坡乡政府共同建立的；GJZ学院的校地共建职教研学基地是与从江县人民政府共同建立的。AS学院、GS学院的乡村振兴实践基地则是学校单独建立的。

3. 主要职责分析

"乡村振兴机构承担的主要职责"的调查统计显示，GS学院明确为"承担农村干部、职业农民、技术人员培训""承担现代农业产业关键技术创新"。GDZ学院的教育科技·乡村振兴高坡实践基地明确为发挥高校服务社会的功能,助力当地乡村振兴工作上一个新台阶。GJZ学院的校地共建职教研学基地明确提出与从江县开展全方位、深层次的校政合作,让更多农村学生充分感受职业教育的魅力,增强职业教育的吸引力。AS学院明确提出"乡村振兴战略的高端智库",为中国西南地区提供理论与实践指导。

(三) 贡献状况

1. 对乡村产业关键技术研发与生态保护的贡献

"承担了县域(乡村)哪些产业关键技术的研发?"的统计调查显示,GS学院自主研发的低成本物联网技术和茶叶品质溯源系统,使瓮安成为全国种植规模最大的黄金芽种植基地。"促进县域(乡村)生态保护的措施有哪些?"的统计调查显示,GS学院采用乡村振兴的村寨模式,基本建构了山水林田湖草的生命共同体,实现了人与自然的良性互动与和谐共生。

2. 对乡村人才发展的贡献

"对乡村人才发展有哪些贡献?"的统计调查显示,实践基地组织师生开展乡村干部、新型经营主体、乡村教师培训班的形式,提供创业指导、技术支持、教育培训。GS学院的实践基地面向都匀市各乡镇、合作社负责人,开展"村社合一""企业+合作社+农户模式及村级股份制企业管理"等系列培训。GDZ学院的乡村振兴实践基地通过面向全校选拔驻村干部、博士专家,开展对口乡村相关产业的技术研发等工作。

3. 对文化发展与乡村治理的贡献

"对县域(乡村)的文化发展有哪些贡献?"的统计调查显示,GS学院通过开展教育帮扶,为留守儿童暑期义务支教课程申请教育助学金。GJZ学院的校地共建职教研学基地通过选派师生开展支教、讲座、"三下乡"等形式服务从江县基础教育发展。"对县域(乡村)组织建设和治理能力提升方面的贡献主要有哪些?"的调查统计显示,GS学院帮助乡村重新规范村"三会一课"制度措施并抓执行,提升乡村治理能力。

第二节 "实践基地"模式的典型案例分析

一 山东省地方高校"实践基地"模式——以SXSY学院为例

(一) SXSY学院十万新型职业农民培训计划基地简介

针对当地政府乡村振兴战略部署，SXSY学院与新希望集团联合成立十万新型职业农民培训计划基地。该基地的主要培训对象是乡村基层生产经营型、社会服务型、专业技能型的职业农民，培训内容涉及养猪、养禽、农机、水产、电商等方面。双方成立乡村振兴实践基地的目标就是提高乡村产业从业者的理论与实践能力，使其具有可量化、体系化评价的科技能力和职业资格。

(二) SXSY学院乡村振兴实践基地的实践

1. 校企合作，创立企业顾问、专家常驻、企业助学等育人模式

乡村企业参与地方的乡村振兴是履行社会职责的表现，也是自我更新、自我实现的重要途径。2017年11月，新希望集团提出"十万新农民培训计划"，旨在依托新希望集团及相关单位，通过公益培训，培养十万名乡村技术人员和新型职业农民，助力乡村振兴战略。2018年3月，新希望集团联合山东SXSY学院，共建了"十万新型职业农民培训计划"首个基地，为山东省农业增质提效提供助力。山东省农业农村厅也非常重视新型职业农民培训，联合海洋与渔业厅、财政厅制定了《山东省新型职业农民培育实施方案》，为SXSY学院和新希望集团成立的十万新型职业农民培训计划基地提供了政策保障与建设导向。

产教融合、校企合作办学是高职院校发展的必由之路，也是培育乡村振兴所需人才的重要途径。SXSY学院和新希望集团的十万新型职业

农民培训计划基地,紧紧围绕服务"三农"的办学宗旨,探索混合所有制改革,走出了一条校企合作办学、现代学徒制人才培养之路,创立了企业顾问、专家常驻、订单培养、企业助学等多种校企合作育人模式(孙月华等,2015)。双方推进学习环境与企业生产环境"融会贯通"、教学内容与职业岗位需求"融会贯通"、教学过程与生产实践过程"融会贯通",实现学校招生即企业招工、学生入学即入企、企业师傅即导师、工厂即课堂,为服务乡村振兴培育更多具有理论与技术的高素质人才。

2. 培养急需的各类实用人才,提升乡村振兴内生动力

甘作"智慧畜牧老黄牛、乡村振兴拓荒牛、农牧职教孺子牛"为山东省乡村振兴作贡献是 SXSY 学院和新希望集团的十万新型职业农民培训计划基地的宗旨。双方共同建立了从目标到具体实施的完整培训体系,将培训对象对准生产经营型、社会服务型、专业技能型的职业农民,培训内容涵盖养殖、种植、电商、互联网新型农技、农机操作等方面(臧智强、娄晓静,2021)。同时基地配备了高水平"双师型"教师队伍,精心设置培训课程,将远程线上培训、课堂教学、现场教学、实训实习、经验交流结合起来育人,引进世界一流技术、设施设备,运用 5G、人工智能等技术打造高素质人才培养和农牧科技创新高地,促进学员对理论与实践的共同把握,培养符合乡村振兴实际需要的"肯吃苦、能干事、留得住"的有知识、有技能的高素质农牧业人才,为山东省乡村基层的农牧行业发展作出巨大贡献。

二 浙江省地方高校"实践基地"模式——以 HS 大学为例

(一) HS 大学马云乡村教育人才培养基地简介

HS 大学马云乡村教育人才培养基地是 2018 年 5 月学校与知名校友阿里巴巴创始人马云共建的,与经亨颐教师教育学院合署办公。马云乡村教育人才培养基地的主要任务是开展"马云乡村教育人才计

划"，包括"乡村校长计划""乡村教师计划""乡村师范生计划"，旨在通过3—5年的时间对入选校长、教师、优秀毕业师范生进行专业培训，搭建由先进教育理念指引的、相关专家引领的、面向未来的校长领导力与乡村教师专业成长与提升体系。

（二）HS大学马云乡村教育人才培养基地的实践

1. 开展乡村校长计划，培育一批乡村教育家

"一个好校长就是一个好学校"，为帮助乡村教育培养一批领导力量，HS大学马云乡村教育人才培养基地依托马云基金会开展"乡村校长计划"。计划分为四个阶段进行。第一阶段是评选，借助新乡村校长论坛活动，每年在中国偏远县域评选出20位优秀乡村学校校长。第二阶段是培训，分为国内培训与国际游学两个部分。国内培训部分，基地依托基金会与国内专业机构合作，邀请国内外一线知名教育学、管理学领域专家学者开展以校长领导力为主题的课程培训，主要通过导师结对指导、暑期研修等活动进行；国际游学部分，基地在基金会的支持下，组织入选校长进行国际游学活动，主要通过访问世界名校的形式进行，学习名校教育理念、教育模式。第三阶段是实践支持，启动实践基金，资助入选校长每人50万元，其中一部分用于校长所在学校教师专业发展、课程开发等资源平台与教育模式建设。第四阶段是扩展社会影响，通过聚集全国资深的优秀中小学校长，开展"一对一"帮扶，与合作乡村组建乡村校长工作室、校长社区等，探索乡村学校校长培训新模式（马红亮等，2020）。目前，该计划已实施了5届，共100名校长入选，开阔乡村校长的视野，在提升其教育理念、职业认同与管理智慧等方面具有很大影响，激励着全国乡村学校的主动发展、创新发展。

2. 开展乡村教师计划，培养一批乡村教育工作者

帮助一个乡村教师，至少可以影响一个班的孩子，这个班的孩子可能会影响其他人，乡村教育就发展起来了。中国义务教育阶段有4032万名儿童在乡村学校就读，带给这些孩子知识和文明的是279万

名乡村教师。为帮助乡村培养一批"有情怀、有智慧、有影响力"的"新乡村教师",点燃农村儿童的希望与未来,推动乡村教育朝更快更好的方向发展,HS 大学马云乡村教育人才培养基地依托基金会实施"乡村教师计划"(洪杨等,2020)。该计划每期在全国贫困县招收 100 位乡村教师进行培训,并为入选教师提供连续三年的现金资助和专业素质提升支持。基地制定了详细的培训实施方案,内容包括培训目标、计划招生条件与办法等。培训分学科采取小班集中教学 + 自学、教育问题团队研究、课堂教学实践考察、定期自我反思等多种手段和形式进行。另外,基地还通过推选一批批城市优秀教师支援农村,如送教下乡、田野大课堂等方式,帮助农村教师提高教学素养。2018 年,该计划实施范围扩大至全国 13 个省域,覆盖了 831 个县区。

3. 开展乡村师范生计划,培育一批乡村教师后备力量

2020 年 7 月,教育部等六部门出台《关于加强新时代乡村教师队伍建设的意见》中提出要加强新时代乡村教师队伍建设,努力造就一支爱乡村、数量足、素质优、有活力的乡村教师队伍。[①] HS 大学马云乡村教育人才培养基地开展"乡村师范生计划",为乡村教育注入新生力量,培养乡村教育家。该计划投入 1000 万元选拔 100 位即将签约服务乡村学校的应届优秀师范毕业生,为其每人提供持续 5 年共计 10 万元的现金资助和线上、线下专业培训机会。线下培训主要是开设新任教师暑期研修课程,邀请大学相关领域的教授、专家学者、优秀教师对新任教师进行教学指导、班级管理指导、学生心理梳理指导,提高新任教师的教学方法与优化新任教师教学理念。线上培训主要由专家学者、优秀校长、教师组织视频会议,进行授课分享、经验交流,对新任教师进行指导,新任教师在群内分享读书心得。同时,基地规定新任教师需要进行定期反思并提交成长收获报告,以便对项目进行评估与调整,取得更好的效果。

---

① http://www.moe.gov.cn/srcsite/A10/s3735/202009/t20200903_ 484941. html,2020 - 09 - 03.

三 湖北省地方高校"实践基地"模式——以 HBSX 学院为例

（一）HBSX 学院乡村振兴实践基地简介

HBSX 学院乡村振兴实践基地是为了贯彻落实村振兴战略，实施"一村多名大学生"计划而建立的。学校与当阳市合意村合作，将农业基础建设示范基地和农业生产基地作为"一村多名大学生"培养的实践教学基地，开展乡村振兴党建研究、乡村振兴创业实践基地建设、乡村振兴技术推广等系列教育教学活动，切实为当地乡村培养出一批"留得住，用得上，懂技术、能致富"的新型农业人才。

（二）HBSX 学院乡村振兴实践基地的实践

1. 以"志"为引，技术帮扶新乡村

扶贫先扶志。HBSX 学院的乡村振兴实践基地秉承学校"扶贫先扶志"的理念，扶植乡村特色产业，书写乡村振兴新篇章。HBSX 学院的乡村振兴实践基地选派农学院技术专家团队多次到苏家河村田间地头上，瞄准振兴难题，鼓励村民敢想敢做。"扶贫的关键是先扶志再扶智，村民没有志向，再多技术支持也很难起作用。"（HBSX 学院教授）实践基地的特色种植专家帮助苏家河村建立猕猴桃种植示范园区，同时指导安装大棚和自动喷灌系统，铺设景观步游道，开发园区兼具观赏、采摘、游玩等功能。"特色猕猴桃的种植技术很复杂，门槛很高，能丰产全靠专家亲自指导。"（HBSX 学院帮扶村村民）在HBSX 学院的乡村振兴实践基地强大的技术扶持下，村民从此打开了特色种植的致富新路子。

2. 以"训"育才，实地培育创新人才

HBSX 学院的乡村振兴实践基地教授在田间地头授课，围绕种养技能、产业培育等乡村发展主题为学员更新观念，让学员在观摩学习中消化课堂知识，进一步提升专业知识和综合技能，在交流学习中开阔视野，现场解决学员和农户遇到的难题。这种以培训实用技能为主的教学模式,将会让越来越多的学员成为"土专家",孕育出一大批现代农业带头人。"把课堂开到田间,不仅可以帮助学员们解决难题,还可以开阔他们的视野,提升各方面知识储备,这对学员们今后的工作会有很大的帮助。"(HBSX 学院教师)同时,基地联合当地政府和医学院,开展大学生村医的定向委培计划,学生在 HBSX 学院学习 3 年,毕业后在乡村当 5 年乡村医生。"十三五"时期,学校已培养村医 1500 余人,实现每个村子都有一名大学生村医,做乡村村民健康"守门人"。

四 贵州省地方高校"实践基地"模式——以 AS 学院为例

(一)贵州省高校乡村振兴研究中心简介

贵州省高校乡村振兴研究中心(以下简称"研究中心")是由省教育厅牵头,AS 市人民政府与 AS 学院共建的研究基地,于 2020 年 12 月经贵州省批准设立的贵州省高校人文社会科学重点研究基地。省教育厅进行经费资助,AS 市人民政府和 AS 学院按一定比例匹配经费,保障研究中心的正常运转。乡村振兴研究中心的主要目标是建立乡村振兴专家智库,为国家地方政务决策提供建议;创新地方高校人才团队服务乡村经济社会文化发展模式;探索地方性应用型县域人才培养模式,为振兴西南地区乡村提供理论支持与实践指导。

(二)AS 学院乡村振兴实践基地的实践

1. 政府提供研究中心的运行经费,并做好发展指导

研究中心由当地政府牵头成立,提供经费保障。AS 学院是当地唯一一所本科院校,在服务乡村振兴中具有不可推卸的责任。2020 年 12 月,贵州省教育厅批准 AS 学院成立贵州省高校乡村振兴研究中心,并拨付 30 万元运行经费。当地市委、市政府也大力支持研究中心的建设,配套一定比例的发展经费。2021 年 8 月,贵州省人文社科联示范基地监督委员会到研究中心进行申创检查评估工作,肯定了研究中心所取得的成绩,并指出下一步需要多位组织专家学者针对乡村振兴产业的实

际需求开展技术指导。

2. 研究中心开展各类乡村振兴实践，并做好决策服务

研究中心凝聚学校相关学科专业的人才，发挥出智力优势，开展了乡村振兴领域的系列实践指导与研究，并且举办国际国内学术会议，以扩大影响力。例如，面向乡村主要产业发展需求，举办产业相关领域的技术提升及转化培训会；面向全校科研人员征集乡村产业发展的关键性技术研发和突破。另外，研究中心积极联系国内外乡村振兴领域的专家学者，举办了全国乡村振兴与农业农村现代化理论研讨会、乡土中国与乡村振兴专场讲座，为当地政府更好实施乡村振兴战略提供了决策服务。

3. 研究中心组建多支乡村振兴服务队伍

2019 年，研究中心整合学校博士工作站与山地特色新型城镇化创新团队的人才资源，设立了博士科研工作平台，进行民族文化与乡村振兴研究。2020 年，研究中心又整合贵州省屯堡文化研究中心、安顺试验区发展研究中心等研究机构，成立了多支服务队伍，即以"驻村第一书记""千名干部下基层"为代表的党员服务乡村振兴队伍，以"青年志愿者"为代表的志愿服务乡村振兴队伍。例如，研究中心选派人员到关岭布依族苗族自治县沙营镇路支村担任驻村第一书记，着力协调和解决该村乡村振兴过程中的重点、难点问题。

4. 研究中心服务乡村基层的组织治理

研究中心主要聚焦当地乡村基层的组织治理研究与实践，开展乡村自治、乡村法治、乡村德治的"三治融合"。研究中心相关专家根据国家相关部委要求，结合当地的乡村实际，提出以传统乡村自治为基础，根据现代乡村的社会结构、治理组织以及治理体系，融入法治、德治理念，建立新时代乡村基层组织治理的理论与实践。研究中心协助当地乡村基层组织，多次召集相关专家、当地村干部以及村民进行商讨，出台了《"乡村治理"工作任务表》，逐步有序推进乡村基层的组织治理改革。

第三节 "实践基地"模式的实践经验与主要困境

在分析中国东、中、西部地区部分地方高校乡村振兴"实践基地"模式整体现状的基础上,深度剖析山东省 SXSY 学院、浙江省 HS 大学、湖北省 HBSX 学院、贵州省 AS 学院的乡村振兴具体实践。总结归纳了四所地方高校乡村振兴实践基地在服务乡村振兴过程中普遍采用校企合作双主体育人,发挥校友作用、集聚社会力量服务乡村振兴等实践经验。

一 "实践基地"模式服务乡村振兴的实践经验

(一)政府牵头推进乡村振兴基地建设

例如,东部某省开展了乡村振兴的全省域布局,由该省教育厅、农业农村厅、人力资源和社会保障厅等主管部门制定专项规划,推动全省高校与省域主要乡村振兴区域进行科教协同,实施产教融合,建设一批高水平区域性共建共享乡村振兴实践基地,分级建设一批教育乡村合作育人示范基地。多部门支持省域内地方高校建设乡村振兴专业技术人员继续教育基地,针对当地乡村振兴需求开展现代农业经营理念、实用技术、农业新技术和职业技能培训,普及科学种植技术,大力培养农业管理干部、农业专业技术人员、农村发展带头人、高素质农民等新时代本土人才。例如,2020 年全省相关地方高校借助乡村振兴实践基地举办了 50 余场各类培训,培训超过 10000 人次。多部门支持省域内地方高校开展农村创新创业带头人培训,重点在农产品加工、农村电商、休闲农业和乡村旅游等多个领域。同时,行政主管部门推动省域内的信息技术与高校继续教育深度融合,实现线上线下相结合,打造服务"三农"一线需求的集教育、推广、共享于一体的乡村振兴实践平台。

(二)校企合作形成"双主体"育人

在地方高校服务乡村振兴的过程中,对乡村发展客观规律进行精准判定与识别才能找到乡村发展困境的方法与措施。杨顺光（2022）分析认为乡村振兴基地应该依据当地乡村的产业特点开展针对性培养培训，利用掌握的生态文明整合技术参与当地美丽乡村建设，依托"互联网+"技术促进田间学校的技术技能实践教学。产教融合、校企合作办学是地方高校服务乡村振兴、培育乡村振兴所需人才的重要途径。地方高校与当地乡村骨干企业合作共建乡村振兴实践基地，利用双方的平台、师资、资金等资源，促进基地专业建设与企业产业融合，为乡村振兴培养具有实践理论双能力的人才。SXSY学院与农牧行业龙头企业共建9个股份制生产性实训基地，实现校企双元育人、工学融合、能力递进、"专业+"创新创业等人才培养模式。HS大学与百丈镇党委、杭州三叶青农业科技有限公司、小巷三寻公司共建的党支部实践教育基地、大学生实践基地，使学生体验生态劳动实践，为体验国情乡情服务乡村振兴奠定基础。贵州省地方高校的乡村振兴实践基地依托全国乡村振兴现代农业技术培训等基地，与当地特色农业产业、特色育种等产业龙头企业合作，通过开设劳模与工匠人才创新工作室等模式，培养更多新型职业农民、高素质农业技师以及农业产业的领军人才。

（三）发挥校友作用，集聚社会力量服务乡村振兴

校友是学校的宝贵财富。地方高校每年会培养相当数量的毕业生，有不少毕业生在不同领域作出了出色成绩。校友是推进地方高校服务乡村振兴的重要力量，地方高校要激发校友参与乡村振兴的热情与意愿，高校充分发挥校友等社会力量的作用，针对乡村产业、乡村人才、乡村教育、乡村生态等开展专题研究、招商引资活动，提供乡村振兴建设资金、信息服务，搭建电商平台等多种方式，为乡村振兴提供全方位支持。HS大学马云乡村教育人才培养基地依托知名校友"反哺母校"的情怀，一起共建乡村教育人才培养基地，开展乡村校长、教师、师范生等培养计划，为乡村教育培养强大的后备人员力量，促进乡村发展。

二 "实践基地"模式服务乡村振兴面临的主要困境

（一）"合作"——三方合作较少

地方高校、地方政府、乡村企业是地方高校服务乡村振兴的三个主体。政府是促进乡村振兴建设的关键因素。地方高校参与新型职业农民培育机制的有效运行离不开政策体系的合理设计与有效运行。教育培训需要有经费投入，这就需要高校承担社会责任，分担一部分费用，同时需要政府提供资金支持。政府是服务型政府，具有宣传引导正能量的作用，对地方高校或其他教育机构举办新型职业农民培训项目、培训研修班等的宣传，会在全社会形成号召力，产生信息引导、政策指引和权威带动，会增加农民对新型职业农民培训项目的了解度，激发农民参与培训的想法，增加农民参与培训的积极性。乡村企业具有资金、经费、实践平台、市场信息等资源。地方高校服务乡村振兴需要与当地政府、企业合作。

（二）"制度"——基地制度体系不健全

2019年12月，教育部印发了《高等学校乡村振兴科技创新行动计划（2018—2022年）》为高校服务乡村振兴指明方向；2021年4月，十三届全国人大常委会第二十八次会议通过的《中华人民共和国乡村振兴促进法》为新阶段全面推进乡村振兴，加快农业农村现代化建设，提供了坚实的法律保障。但是，国家虽出台了乡村振兴促进法，仍然缺乏推动形成地方高校服务乡村振兴完整服务链的政策文件和配套体系。地方高校服务乡村振兴离不开管理监督体制机制的合理设计与有效运行。管理监督体制机制有效落实，乡村振兴才能收到切实的成效。四省乡村振兴实践基地的调查发现，地方高校普遍难以与某个行业（企业）维持长期可持续的合作。

第八章　地方高校服务乡村振兴的"推拉"动力因素分析

党的十九大报告指出,我国社会的主要矛盾已经转化为人民日益增长的美好生活需要和不平衡不充分的发展之间的矛盾,而城乡发展不平衡、农业农村发展不充分表现得尤为突出。党的十九大报告中首先提出实施"乡村振兴战略",并作为新时代的七大战略之一写入了党章。党的二十大报告指出,全面建设社会主义现代化国家,最艰巨最繁重的任务仍然在农村。从乡村振兴到乡村全面振兴,表明了中国乡村振兴的最新发展阶段和"三农"工作任务的最新变化。乡村振兴战略被认为是全面建设社会主义现代化国家的重大历史任务,势必成为新时代"三农"工作的总抓手。

前文的统计显示,地方高校服务乡村振兴的"推力"和"拉力"因素的系数显著性检验 P 值小于 0.05,即该自变量可以有效预测因变量的变异,对应的回归系数分别为 0.735 和 0.873,即"推力""拉力"因素每增加一分,其实施效果的总体评分分别增加 0.735 和 0.873。那么,在地方高校服务乡村振兴的决策和实施成效中具体存在哪些显著的"推力"与"拉力"动力因素?本章将从国家战略、区域发展的宏观层面,地方高校、县域(乡村)发展的中观层面以及高校教师、乡村农民发展的微观层面三个层面进行分析。

第一节 国家战略、区域发展的宏观"推拉"动力因素

2018年中央一号文件《中共中央 国务院关于实施乡村振兴战略的意见》确定了2020年、2035年和2050年乡村振兴战略的"三阶目标",分别是形成制度框架和政策体系;取得决定性进展,农业农村现代化基本实现;乡村全面振兴,农业强、农村美、农民富全面实现。高等教育实现高质量发展脱离不了经济社会的高质量发展,反之,乡村振兴战略的实现也离不开高等教育的高质量发展。高等教育服务乡村振兴的政策议程实质是问题源流(Problem Stream)、政策源流(Policy Stream)和政治源流(Political Stream)"三大源流"耦合作用的结果,是高等教育实现高质量发展的必然诉求,也是中国实现乡村振兴战略的主要推动力量。那么,国家战略、区域发展的宏观层面,地方高校服务乡村振兴存在哪些具体环境与政策动力?

一 国家战略层面的"推拉"动力因素分析

(一) 乡村振兴思想的理论渊源

马克思和恩格斯就曾经提出"农业劳动是其他一切劳动得以独立存在的自然基础和前提"(中共中央马克思恩格斯列宁斯大林著作编译局,1995)。如果城乡隔离,城市只会从乡村吸走更多强壮、有知识的劳动力,进而使"农村日益荒凉"。马克思和恩格斯关于农业劳动、城乡融合发展的思想,正是中国乡村振兴战略思想的重要理论来源。以毛泽东同志为主要代表的中国共产党人逐步形成了系列的农村发展思想,提出"使农村中原来的生产资料集体所有制扩大了和提高了,并且开始带有若干全民所有制的成分。人民公社的规模比农业生产合作社大得多,并且实现了工农商学兵、农林牧副渔的结合,这就有力

地促进了农业生产和整个农村经济的发展"（中共中央文献研究室，1993）。但是人民公社的平均主义严重挫伤了农民的积极性，也阻碍了农业和乡村的发展水平。基于社会主义初级阶段的基本国情，邓小平同志始终强调农业农村农民的重要地位，认为"中国经济能不能发展，首先要看农村能不能发展，农民生活是不是好起来"。时至今日，以习近平同志为主要代表的中国共产党人义不容辞地肩负起"中华民族伟大复兴"的历史使命。新时代的乡村振兴战略就是融会贯通历代中国共产党人的农村发展思想，融入"共同富裕"的理念而形成的战略思想。

（二）乡村振兴思想的历史实践

乡村振兴战略思想是中国乡村建设实践百年探索的历史延续。自20世纪20年代开始，梁漱溟、晏阳初、黄炎培等一批知识分子就开始了拯救乡村的探索。他们身体力行地开展各类乡村建设运动，包括梁漱溟的"邹平模式"、晏阳初的"定县模式"等。这些模式基本都涉及推进乡村平民教育、改良农业发展农村经济、变革乡村基层政治组织、移风易俗等内容，其目的就是通过发展农村的基础教育、乡村实业、乡村组织、农民道德等措施，实现乡村基层社会的重建，进而寻求国家救亡、民族复兴的道路（张海鹏等，2018）。但是，这样的乡村建设运动由于缺乏底层民众的广泛支持，实施效果并不明显，也难以持久。1978年之后，广大农村逐渐实施了家庭联产承包责任制改革。乡村集体经营、平均主义的面貌得以逐步改变，农业产品逐步确立了市场化交换机制，农民也开始了剩余劳动力的城乡转移。很快，广大乡村进入了农业养育工业、城镇化不断扩张的历史时期。这一时期出现了农业粮食连年减产、农民收入增幅连年下降、城乡居民收入差距扩大、城乡接合部环境脏乱差、进城农民工工资被拖欠、随迁子女城市上学难、农村留守儿童健康问题等系列社会问题。党的十六届五中全会提出工业"反哺"农业、城市支持农村等"强农惠农"新政策，启动了全面推进社会主义新农村建设的历程。时至今日，乡村振兴战略体现了习近平新时代中国特色社会主义思想，具有鲜明的时代特色。自党的十九大报告首次提出"乡村振兴战略"以来，党中央、国务院以及各部委颁布了大量教育服务乡村振兴的政策文件，如《中华人民共和国乡村振兴促进法》《关于推动现代职业教育高质量发展的意见》《中华人民共和国职业教育法》等，为教育高质量发展全面服务乡村振兴提供了完备政策和实践依据（王志远、朱德全，2023）。实施乡村振兴战略正是中国历史上乡村建设有效实践的探索延伸，是实现"城乡统筹——城乡发展一体化——城乡融合发展"的发展脉络，将统领全国有关"三农"工作的总体部署，将为各单位各部门全面认识、把握和解决"三农"问题提供坚实的理论指导和实践遵循。

（三）乡村振兴的国际经验

从全球范围观察，各国随着城镇化的快速推进，乡村劳动力快速转移并入住城镇，逐步出现"农业边缘化""农村空心化""农民老龄化"乃至乡村彻底消亡。早在20世纪中叶，美国、英国、法国、德国和日本等发达国家就已经进入了城镇化快速发展阶段，农业人口大量外流造成了乡村"过疏化"现象，出现了土地荒芜、房屋空置、人口稀疏等问题。而发展中国家的情形更为困难：一方面，发展中国家城镇的经济社会发展不充分不均衡，难以承受大量农民进城后的就业、治理和社会保障等压力，形成了大量的城镇"贫民窟"；另一方面，大规模具有相对较高人力资本的农民从乡村流失，造成了乡村经济和社会的"螺旋式"衰退。因此，各个国家都曾开展不同程度的乡村复兴或发展（Rural Renaissance & Development）行动。例如，美国的"乡村发展计划"和加拿大的"乡村建设运动"在乡村复兴或发展过程中起到了重要作用。政府通过发布各类政策联合社会各界加大对农业相关产业、农村基础建设等进行大规模的财政投入；注重挖掘农村的内生发展，开展乡村科学自治；充分发挥区域高校的作用，提高乡村居民接受高等教育培训的比例，培养各类新型农民，为乡村产业提供各类技术支持（Donovan，2017）。欧洲，尤其是英国、德国、法国和荷兰等国的"乡村发展行动"注重恢复和发展了农业、农村在国民经济体系中的多功能性,包括食品经济、生物经济、体验经济、生态经济等;注重农业、农村和农民的全面发展,协同发展第一、第二、第三产业;注重乡村发展行动的政策检验(Shortall & Alston,2016)。日本的"造村运动"和韩国的"新村运动",则注重培养和发挥乡村致富带头人的影响和作用,用发展主义理念激发农民参与创新和发展,让农民成为运动的自觉参与者和真正受益人(韩道铉、田杨,2019)。

  2018年12月中华人民共和国教育部发布了《高等学校乡村振兴科技创新行动计划(2018—2022年)》,提出全面提升高校支撑国家乡村振兴领域的人才培养、科学研究、社会服务、文化传承创新和国际交流合作能力。乡村振兴战略是中国共产党将马克思、恩格斯城乡理论与当代中国实际的结合,是历代共产党人对农村发展实践的探索延续,是国内外城镇化进程的实际需求。中国地方高校在国民教育体系中的特殊地位,决定了其必须着眼于教育现代化和乡村振兴战略的新需要,积极回应并引领乡村振兴的新诉求。高校需要面向新农业、新乡村、新农民、新生态,对接粮食安全、乡村振兴、生态文明等重大战略需求,服务农业农村现代化进程中的新产业新业态,促进专业设置与产业链、创新链、人才链的深度融合、有机衔接。这也正是地方高校服务乡村振兴最大的"拉力"因素。

二 区域发展层面的"推拉"动力因素分析

(一)新型城镇化需要乡村振兴

  2007年3月,习近平同志在《走高效生态的新型农业现代化道路》中指出,以新型工业化成果反哺农业、以新型城镇化带动农民转移,加强县城和中心镇建设,大力发展县域经济和民营经济,创造农民进城创业和到二三产业就业的条件和环境,推动形成百万农村能人创业带动千万农民转产转业的局面。2015年4月,习近平总书记在十八届中央政治局第二十二次集体学习时强调,"要继续推进新农村建设,使之与新型城镇化协调发展,互惠一体,形成双轮驱动"。揭示了新型城镇化与乡村振兴必须相互依存、相互作用,共同演进发展。新型城镇化与乡村振兴都是建设现代化经济体系以及推进现代化建设的必由之路,两者不仅实现目标相同,其推进手段也是互补的。

1. 新型城镇化为乡村振兴创造了必要条件

按照国家统计局的调查,2018 年中国外出农民工大约为 1.69 亿人,绝大多数即 80% 以上农民工进入各级城镇生活和就业,扩大了城镇常住人口总规模,提高了常住人口城镇化率。库兹涅茨(Simon Smith Kuznets)通过分析各国统计数据得出"产业结构变化的实质是劳动力等生产要素从生产率较低的部门(农业)向生产率更高的部门(非农产业)转移"(蔡昉,2018)。俞淼(2023)研究认为中国乡村想要实现全面振兴,解决广大乡村的劳动力素质整体偏低、乡村土地利用率不高以及资金难以下到乡村等难题,离不开新型城镇化优质要素的带动。正是国内城镇化与工业化的快速发展拉动了更多的农村人口流入城市,原本农村小块化的土地资源才得以集约化利用,有利于开展农业生产的机械化、规模化,最终提高了农业生产效率和加快了农村产业的市场化进程。随着城镇化和工业化发展,区域政府才有更多的物力、财力、人力投入"三农"建设,将有助于乡村振兴战略的实施。

2. 乡村振兴将成为新型城镇化的基本动力

在中国,农村劳动力转移是城镇化的显著推动力,进城的农民工是真正符合库兹涅茨过程的城镇化因素。如果没有农业人口向城镇转移,城镇化也就成了一句空话;农产品不仅是城镇人口的最基本生活资料,也是轻工业维持生产的原材料。要破解这些难题,就必须实施乡村振兴战略,通过加大对乡村、农村和农民的政策倾斜,完善乡村的基础设施和公共服务设施。一方面,乡村振兴可以大幅度提高农业的生产效率,进一步使得农民从土地劳作中解放出来,加入新型城镇化建设;另一方面,乡村振兴发展产业可以增加农民的收入,为进一步城镇化提供经济基础。俞淼（2023）研究认为中国新型城镇化要想实现高质量发展，同样离不开乡村振兴过程中释放的人口红利、土地红利以及资本红利等发展动力。因此，实施振兴乡村、促进农业农村的现代化发展是新型城镇化的前提与动力。

（二）新型城镇化与乡村振兴的融合发展

目前实施的新型城镇化与乡村振兴是什么关系？是不是此消彼长的对立面？康永征和薛珂凝（2018）研究认为乡村振兴战略从根本上是为了弥补中国新型城镇化进程中的短板，为城镇化有效推进解决了后继乏力问题，但需要建立并完善城乡融合发展的体制机制。它们之间不再是过去"此长彼消"的相互关系，而是一种相互促进、互相推动的新型关系。汪锦军和王凤杰（2019）认为乡村振兴在本质上就是如何协调城乡关系的问题，是城乡融合关系大背景下的"三农"问题。城镇与乡村之间能够形成有效互动和相互融合，是激发乡村振兴内生动力的关键。因此，各级政府需要建立乡村振兴与新型城镇化相融相通的认知体系与政策路径。陈丹和张越（2019）认为乡村是否得以振兴本身就是新型城镇化成功与否的标志。新型城镇化与乡村振兴的融合发展，一是要实现各自要素的自由流动，生产要素由以往的"乡村到城市"单向流动转变为乡村与城市之间的双向流动，并且建立两者要素之间的耦合互动机制；二是新型城镇化与乡村振兴的融合发展也要注重多样化，不能千篇一律。各级政府和部门需要尊重城乡之间、城城之间、乡乡之间存在个性差别，各自凸显自身的历史、文化和产业特色，实现"和而不同"的多元化发展。谢地和李梓旗（2020）分析中国城乡人口流动的历史变迁，研究认为农村土地"两权分离"限制了城乡人口双向流动，积极引导社会资本进入农村开展土地规模经营，提高土地流转收益能够促进农村劳动力向城市转移；通过积极培育新型职业农民、引导外出人员回乡创业以及推动各类人才下乡参与乡村建设能够促进城市人员下乡；同时，农村土地的"三权分置"改革能够有效促进城乡人口的双向流动。冯丹萌和孙鸣凤（2020）研究提出产业相互驱动、劳动力转移和制度保障是实现新型城镇化与乡村振兴深度融合的关键路径。因此，一方面，我们需要制定一个统筹城乡的整体规划体系，促进城市基础设施与农村基础设施的互联互通、公共服务的城乡一体化布局等；另一方面，我们的"包容一体化"融合发展还需要充分考虑互补性，城乡的空间关系就应该是一种异质性的空间关系，城镇是商业中心，乡村则是农业生产、田园旅游休闲中心。

根据统计，中国产业对GDP的贡献率和增加值呈现第一、第二产业的贡献率总体下降，而第三产业贡献率上升的趋势。经济结构转型是中国实现高质量发展的助推器，也正是中国乡村振兴和新型城镇化深度融合的切入点（张琛、孔祥智，2021）。乡村振兴和新型城镇化本身就是优势互补、互促共生的命运共同体。但是，新型城镇化关键是人的城镇化，否则容易出现"产""城"分离，容易造成"空城""鬼城"现象。因此，新型城镇化和乡村振兴都需要产业支撑和人口集聚相统一（褚宏启，2015）。教育，尤其是高等教育，不仅有利于提升乡村转移人口的综合素质、就业能力，使其能够适应城镇生活；而且有利于乡村与城镇人口的社会融合、政治民主和经济发展，有利于进一步促进新型城镇化与乡村振兴的融合发展。

第二节 地方高校、县域（乡村）发展的中观"推拉"动力因素

长期以来，中国各类高校作为人才培养、科学研究、社会服务、文化传承以及国际合作交流的重要力量，在服务农业农村农民领域发挥了重要的作用。2012年，教育部联合科技部先后在39个高校设立了新农村发展研究院，为新时代乡村振兴战略的实施积累了宝贵的经验和基础。2018年，教育部发布了《高等学校乡村振兴科技创新行动计划（2018—2022年）》，对高校服务乡村振兴作出了总体设计和系统

部署。通过五年左右的时间，逐步完善高校面向乡村振兴的科技创新体系布局，完善面向乡村振兴的人才支撑体系建设。使国内高校逐步成为服务乡村振兴的重要科技和技术创新的供给者、乡村振兴各类人才的培养基地、乡村振兴体制机制改革的试验田以及乡村振兴政策咨询研究的高端智库。国内学者关于教育服务乡村振兴的动力机制，主要包括教育与乡村产业振兴的融合机制（徐小容等，2020）、乡村文化振兴的赋能机制（周永平等，2020）、乡村生态振兴的共生机制（蒋成飞等，2020）。那么，相对地方高校而言，哪些因素是着眼于基层需要、主动服务乡村振兴的主要"推力"因素；相对于县域、乡村而言，哪些因素是吸引高校助力于乡村振兴的"拉力"因素？

一 地方高校层面的"推力"因素分析

（一）应用型转型要求是地方高校面向乡村振兴办学的"推力"因素

2015年，多部门联合发布《关于引导部分地方普通本科高校向应用型转变的指导意见》（以下简称《指导意见》），指出："一些本科院校在办学定位和办学思路上脱离国家和地方经济社会发展需要，专业设置、课程教材、人才培养结构和培养模式同产业发展实际、生产和创新实践脱节，办学封闭化倾向突出，有些甚至出现了就业难、招生难并存的现象。"[1]《指导意见》要求各地方高校走面向地方经济社会发展和产业技术需要相融合的发展道路，融入并引领当地区域的新产业、新业态发展，创新应用型人才培养模式，建立产教融合、协同育人的机制，逐步实现高校的专业链与地方的产业链、高校的课程内容与产业的职业标准、高校的教学过程与岗位的生产过程相对接。

---

[1] http://www.moe.gov.cn/srcsite/A03/moe_1892/moe_630/201511/t20151113_218942.html, 2015-10-21.

新时代国家提出乡村振兴战略，对于地方高校实现应用型转型是个难得的好机遇。梁成艾（2019）指出当前地方高校盲目追求升格和扩招，不认真研究区域劳动力需求的变化规律，不认真发掘区域的办学特色，不认真考虑自身的教育教学水平，存在应用型人才培养与区域发展需求疏远等问题。国家实施乡村振兴战略无疑为地方高校提供了更为广阔的发展舞台。但这对高校既是机遇，也是挑战。乡村振兴战略需要大批高素质的专业人才做支撑。目前，地方高校在布局结构上存在东部集中、西部稀缺的特点，同时在多样性上存在各院校专业设置差异不大，"同质化"现象明显的结构性问题；存在专业设置没有凸显地方特色、课程结构重理论轻实践、教学模式"高中化"、缺乏"双师型"教师、学生自身动手实践能力差、素质结构存在缺陷等问题（郑宝东等，2018）。崔国富（2019）认为，首先，要抓住地方经济社会发展、乡村振兴所需，兴办乡村振兴学院或研究院，调整专业结构，打造具有地方特色的专业和课程；其次，鼓励广大教师结合自己的专业特长，深入乡村基层，了解产业对技术和人才的需求；最后，培养一大批"下得去、用得上、留得住"的专业技术人才。同时，为乡村产业发展、生态文明建设、基层有效治理等提供智力服务。何妍妍（2020）分析地方高校服务乡村振兴的路径，提出地方高校可以与乡村政府一起搭建乡村电商学院、合作建立健全人才联合培养机制，引导毕业生投身农村就业与创业。综上所述，乡村振兴战略使地方高校可以"大展拳脚"，通过发挥自身具有的人才培养、科技研究、文化传承等功能来服务乡村振兴。同时，地方高校应当因地制宜、因产制宜、一校一策来实现自己的应用型特色转型。

（二）获取更多办学资源是地方高校面向乡村振兴办学的"推力"因素

地方高校不同于部属院校，经费来源单一、办学资源获得困难。地方高校财政拨款明显少于部属院校。地方高校的财政来源以政府投入为主，其他渠道筹措经费的机制不健全；总体经费投入水平仍然偏低，区域间差异较大。在看似充分竞争的科研经费获得中也存在明显的"马太效应"，原"985工程"和"211工程"高校的数量虽仅占全国的14.3%，却获得了72%的科研经费。2020年，山东省确立了省域内高等学校服务乡村振兴助力脱贫攻坚行动计划，积极调动省域内100多所高校面向当地乡村开展优质品种繁育、发展特色种养业、提升农副产品深加工水平、先进农机设备研发、新农科专业建设、涉农专业培养规模、农林教育基地建设、乡村振兴专业技术人员培训、农村创新创业带头人培训等领域开展任务对接。当地省主管部门对于参与任务对接的高校予以财政支持，并将助农绩效纳入相关高校领导班子年度述职内容。王娟娟和史锦梅（2013）认为地方承接高校转移的"推力"因素包括技术进步、产业集聚不经济、禀赋差异、逐利需求、产品生命周期和产业发展政策；"拉力"因素包括自然资源禀赋、缩小发展差距、经济利润驱动、投资环境改善；"阻力"因素包括产业集聚的区域黏性、发达地区的制度创新、维系经济总量；"斥力"因素包括产业发展硬件设施薄弱、市场化水平低、观念更新慢、迁入产业的环境影响、产业对接效率低等，四股力量左右着产业的迁入或迁出。孙丽文和杜娟（2016）对生态产业链形成中的各因素进行了分析，其中"推力"因素主要包括资源约束、环境约束，"拉力"因素主要包括经济利益驱动、市场需求压力，而"中间障碍"因素主要包括基础设施、技术研发、政策税收等非竞争性因素，三者共同作用构建了生态产业链形成机制模型。李振宇（2020）通过对2010—2016年中国各省份面板数据的分析认为，财政分权体制下高等教育领域存在中央与地方"委托—代理"关系，促成了地方高校为争取有限"奖补"而产生过度竞争。地方高校延伸到县域办学能够紧贴当地的集聚产业群，有利于高校开展产教融合且成本较低。

地方高校深入县域腹地面向乡村振兴办学，可以在大大拓展其生存和发展空间的同时获取其所在城市少有甚至没有的资源，如办学土地资源、实验或实践基地资源、科研项目资源等。区域条件、管理体制和供给方式的差异决定地方高校服务乡村振兴的办学资源落差,使学校获取同一要素的区域成本不同。当地方高校办学投入既定时,获取要素成本越低,办学可能性边界越远,办学回报率越高,则办学越有可能从要素高成本的中心城区搬迁至低成本的非中心县(市、区)。假设某地方高校在中心城区办学,由于办学各项要素的价格较高,其等成本线为 X_1Y_1,等产量线为 Q_1,学校的办学效益最大化点切点为 D 点。如果,该学校能够深入县域面向服务乡村振兴进行办学,同样专业建设和人才培养所需的各项要素价格较低,其办学等成本线由 X_1Y_1 变为 X_2Y_2,等产量线由 Q_1 变为 Q_2,其学校办学效益最大化点切点也由 D 点上升到 E 点(见图 8-1)。由此可见,城市生存空间挤压带来的高要素价格对地方高校服务乡村振兴办学行为具有显著的"推力"。

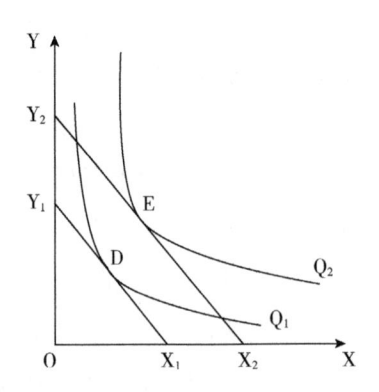

图 8-1 资源要素对地方高校服务乡村振兴办学行为的"推力"分析

二 县域(乡村)层面的"拉力"因素分析

(一)县域(乡村)产业需求是地方高校面向乡村振兴办学的"拉力"因素

产业振兴是乡村振兴最重要任务之一。县域(乡村)的大宗作物、现代畜牧业、渔业、园艺、林业及草业都需要关键技术的集成创新,需要农机农艺的信息融合、生产全程的机械化、运营的智慧化以及农产品加工的精细化，更需要提升产业的高效化、精细化、智能化、绿色化。这些都吸引着具有相关学科的高校大展身手。地方高校教育发展必须附着于产业发展，与产业发展相适应。"适应性"作为地方高等教育的另一重要属性，强调地方高校对产业变化与职业变化的适应性改变（南海，2004）。高校相关的科研成果、技术创新只有源于实际产业发展需求，才具有更强的生命力。农科教相结合的"曲周模式"就是将高校的学科发展、科技创新与曲周当地的改土治碱相结合，将当地的23万亩盐碱地变成米粮川，使经济滞后的贫困县变为全国科技进步先进县、全国商品粮基地县和优质棉基地县。这些都得益于高校针对当地的农产品的提质增产、农业资源的高效利用、农产品的质量安全等需求设立"科技小院"，解决农民农业实际问题。同时，"曲周模式"46年来的实践也培养出两任校长、三位院士、50多名教授和500多名研究生（彭飞，2019）。另外，曲周的治碱成果推动了中国涉及20个省（区、市）3.8亿人口的4.7亿亩耕地的低产田综合改造工程，使当地产业与学校学科发展、科技创新相结合的"科技小院"模式也得以全国推广。

目前县域的乡村振兴面临两个问题，分别是产业升级和共同富裕。这些都需要地方高校提供人才和技术的支撑。浙江等省份出现的地方高校延伸到县域（乡村）办学的现象，正是因为广大的县域（乡村）逐渐成为大城市第二产业下移的承接主体，急需高校的人才和技术"下沉到县"。从地方高校对乡村振兴的贡献状况来看，根据朱德全、杨磊（2021）的研究2007—2018年贡献率高达16.19%。其主要原因是高校教育的价值定位与乡村振兴存在高度的耦合性，如通过对乡村地区的招生与就业，从根本上阻断代际贫困；通过开展职业培训，提升当地人力资本的体量和质量；通过产教融合，以专业带动产业更新，提升生产力水平。总体而言，在地方高校的大力支持下，乡村振兴能够由资源密集型的外生式发展向结构优化型的内生式发展转变。第一，基于县域（乡村）农业生产功能的消解，地方院校需要培育有农业情怀的"田秀才"。例如，加强与县域（乡村）的龙头企业合作，聚焦县域特色产业，不断更新培养内容，指导受教育者掌握智能终端应用、电子商务、物联网等，培育既懂农业又懂信息技术的生产经营型职业农民，从而发挥信息技术创新的扩散效应、知识的溢出效应、数字技术的普惠效应。第二，基于县域（乡村）社会保障功能的弱化，地方高校需要培育有乡土情结的"乡创客"。例如，帮助受教育者充分挖掘县域（乡村）特有的休闲、生态和文化，传授利用新媒体营销产品的经验，点燃乡村草根的创业热情，传播并持续打造该地特色休闲、生态和文化品牌。第三，基于县域（乡村）生态保育功能的虚化，地方高校需要培育有绿色发展理念的"土专家"。例如，培养受教育者树立"绿水青山就是金山银山"的生态经济理念，提升甄别生态资源的能力，不断优化生态产业链，让当地百姓在绿色生产和绿色消费中受益。第四，基于县域（乡村）文化传承功能的退化，地方高校需要培育有文化自信的"乡村工匠"。例如，培育当地县域（乡村）的各类乡村工匠、文化艺人，以保护和传承乡村当中文化古迹、民居建筑、传统手工技艺等有形文化和民间风俗、村规民约、宗教信仰、语言文字、戏曲舞蹈等无形文化（曾欢、朱德全，2021）。总而言之，地方高校需要培养能因地制宜振兴乡村的各式各样人才。

课题组在调研中发现浙江某学院与当地某县人民政府签订协议共同打造乡村振兴学院。一方面，某县在模具、文具、灯具等特色产业方面具有明显优势；另一方面，学校一直想做大做强模具设计与制造、数控技术、机电一体化等制造类专业。双方的合作可以很好地实现优势互补。第一，在实训场地建设方面，乡村振兴学院建立了模具、数控、机电一体化实训室16个，校外实训基地18个，同时将工厂引入基地特设的标准厂房，为专业打造了全新的实训模式。"教学与生产实现了零距离：把课堂搬进工厂车间，利用模具企业设备先进、种类众多的优势，让学生直接在工厂实习、上课。"（浙江某高校乡村振兴学院负责人）第二，在师资配套方面，学校派专业教师进驻实训基地，定期实行学院与实训基地教师轮换。从案例可以看出，地方高校通过紧密结合县域（乡村）振兴需求，立足自身发展状况，充分利用当地的产业资源禀赋发展本校的学科专业、培养当地产业急需的人才并开展技术的研发与转化。

长期以来，地方高等教育备受诟病的重要问题在于其培养的人才与社会产业需求脱节。地方高校科技成果转化的积极性尚未调动起来，重研究论文轻实践推广的现象尚未改变，科技人员对社会性与公益性价值的认识尚未达成共识。只有立志"把论文写在祖国大地上"，引导教师根植于乡土乡村，才能产出真正有价值的科技成果。根据县域（乡村）产业发展的需求对学校的定位、目标、布局、结构进行优化，才有可能提升地方高等教育的办学质量和社会效益，促进高校的可持续发展。综上所述，县域、乡村的产业特性有助于地方高校形成自身的学科特色、转化科技成果，成为地方高校面向乡村振兴办学的主要"拉力"因素。

（二）县域（乡村）优惠政策是地方高校面向乡村振兴办学的"拉力"因素

县域是乡村振兴、城乡融合发展的关键连接点。县域政府统领着区域内的乡村建设，可以通过完善优惠政策、增加资金补助、提高服务质量、促进基层就业等措施，与地方高校乡村振兴组织机构共同发展。同时，也能满足县域内乡村振兴对科技、人才以及相关智力服务需求。例如，访谈中的浙江某学院与当地某县人民政府签订协议共建服务乡村振兴学院。县域政府在土地、资金、政策等方面给予大力支持，按照县分管领导的话讲，就是下了"血本"，充分体现了县域政府对吸引地方高校深入县域和乡村办学的渴求和决心。"县域办学之后，人才怎么去吸引？怎么留住？住房怎么解决？子女教育怎么解决？这些都是地方政府必须考虑的，我们需要转化为'保姆'式服务角色。"（浙江某高校乡村振兴学院所在县域的县领导）与此同时，浙江某学院还在某县级市（小家电产业）块状经济的主要聚集区建设产学研基地。第一，在合作框架方面，通过与企业、协会（学会）、政府的"点、线、面"的合作，在企业、行业、产业园区三个维度同步推进，使"县校合作"从单一的科技合作走向一体化合作，向广大乡村纵深发展。第二，在人才培养方面，"充分发挥总部教育资源和基地产业资源相结合的优势，实行'总部学习一年，基地学习两年'的教学工厂培养模式，并着力解决师生在基地学习和生活不方便的问题。"（浙江某高校乡村振兴学院负责人）

本书调研显示县域政府统领着区域内的乡村建设，对地方高校服务乡村振兴相关组织机构提供了土地资源、办学资金、人才安置、技术创新奖励等方面的优惠政策。例如，浙江省的大部分县域人口已超过 50 万人，年 GDP 规模超百亿元，产生了通过高等教育来集聚人力资源、助力产业转型、推进新型城市化建设的强烈需求。根据调查数据显示假设某地方高校在没有获得优惠政策前的办学等成本线为 X_1Y_1，等产量线为 Q_1，学校办学效益最大化的切点为 D。若得到县域政府优惠政策，学校的办学等成本线由 X_1Y_1 变为 X_2Y_2，这时等产量线由 Q_1 变为 Q_2，学校办学效益最大化的切点也由 D 点移动到 E 点（见图 8-2）。由此可见，县域政府的优惠政策对地方高校服务乡村振兴办学行为具有显著的"拉力"。

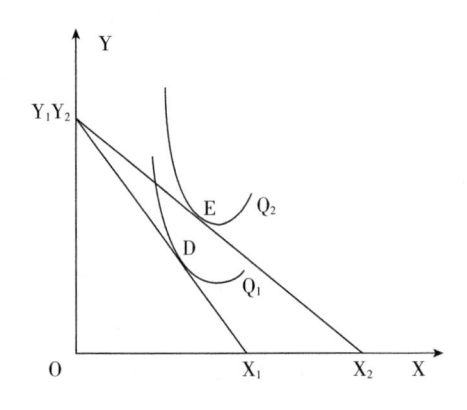

图 8-2 优惠政策对地方高校服务乡村振兴办学行为的"拉力"分析

第三节 高校教师、乡村农民发展的微观"推拉"动力因素

乡村振兴战略的实施主体在于"人"。目前，乡村正面临实践主体的大量流出与部分回归共存的现象。厉以宁认为国内在乡村人口大量流出的同时，正在悄悄地进行一场人力资本的革命，出现新的人口红利的"城归"现象，数量已经占到外出农民工的1/4。由于农村生产要素的集聚、国家制度政策利好的释放，越来越多，甚至城镇的科技研究人员、高中等院校毕业生等也开始回乡创业，这一现象被称为"城归"现象（刘祖云、姜姝，2019）。那么，对于高校教师而言有哪些"推力"因素，促使他们心甘情愿地服务乡村振兴？对于乡村农民而言，又有哪些"拉力"因素，使他们立足乡村振兴？

一 高校教师层面的"推拉"因素分析

（一）社会服务型人才评定等政策对高校教师的"推力"因素

《国家中长期教育改革和发展规划纲要（2010—2020年）》提出，对长期在农村基层和艰苦边远地区工作的教师，在工资、职务（职称）等方面实行倾斜政策，完善津贴补贴标准。不同办学类型的高校可以根据自身的定位，结合办学特色以及重点发展领域，如服务乡村振兴，确定职称评审中的教学、科研、社会服务等的具体规定与要求，不强制要求"全员科研""人人有课题"，避免大量"学术垃圾"的产生（朱正奎，2019）。对于能够深入乡村基层、帮助农户脱贫实践、"把论文写在田地上"的教师，予以职称评定政策方面倾斜或单独设立社会服务型职称指标。例如，西北某大学就在职称评审上设立了"推广研究员"系列；同时，学校年度各项先进评选中实施了按照科研、推广、挂职、服务等岗位进行分类评审的措施，进一步保障了乡

村基层科技推广人员的入选比例等（教育部高教司，2008）。这些措施有效地推动了高校教师参加农业科技服务的积极性。例如，团队调查中发现安徽某大学于2018年修订完善了社会服务型职称申报条件和评审办法，鼓励有技术、懂实践、擅推广的专家扎根乡村基层。按照实施方案，社会服务型、推广型教授注重社会服务和技术推广的实际成效。如参加评审的教师需要连续3年在乡村基层从事科技成果推广，每年不少于4个月，每年承担的培训任务不少于80学时。同时，实施方案更加注重参评教师的技术推广效果和社会认同度，如教师需要建立3个以上具有全省领先水平的科技成果集成、转化、推广示范基地。先后有5名教师因社会服务业绩突出被评聘为教授或副教授。例如，何教授连续6年驻点在金寨县，年均开展技术服务50多场，服务20多家乡村新型经营主体，推广具有自主知识产权品种15个。同时，该教授作为旌德县"灵芝产业转型升级关键技术集成与示范"项目首席专家，推广种植5个灵芝新品种，产业规模5000多亩，实现年产值10.9亿元，辐射带动了800多个种植户，户均实现增收2万元以上（方梦宇，2020）。此类高校实施的人才评定政策激励了乡村产业领域的教师为当地乡村产业发展提供"保姆式"服务。各高校出台并实施的社会服务型人才评定政策成为高校教师服务乡村振兴、深入田间地头指导农民生产实践的"推力"因素。2023年1月发布的《中共中央 国务院关于做好2023年全面推进乡村振兴重点工作的意见》，明确要求对于长期服务乡村的专业技术人员，在职务晋升、职称评定方面予以适当倾斜。

（二）乡村丰富的资源对高校教师的"拉力"因素

地方高校服务于乡村振兴，其中一个重要渠道就是帮助当地企业、农户把自家"藏在深山无人知的农产品"通过电商渠道推广出去。教育部指导下打造的电商平台"e帮扶"，旨在解决乡村电商信息不畅通、物流成本高、供需不匹配等问题，在线集中展销贫困县域和乡村的特色产品，汇聚了高校和社会力量进行精准扶贫。该平台2020年1月正式上线，目前已经对接上架了44个教育部定点扶贫县的农特产品

(鲁磊，2020)。这种模式有效促进了现有乡村各类资源的充分利用，也是低成本发展工商业的典型案例。目前，国家非常重视并加大投入建设广大乡村的交通基础设施，各类冷链、快递物流业得到了充分发展，加之互联网普及，越发使这种商业模式成为可能。地方高校的教师就应该引导当地农民改变固有思维，帮助他们树立自主创业的自信心和自豪感，支持他们积极投身电子商务等自主创业。2023 年 1 月发布的《中共中央 国务院关于做好 2023 年全面推进乡村振兴重点工作的意见》，明确要求各地政府积极引导专业技术人员入乡兼职兼薪和离岗创业。同时，随着县域（乡村）电商业的兴起，吸引了一大批原本在城市工作的年轻人回到农村进行就业和创业，实现了乡村振兴各类人才的回流，有利于突破乡村振兴人才短缺的"瓶颈"。

二 乡村农民层面的"拉力"因素分析

（一）乡村振兴对农民工返乡创业的"拉力"因素

2015 年，《国务院办公厅关于支持农民工等人员返乡创业的意见》（以下简称《意见》），指出鼓励创业基础好、创业能力强的返乡人员，充分开发乡村、乡土、乡韵的潜在价值，促进农村第一、第二、第三产业融合发展。《意见》提出降低返乡人员的创业门槛，深化商事制度改革，落实注册资本登记制度改革，优化返乡人员创业的登记方式，简化创业住所（经营场所）的登记手续，推动"一址多照"、集群注册等登记制度改革。同时，提出需要充分发挥财政资金的杠杆作用，加大对返乡人员的创业财政支持力度，对符合农业补贴政策支持条件的，可按规定同等享受相应的政策支持；加强政府引导，运用创业投资类基金，吸引社会资本加大对农民工等人员返乡创业初创期、早中期的支持力度；完善返乡创业园支持等系列的支持政策。[①] 在国

[①] http：//www.gov.cn/zhengce/content/2015 - 06/21/content_ 9960. htm, 2015 - 06 - 21.

家实施乡村振兴战略的大背景下，鼓励返乡人员进行创业的关键在于盘活乡村资源，激发市场活力。

根据梁栋和吴存玉（2019）统计，截至2017年年底全国返乡创业人员已经超过740万人，全国范围内的家庭农场、农民合作社、农业企业等各类新主体超过300万家，新型职业农民超过1500万人，托管面积2.32亿亩；研究认为乡村振兴主体缺位现象需要呼唤农民工等人员返乡创业，在当前全国范围内人口增长乏力的背景下，要想实现乡村的生产、生活、生态等更高层次的平衡，其前提就是要吸引更多有知识、有技术、懂经营、爱故乡的人员回流。当然，县域各级政府也需要注重打造高效、透明、开放、便捷的软硬件环境，提供返乡入乡人员创业就业和生活的有力保障。刘玉侠和任丹丹（2019）通过对浙江省衢州市龙游县、开化县和丽水市松阳县、龙泉市、云和县等地返乡农民工的245个抽样调查，发现79.43%的样本获得了相应的政策支持，平均获得3.22项的支持政策。受教育程度高、中共党员、创业年限长、团队创业以及对创业政策了解程度高的返乡创业者受到政策支持的概率高，获得政策支持的项数较多。总体而言，国家实施的乡村振兴战略呼唤着农民工返乡创业。相关地市、县域和乡村的政策支持体系，以及乡村振兴中的现代农业、城乡融合、生态宜居、治理现代化等对农民工返乡创业产生一种内在需求和吸引。

（二）乡村振兴对大学生乡村创业就业的"拉力"因素

宋欢（2019）指出当前乡村需要第一、第二、第三产业融合发展，"三农"领域有很大创新创业市场，城镇居民对绿色农产品、休闲旅游业等需求越来越多，大学生在乡村创新创业有很大的舞台。闫广芬和田蕊（2019）以社会互构论为理论基础，研究认为故土情结与大国责任、职业共创与精神共创、寻找市场发展潜力与挖掘自身价值是大学生返乡发展的三个层次原动力。山东农业大学主动对接服务乡村振兴战略，引导毕业生到乡村基层实践锻炼。根据统计，2018届的毕业生有 29.57% 选择到农业相关企事业单位就业，3.78% 选择投身基层乡村建设（如"三支一扶"计划、大学生志愿服务西部计划、"大学生村官"、农村教师特岗计划等）。还有约 1.24% 选择投身乡村的创新创业事业，进一步助力县域（乡村）振兴（司金贵等，2019）。各级政府以及乡村层面发挥了号召力、宣传力，将各大高校的优秀创业者吸引到乡村，帮助大学生创业者拓宽了融资渠道，鼓励发展各类新经济创新创业形态。当地政府也积极结合当地特色，为大学生到乡村创新创业搭建了更多职业共创与精神共创的平台。

在高校层面，李悦和王振伟（2019）指出可以依托乡村振兴战略与政府、专家学者、投资公司、新闻媒体、合作企业等利益相关者进行密切合作，在资金、市场、知识产权、新闻媒体等方面为学生返乡创新创业提供帮助。组织专门的创新创业机构，融合将创新创业教育与课堂教学对返乡涉农学生进行引导，提升其创业综合能力。同时，毕业生应该转变就业观念，放下自己的身段去乡村就业，通过与政府、企业、农民、专业人员建立专业团队实现自身创新创业的发展。当然，罗晓林（2019）指出大学生对自身的定位、对未来市场的定位分析不清晰，不能只凭对家乡的情感就回乡创业。本书调查了华中农业大学的本禹志愿服务队以硕士研究生、博士研究生和青年教师为主体的志愿者在湖北省恩施州建始县适宜地区建立了一批特色产业试验示范培训基地，做给农民"看"、带领农民"干"。根据产业发展需求，志愿者走进田间地头、工厂车间，开展集中培训、现场示范讲解。累计开展农技培训 142 场次，培训特色产业人才、专业合作社带头人、种养植户 11695 人次。为了让老百姓看得懂、学得会，师生志愿者精心编印《建始猕猴桃实用栽培技术》《山区规模化生态土鸡养殖手册》等一批实用技术手册，指导企业、农户提升科技务农水平。四川某大学新农村研究院与雅安市合作开展"大学生科技创业计划"，为当地产业发展培养和输送大量既有理论知识，又有实践技能，能创造性地解决实际问题的高层次创新创业人才。乡村振兴为广大毕业生提供了广阔的舞台，各级地方政府也需要进一步完善经济、政策、心理等支持体系。地方高校也需要进一步加强创新创业理论与实践融合，开展乡村实践活动，搭建起大学生个人发展与乡村振兴之间的桥梁，加快形成乡村振兴对大学生乡村创业就业的"拉力"。

第九章　地方高校服务乡村振兴的政策建议

一　地方高校层面：积极作为，助力乡村振兴

（一）健全应用型人才培养体系，激发乡村振兴内生动力

1. 依据自身学科专业特点，找准服务乡村振兴的方式

党的二十大报告提出全面推进乡村振兴，坚持农业农村优先发展，巩固拓展脱贫攻坚成果，加快建设农业强国，扎实推动乡村产业、人才、文化、生态、组织振兴。各地方高校应以习近平新时代中国特色社会主义思想为指导，认真贯彻《乡村建设行动实施方案》《关于加快推进乡村人才振兴的意见》，突出抓好乡村人力资本开发，加强乡村振兴的人才培养、技术支持、学生实践服务，探索智力下乡机制、校地共建机制、陪伴式建设机制。地方高校服务于乡村振兴各领域的人才培养需要以自己学校的特色学科为依托，以应用型专业为保障，学科是专业建设的基础，应用型专业是人才培养的基本单位，同时也是建设应用型地方高校的"四梁八柱"。在实施乡村振兴战略的大背景下，地方高校应通盘谋划，统筹兼顾，结合区域资源与现实需求状况、自身学科和专业特色，包括在专业设置、人才培养、资源储备、科研能力等方面的优势，明确自身定位，找准服务乡村振兴的方式与内容，力求在服务乡村发展的过程中充分发挥作用，提升服务乡村振

兴的水平。地方涉农院校应认识到自身在国家乡村振兴战略当中的历史使命，在乡村建设中发挥好牵头引领作用，以"扶业""扶智"的方式建设乡村；师范类院校积极探索"乡村教师定向师范生培养计划"，引导学生通过顶岗实习、教育实践等形式提前接触乡村学校和学生，提升职业适应性和乡村认同感。乡村教育始终是培养乡村振兴人才的关键，诸多高校开展了以下形式的乡村教师培养和培训活动。第一，开展面向乡村教师的业务培训。地方高校应根据乡村教师的实际需求，重点组织实施面向乡村教师、形式多样的业务培训，培养一批高水平专业化的乡村教师。第二，组织名师"送培下乡"活动。可以将教师培训办到乡村学校、办到基层，以名师授课帮教促进乡村教师专业发展，为乡村振兴提供强有力的人才支撑。第三，建设"互联网＋教师培训"管理及资源平台。师范院校要适应教育信息化的新要求，为乡村教师提供海量的优质学习资源，满足乡村教师个性化培训与成长需求，提高乡村教育的水平。有些高校根据当地乡村振兴人才需要，设立了"乡村振兴——现代农业全产业链""乡村振兴——乡村治理与发展""乡村振兴农业绿色发展"等专业硕士培养项目。此外，医学类院校应实施"农村订单定向免费医学生"模式，职业院校的"学历＋技能双提升"模式，综合类大学"全口径赋能帮扶"模式……各类高校都应根据自身学科特点，探索最优服务方式，提升服务乡村振兴的水平。

2. 布局"新农科"学科专业，优化相关课程体系

《教育部 农业农村部 国家林业和草原局关于加强农科教结合实施卓越农林人才教育培养计划2.0的意见》指出"加强知农爱农教育，深入推进高校耕读教育，发挥耕读教育树德、增智、强体、育美等综合性育人功能，积极探索'农＋X'多学科复合型人才培养新范式"。涉农高校作为行业特色高校，对于引领和支撑行业跨越式发展，具有不可替代的作用。但随着农业现代化进程的不断加速，仅靠单一的农业学科已无法解决出现的新问题和新需求，需要多学科协同作战。地方高校

面向国内新农业、新乡村、新农民、新生态，服务农业农村现代化进程中的新产业新业态，把握乡村经济社会和农业产业发展大趋势，聚焦紧缺农林人才和未来农业人才的培养。加强涉农学科与生命、信息、社会等学科的交叉融合，加快数字农业、智慧农业等新兴学科发展；应依据区域发展实际，适当调整专业结构，按照"扶持新兴、交叉渗透、协调发展"的思路，布局新兴交叉学科，开拓新的学科增长点，促进传统农业学科与新兴学科的优势互补。根据教育部办公厅发布的《新农科人才培养引导性专业指南》（2022），面向粮食安全、生态文明、智慧农业、营养与健康、乡村发展五大领域，整合各学科优势，布局或改造生物育种科学、智慧农业、国家公园建设与管理、全球农业发展治理等新农科专业。通过合理布局"新农科"学科专业并建立相应的课程体系。各高校需要因地制宜，开发有关"大国三农""耕读中国""生态中国"等农林特色通识教育课程体系，共同促进乡村地区的振兴和发展。同时，地方高校也要探索设置乡土教育相关专题课程，引导师范等专业学生掌握人工智能与教育教学融合应用，阅读乡村教育经典著作，了解乡土中国与乡村教育，争做新时代文明乡风的塑造者，乡村振兴的"大先生"。

3. 改进地方高校人才培养模式，探索贯通式人才培养机制

《中共中央 国务院关于实施乡村振兴战略的意见》强调，"提高农村民生保障水平，实施乡村振兴战略，必须优先发展农村教育事业，而职业教育是重中之重"。地方高校肩负着为社会主义新农村建设培养合格人才的重大任务，承担着服务乡村振兴战略的光荣使命。2022年12月，《教育部办公厅等四部门关于加快新农科建设推进高等农林教育创新发展的意见》，提出高校应该主动对接当地农村、林区等第一、第二、第三产业融合发展和行业产业发展新要求，进一步推进产教融合，着力培养学生的实践能力，培养一批适应性强、高素质的复合型农林人才。因此，地方高校应积极响应国家战略，改进人才培养模式，努力实现"双高"建设与乡村振兴战略的衔接与互促。首先，

应转变办学理念，培养乡村振兴的适用人才。地方高校应根据实际，因地制宜地改进人才培养模式，大力发展农业农村职业教育，坚持以农为本、以生为本的价值核心，实现地方高校与农村经济的共生共赢。其次，科学设置涉农类专业，培养乡村振兴急需的第一、第二、第三产业融合发展所需的专业人才。地方高校在设置专业过程中必须做好调研、评估和论证等工作，设置符合当地乡村振兴发展方向的专业，力促人才培养质量提升。最后，地方高校应探索多样化服务乡村振兴的方式，完善多学科交叉融合的人才培养模式。通过强化通专融合、科研训练和实践创新等培养创新型人才，聚焦综合实践能力、农业实用技术技能来培养复合型人才和应用型人才，探索"本—硕—博"贯通式人才培养机制。同时，要推进乡村地区农林教师队伍建设，加强专业教师"双师"素质培养和"双师"结构专业教学团队建设。根据教育部统一部署，各地方高校需要持续提升教育服务乡村振兴的能力水平，加快构建高质量农林教育体系，发挥职业教育在乡村振兴中的关键作用。

（二）完善地方高校服务保障机制，夯实乡村振兴制度基础

1. 健全组织保障机制，提升服务乡村振兴的水平

地方高校要深化对服务乡村振兴的认识，提高自身的政治站位，以"服务地方"为宗旨，进一步规划并完善服务乡村建设的内容，积极建设服务乡村建设的相关机构组织和制度。从组织层面来看，地方高校要结合自身发展实际，建立乡村振兴组织服务机构，如设立乡村振兴研究院、学院、实践基地等。各院系可以根据自身的专业特色和乡村实际需求，组建相应的科技小院、服务小队或小组，直接参与当地乡村振兴各项工作；同时应完善乡村振兴相关政策制度，对高校服务乡村振兴的成效进行考核评价和监督检查，加强地方高校对服务乡村振兴工作的领导和保障；从个体层面来看，可组织师生成立助力乡村振兴战略实施的服务团队，常态化开展各类乡村振兴服务。

2. 建立宣传引导机制，营造服务乡村振兴的氛围

地方高校应提高认识，除了要恪守"立德树人"的"本职"，同样不能忽视其自身恒有的教学育人、科学研究、地方服务和文化传承创新这4项"天职"。"本职"与"天职"并不矛盾，是高校社会属性在不同层面的作用折射与价值体现，具体于乡村振兴，就是统一在乡村人才振兴这一重要使命之中，高校要把"本职"贯通到高校的"天职"履行中，落实在乡村人才振兴这篇大文章中，以切实行动贯彻习近平总书记"扎根中国大地办教育"的重要指示。因此，学校需要加大服务乡村振兴战略各项事业的宣传力度，激励学校相关学科、专业的师生持续关注并助力乡村振兴建设，营造服务乡村各项事业发展的氛围。地方高校对在服务当地县域（乡村）振兴建设中表现优异的团队、先进典型以及个人，要及时通过各种媒体介质进行宣传报道，营造良好的舆论环境。同时，高校也要引导师生深入县域（乡村）进行乡风、乡俗等整理挖掘，并且接受文化熏陶。高校组织师生开展各种形式的乡村社会服务、乡村文化教育，促进校地文化融合，使乡村文明充满韵味和温度，吸引更多的毕业生投身乡村振兴的各项建设。

3. 完善绩效激励机制，调动师生服务乡村振兴的积极性

当前，乡村振兴全面开局。面对新时代新任务，迫切需要建立健全鼓励广大师生服务乡村振兴的体制机制，夯实乡村振兴制度基础。地方高校要进一步完善激励机制，聚焦人才培养、科技创新、成果应用等核心环节，改进师生的考核评价和绩效激励方式，引导教师潜心育人，引导师生坚持"把论文写在祖国大地上"。各地方高校因地制宜地增强广大师生深入基层、潜心田地的内生动力，发展壮大高校科技特派员队伍，扩大"三支一扶"计划招募规模，鼓励广大师生深入基层、服务乡村。一方面，地方高校要探索多样化的人才激励机制，完善教师到乡村和企业挂职、兼职和创新创业制度，对积极投身到乡村振兴建设中的教师，在职称评聘、绩效补贴等方面给予倾斜考虑，以此提升教师服务乡村振兴的热情。同时，鼓励涉农学科教师发挥专

业特长，开展针对农业技术人员、新型职业农民、新型农业经营主体负责人、农村实用人才等的培训工作。地方高校需要进一步按照国家和省市"破五唯"的精神和要求，不断完善教师服务乡村振兴的评价体系，突出对乡村振兴各项事业的实际贡献为导向，对积极主动提供服务的教师给予绩效奖励和资源供给，解决教师因资源缺少、晋升压力、科研压力而影响服务积极性。另一方面，鼓励在校学生和毕业生积极投身乡村振兴各项建设。引导在校学生积极参与乡村社会实践活动，同时与荣誉评定、实践学分、综合评价等方面挂钩。通过宣传、引导、激励等方式号召各个专业类型的高校毕业生投身乡村建设队伍，培育"懂农业、爱农村、爱农民"的年轻力量。

（三）创新各类人才培养机制，联合乡村产业（企业）协同发力

乡村振兴，人才要先行；科技支撑，人才是关键。乡村振兴战略中产业振兴是首要，而产业振兴需要各类人才来主导。地方高校应从人才的角度出发，把"以人为本"作为逻辑起点，根据乡村骨干产业企业发展需要，与乡村产业企业联合培养乡村振兴各类人才。地方高校开展毕业生乡村产业成长计划，将学生输送到乡村产业（企业）中，由乡村产业（企业）各部门负责人进行帮带，熟悉乡村产业（企业）各方面情况后，针对乡村产业（企业）进行相应规划与管理，使大学毕业生在乡村振兴的基层实践中得到锻炼，逐渐成长为当地产业（企业）以及其他各行各业的骨干。地方高校积极开展乡村振兴第二课堂，引导农业经管专业的学生与基层组织的村级对接，学生担任村委会主任助理，推广农业技术、筹建农村网站，不断优化该类人才的培养方式和教学方法。电子商务人才主要是为乡村地区的产品构建网络宣传和销售的渠道，拓展市场，使农产品的销售问题得以有效解决。另外，地方高校还需要和地方政府、乡村产业部门成立专门的管理和服务机构，联合培养各类学科人才，不断完善对农业科研人才和农业技术推广人员的输送。

2022年8月，教育部办公厅、农业农村部办公厅、中国科协办公

厅支持建设一批科技小院助力乡村人才振兴。相关院校把农业农村领域高层次应用型人才培养摆在学校服务乡村振兴工作的重要位置，巩固政府、社会组织、企业、大学、科研机构协同合作的政产学研一体化人才培养模式，推动教育教学与生产实践紧密结合、与社会需求紧密结合、与农业农村发展紧密结合，引导广大学生在乡村振兴中建功立业，绽放青春风采，为全面推进乡村振兴、加快农业农村现代化提供坚实的人才支撑。各地高校依托国家种质资源库（圃）、农业科技园区、现代农业产业科技创新中心、林草产业示范区等平台，合作共建建设一批新型农林科教实践教学基地，把人才培养作为基地所依托平台的建设和评价的重要内容。各地高校需要主动对接当地区域山水林田湖草沙不同类型乡村振兴对于不同类型人才的要求，校地联动着力培养一批"爱农业、懂技术、善经营"，并且"下得去、用得上、留得住、干得好"的应用型人才。

二 地方政府层面：加强引导，保障乡村振兴战略顺利实施

（一）发挥绩效评估导向，引导地方高校等主体服务乡村振兴

各地方政府应积极参与国家"百校联百县兴千村"行动，将行动作为区域乡村振兴的重要人才、技术和智力举措，按照自主自愿、就地就近原则，组织引导省域内高校与属地县（市、区）进行对接，加强统筹保障行动的顺利实施。地方政府首先应科学建立绩效评估导向，引导地方高校、企事业单位以及科研院所积极为乡村振兴开展各种帮扶项目。首先，建立并完善地方政府对高校等主体乡村服务的绩效评价体系。一是在政策层面上，地方政府应当积极贯彻落实国家有关乡村振兴的方针政策和改革目标的思路、规划、保障措施，积极引导相关服务主体开展力所能及的服务；二是在工作层面上，地方政府要围绕相关服务主体的中心工作和发展目标进行评价，以重点工作目标为关键指标。评价体系要能体现多样化标准，以指导不同类型的相关服

务主体发挥自身优势，有效地服务社会。地方政府的绩效评价应突出指标的针对性和适应性，针对不同相关服务主体不同服务形式和多样化的服务内容，建设多元化的评价体系。其次，探索建立服务主体"互联网+"质量监测云平台。地方政府和主要服务主体需要借助大数据、云计算、区块链等最新现代化技术完善服务质量评估链条，从服务对象的精准认定、服务需求的精准识别，到服务效果的精准诊断，联合实施全流程的监督评估项目，形成完整闭合的质量评估链条。最后，建立健全地方高校等服务主体服务质量的自我评价机制。地方高校等服务主体要探索建立督导评估检查清单制度，针对自身对乡村服务行动的项目进展和成效实行逐级考核评估，通过专项责任审计和终身责任制，强化责任共担机制和问责机制。地方高校等服务主体也应该主动寻求第三方机构的监督，采用专项调查、实地调查、抽样调查等方式评估服务的满意度。

（二）完善政策激励作用，支持地方高校等服务主体服务乡村振兴

《教育部办公厅等四部门关于加快新农科建设推进高等农林教育创新发展的意见》提出，农林部门加大项目资金统筹力度，各地方政府需要加强政策与经费协调配套，统筹地方财政高等教育资金和中央支持地方高校改革发展资金，积极支持地方高校进行新农科建设，积极服务当地乡村振兴。首先，地方政府应建立服务乡村振兴的统筹机制。地方政府要出台促进政府、地方高校、企业三方联合服务乡村振兴的政策，组建专门的领导小组，加快研制服务乡村振兴的中长期规划，引导地方高校等主要服务主体适应新常态战略要求，推进建立乡村振兴服务的管理体制和评价机制，积极调配高等教育政策、机制和资源，在系统设计、统筹谋划、政策支持和资源引导等方面发挥主导作用，破除地方高校等主体服务乡村振兴体制机制的壁垒。其次，完善地方高校等主体服务乡村振兴的激励政策。根据区域经济社会发展需要，出台促进政府、企业、地方高校联合服务乡村振兴的政策，牵头建立行业和当地企业、乡村产业、相关领域专家参与的地方高校服

务乡村振兴"三螺旋"上升系统，形成政府牵头、企业引领、高校服务的乡村振兴共同体，促进地方高校服务乡村振兴工作。最后，健全高等教育服务乡村振兴的政策咨询机制。地方高校等主要服务主体应重视前瞻性、针对性、储备性政策研究，实行校地联合研究、成果共享，更好发挥高校智库的积极作用，为高校与政府、其他智库机构创设良性合作平台与多元互动渠道。政府部门需要进一步巩固当地高校、社会组织、企业、科研机构政产学研一体化的科技小院人才培养模式，加强组织协调和条件建设，将科技小院纳入当地农业技术服务体系和农民培训体系。

（三）加大人力财力投入，保障地方高校等主体服务乡村振兴

地方政府应该积极与相关高校沟通，以新建、改建、再利用的方式，共建乡村振兴学院（研究院、实践基地）；立足当地的资源禀赋和特色优势，积极统筹可用的人力、物力和财力，支持高校师生长期驻村服务，拓展共建机构的功能和服务范围。地方政府可以通过专项资金和专项贷款完善地方高校等主体的创新服务体系，激发其发展积极性，积极探索服务当地乡村振兴的新科技、新平台和新模式。地方政府可以通过评估，给予那些积极服务乡村振兴的地方高校更多资源，对利农的科研项目给予更大的财政支持，加强地方高校与乡村基层组织、乡村骨干产业企业等乡村服务主体的联系，组建乡村振兴研究院、学院、实践基地等服务机构，充分发挥其人力资源和科技优势。另外，地方政府也需要进一步贯彻落实国家宏观经济政策，即国家公共财政向基层、地方投入的倾斜政策，确保公共财政新增支出科教文卫等事业经费更多倾向乡村建设，更多付诸乡村经济社会发展之需。切实提高地方财政资源的配置、使用效率。地方财政要统筹安排中央财政下拨专项经费，促进基层基本公共文化教育服务均等化。西奥多·舒尔茨（Theodore William Schultz）的人力资本理论指出：土地本身不是使人贫困的主要因素，而人的能力和素质却是决定贫困的关键；人力资本增加的关键是教育投资，是国民收入和劳动者自身收入增长的重要

来源；教育促进经济增长是通过提高人们处理不均衡状态的能力的具体方式实现的。解决人的因素，成为目前实施乡村振兴战略过程中亟须解决的现实问题。地方政府应当制定相关政策，引导大学毕业生，尤其是当地高校的毕业生，正确面对就业创业的地区抉择，为留在县域（乡村）就业创业的毕业生提供相应配套政策，让他们主动选择乡村和基层一线。除此以外，对于自愿去农村就业创业的学生，应当给予更大的优惠政策支持，如提高在村工作毕业生的工资待遇，完善其工作环境，并提供住宿等，为投身乡村振兴服务的毕业生提供最佳生活保障。为此，2022 年人社部、财政部印发通知，对于高校毕业生参加乡村基层"三支一扶"发放一定标准的补贴。云南省等省级政府陆续发布了《关于进一步引导高校毕业生服务乡村振兴的通知》，给予高校毕业生在乡村基层就业奖补、职业培训补贴、创业担保贷款贴息奖补等具体措施。中国其他省市地方政府也应该研究出台政策，积极引导高校教师及毕业生扎根基层，保障乡村振兴战略各项事业的顺利实施。

三 乡村层面：汇聚多方力量，推进乡村振兴各项事业发展

（一）基层组织联合地方高校完善治理体系，促进乡村组织振兴

乡村基层作为执行国家政策的"最后一公里"，在乡村振兴中承担着重要任务。要想农业农村发展好，基层党组织的能力少不了。各乡村基层也应积极参与国家"百校联百县兴千村"行动，紧密结合当地乡村实际和农民需求，联合地方高校与相关企业，打造有本土特点和乡土气息的特色村庄。在新形势下，乡村基层组织应联合地方高校完善治理体系、提升治理能力，不断促进乡村组织振兴。首先，以党建为指引，加强基层党组织的建设。党组织是乡村振兴的重要保障，基层的一线党组织更是最直接的组织力量。乡村振兴战略的实施需要党员积极发挥先锋模范作用，推动党组织有效嵌入各类社会基层组织，

深入基层进行调查摸底,全面掌握本地的党组织和党员数量,了解基层组织的设置情况。凡有正式党员 3 人以上的,都应成立基层组织党支部,对于规模较大的农民合作社、村镇龙头企业等符合条件的要成立联合党支部,完善基层党组织建设。其次,联合成立基层社会服务机构,统筹开展教育培训、科技和社会服务等工作。基层组织可以积极联合地方高校成立社会服务机构,完善服务机制。可以通过邀请地方高校定期下乡考察、讲座培训、线上答疑、技术指导等形式,加强基层组织与乡村人民群众的联系。基层组织也应该深入调查基层对乡村振兴各项事业的需求,与当地高校、企事业单位沟通交流,寻求合作互助,形成基层组织与地方院校等机构的发展合力。再次,基层组织应创新现代治理的新途径,提升"党建+"的工作内涵。基层党组织应借助地方高校、研究院所等智库,不断创新基层社会的治理机制,成立党员先锋队。最后,结合基层网格化管理体系,用好"小网格"撬动基层的"大治理",与各智库探索一条特色"党建+"基层治理的新途径,把基层党组织的优势与能力转换为发展的动力,促进乡村振兴的全面发展。

(二)乡村企业依托地方高校创新体系布局,促进乡村产业振兴

乡村振兴要以各类科技创新为动力,以科技成果转化为发展路径。乡村企业需要积极发挥金融支持等政策优势,通过购买服务等多种方式,支持地方高校与区域共建乡村振兴学院(研究院、实践基地)等机构,开展陪伴式的乡村规划、建设与服务。地方政府、地方高校、乡村产业(企业)应发挥自己优势,合作共建乡村振兴工程技术中心、特色产业科技转化平台等,为乡村产业提供各类科技支撑,促进科技成果转化与应用。首先,多方联合建立以技术革新为依托,以策略合力为指引,以产业需求为导向的乡村振兴产业技术研究院。地方政府应以高校及相应科研院所的创新技术为依托,统筹现有综合示范基地、特色产业开发基地、分布式服务站等平台,加快建设乡村重点产业的战略科研基地,通过统筹规划和资源整合打通研究成果转化路

径，使各方的科技成果精准对接乡村产业和企业的关键需求。地方高校也要引导学科教师关注乡村产业的实际需求，聚焦热点问题和关键技术，运用人工智能、大数据、新材料等前沿技术解决农业领域相关问题，组织乡村产业（企业）承担乡村产业重大科技任务，以高科技带动农业全产业链改造升级。例如，地方政府、地方高校、乡村产业（企业）在农业关键核心技术、关键种业、畜禽遗传改良等领域实施长期合作攻关。其次，多方合力组建产学研用一体的乡村产业创新平台。地方高校以乡村产业转型升级为重点，发挥自身的人才、技术与专业等优势，联合当地政府和乡村产业（企业）实施"数商兴农""互联网+"等新业态，共同提高当地乡村在文化体育、旅游休闲、养老托幼、信息中介等领域的服务水平。同时，乡村产业（企业）也要注重完善多元投入、深化农村集体产权制度改革、完善治理机构的体制机制，确保创新平台顺利运行。最后，多方合力打造高水平农业科技交流合作平台。地方政府、地方高校和乡村产业（企业）应协力搭建"校政企村"交流平台，建立对话机制，保证科技创新的稳定性和持续性。通过多方交流平台的建设，形成多方参与的长效机制，为区域乡村振兴提供服务保障。

（三）乡村平台联合地方高校进行协同育人，促进乡村人才振兴

乡村振兴是一项系统工程，需要多元主体共同参与，充分利用社会力量实现共建共治共享。乡村产业（企业）在地方高校相关学科（专业）的人才培养、科学研究、技术开发与推广等方面开展广泛合作，建立协同育人的体制和机制。双方共同分析乡村产业各类人才的动态需求，共同做好相关专业培养方案的改革，共同制定乡村振兴人才培养方案、开设相关专业课程。乡村产业（企业）应大力推广本区域农业发展特色，连同相关产业部门成立乡村产业行业协会，乡村企业联动实现产业就业专业对接，以及与地方高校的相关学科链、技术链与文化产业链、文化服务链的无缝衔接。当地县域（乡村）振兴应实施"校企联姻"工程，多方合作打造一流的技术技能平台。一个院

系对接一个行业，一个专业服务一个名企，在"联姻"过程中，促进校企合作，深化产教融合，实现地方高校与乡村文化产业相关人才需求、企业生产要求对接，双方协同培育专业人才。例如，乡村平台以地方特色产业为依据，对接高校涉农专业，培养带动乡村发展的涉农产业人才；乡村平台将绿色发展理念贯穿全产业链，与高校的生态农业技术专业对接，培养生态农业技能人才；乡村平台利用本土人力资源和自身科研优势，结合地方高校高质量的师资和科研技术，培育乡村实用技术人才；乡村平台以发展本地区文化为指引，联合高校的文化产业管理专业，培养促进乡村文化繁荣的文化产业创新人才等。

《教育部办公厅等四部门关于加快新农科建设推进高等农林教育创新发展的意见》明确提出构建"创新产教融合、科教融汇"的协同育人机制，完善"一省一校一院"的协同育人模式。瞄准各地乡村振兴不同类型，以应用型高校为重点，合作建设一批面向乡村的现代产业学院。除此之外，省级教育主管部门需要思考如何促进涉农类职业教育与普通高等教育的融合发展，如何科学布局中等职业教育、高等职业教育、应用型本科和高端技能型专业学位研究生等相关涉农类学科的人才培养规格、梯次和结构。2022年12月23—24日，中央农村工作会议指出，需要加大对乡村涉农干部的培训力度，提高"三农"工作的各项本领；需要坚持本土培养和外部引进相结合，重点加强村党组织书记和新型农业经营主体带头人的培养和培训，育好用好乡土人才；需要引进一批人才，有序引导大学毕业生到乡等，让其在乡村能够留得下、能创业。2023年1月发布的《中共中央 国务院关于做好2023年全面推进乡村振兴重点工作的意见》，明确提出高校继续实施定向乡村医学生项目、教师"优师计划""特岗计划""国培计划"；推动高校面向乡村振兴深化产教融合和校企合作。在未来几年，着力打通和拓宽各级各类技术技能人才的成长空间和发展通道，全面满足乡村振兴对不同层次不同类型人才的需求。地方高校作为当地县域（乡村）振兴人才与智力支持的主要供给方，应当主动与县域（乡村）

政府、农业农村主管部门、乡村骨干产业（企业）等主体沟通合作，鼓励相关学科专家、师生积极参与乡村基层、乡村企业、乡村社会组织进行驻村帮扶、挂职服务，构建并完善多方参与的科技社会服务创新平台协调机制。同时，地方高校也应该积极选聘来自县域（乡村）基层、乡村骨干企业的具有丰富实践经验的管理人员和技术专家作为学校的实践导师，成为乡村振兴研究院（学院、实践基地）的专兼职师资。只有县域（乡村）、地方高校、乡村产业以及其他企事业单位、研究院所等主体有机结合、业务有效协同、信息互联互通，实现政策、智力、项目等各类资源共融共享，构建乡村发展共同体，才能形成巨大合力，才能更加有效地推进乡村振兴战略在广袤乡村基层的落地，促进三方的协调发展和实现乡村振兴合作成效的"螺旋上升"。

参考文献

一　中文文献

（一）著作

《马克思恩格斯选集》（第1—4卷），人民出版社1995年版。

《邓小平文选》（第二卷），人民出版社1994年版。

《邓小平文选》（第三卷），人民出版社1993年版。

习近平：《高举中国特色社会主义伟大旗帜　为全面建设社会主义现代化国家而团结奋斗：在中国共产党第二十次全国代表大会上的报告》，人民出版社2022年版。

习近平：《论"三农工作"》，中央文献出版社2022年版。

《建国以来重要文献选编》（第十二册），中央文献出版社1996年版。

《十八大以来重要文献选编》（上），中央文献出版社2014年版。

《中共中央国务院关于"三农"工作的一号文件汇编：1982~2014》，人民出版社2014年版。

陈向明：《质的研究方法与社会科学研究》，教育科学出版社2000年版。

杜智敏编著：《抽样调查与SPSS应用》，电子工业出版社2010年版。

贺雪峰：《城市化的中国道路》，东方出版社2014年版。

雷晓云：《中国高等教育制度变迁及文化透视》，华中科技大学出版社 2007 年版。

李洪涛主编：《乡村振兴国际经验比较与启示》，中国农业出版社 2019 年版。

李振宇：《"省级统筹"视角下义务教育均衡发展及推进机制研究》，人民出版社 2020 年版。

马庆国编著：《管理统计学：数据获取、统计原理、SPSS 软件工具与应用研究》，科学出版社 2002 年版。

王成军：《官产学三重螺旋研究》，社会科学文献出版社 2005 年版。

吴明隆：《结构方程模型：AMOS 的操作与应用》，重庆大学出版社 2010 年版。

袁贵仁主编：《百年大计 教育为本：党的十六大以来教育事业改革发展回顾（2002~2012）》，人民出版社 2012 年版。

［美］亨利·埃茨科维兹：《三螺旋创新模式：亨利·埃茨科维兹文选》，陈劲译，清华大学出版社 2016 年版。

［美］亨利·埃茨科威兹：《三螺旋：一种新的创新模式》，周春彦译，东方出版社 2005 年版。

（二）期刊

安雪慧、丁维莉：《"特岗教师计划"政策效果分析》，《中国教育学刊》2014 年第 11 期。

蔡真亮、陈民伟、吕慈仙：《高校延伸至县域办学的现象分析——基于"推拉理论"的视角》，《中国高教研究》2017 年第 10 期。

曹斌：《乡村振兴的日本实践：背景、措施与启示》，《中国农村经济》2018 年第 8 期。

曹斌：《小农生产的出路：日本推动现代农业发展的经验与启示》，《农村经济》2017 年第 12 期。

曹妍、张瑞娟、徐国兴：《补偿还是选拔？"高校专项计划"政策落实的效果分析》，《江苏高教》2019 年第 5 期。

陈柏峰：《农村宅基地限制交易的正当性》，《中国土地科学》2007

年第 4 期。

陈丹、张越：《乡村振兴战略下城乡融合的逻辑、关键与路径》，《宏观经济管理》2019 年第 1 期。

陈浩、董颖：《略论"政产学"协同培养人才的机制和模式》，《高等工程教育研究》2014 年第 3 期。

陈红喜：《基于三螺旋理论的政产学研合作模式与机制研究》，《科技进步与对策》2009 年第 24 期。

陈俐、陈巍、姜凡桂、张洛、蒋大华、胡燕：《新农村发展研究院建设现状与对策》，《中国农业教育》2014 年第 5 期。

陈诗波、李伟：《高校新农村研究院：科技支撑乡村振兴的有效载体》，《中国农业资源与区划》2018 年第 8 期。

陈延良、李德丽：《三螺旋理论视角下的政产学协同育人实践与模式构建》，《黑龙江高教研究》2018 年第 8 期。

程华东、陈宇施：《农业大学助力乡村振兴战略实施模式与路径分析——以华中农业大学为例》，《华中农业大学学报》（社会科学版）2019 年第 4 期。

程术希：《乡村振兴战略背景下浙江大学新农村发展研究院支撑"一流"涉农学科建设的实践途径》，《农学学报》2019 年第 7 期。

褚宏启：《城镇化进程中的教育变革——新型城镇化需要什么样的教育改革》，《教育研究》2015 年第 11 期。

崔国富：《以地方高校结构性改革助推乡村振兴战略实施》，《教书育人：高教论坛》2019 年第 3 期。

崔盛、吴秋翔：《重点高校招收农村学生专项计划的实施成效与政策建议》，《教育发展研究》2018 年第 3 期。

丁翠翠、杨凤娟、郭庆然、陈政：《新型工业化、新型城镇化与乡村振兴水平耦合协调发展研究》，《统计与决策》2020 年第 2 期。

董浩、周树人、鄢献革：《改革高校招生、培养模式积极为农村培养人才》，《黑龙江高教研究》1992 年第 4 期。

方卫华：《创新研究的三螺旋模型：概念、结构和公共政策含义》，《自然辩证法研究》2003年第11期。

冯丹萌、孙鸣凤：《国际视角下协调推进新型城镇化与乡村振兴的思考》，《城市发展研究》2020年第8期。

佛朝晖、陈波、张平弟：《职业教育主动服务乡村振兴战略的政策分析》，《中国职业技术教育》2019年第15期。

付卫东、范先佐：《〈乡村教师支持计划〉实施的成效、问题及对策——基于中西部6省12县（区）120余所农村中小学的调查》，《华中师范大学学报》（人文社会科学版）2018年第1期。

葛林芳、吴云勇：《高等农业教育在乡村振兴中的功能及战略思考》，《中国农业教育》2019年第3期。

韩道铉、田杨：《韩国新村运动带动乡村振兴及经验启示》，《南京农业大学学报》（社会科学版）2019年第4期。

韩利红：《乡村振兴内生动力与本土人才生成的逻辑关系》，《理论视野》2023年第3期。

韩嵩、张宝歌：《地方高校服务乡村振兴战略：三个重要向度》，《河北农业大学学报》（社会科学版）2019年第2期。

何爱霞、孙纪磊：《继续教育阻断农村贫困代际传递的作用机理及发展路径》，《现代远程教育研究》2021年第3期。

何妍妍：《地方高校服务乡村"五个振兴"战略的现状与路径》，《长春师范大学学报》2020年第1期。

贺丹：《新时代乡村人口流动规律与社会治理的路径选择》，《国家行政学院学报》2018年第3期。

洪杨、郭瑞、迎李、玉栋、周倩、郑妍：《乡村教师专业能力提升的优化路径与经验——基于"马云乡村教师计划"的调查研究》，《当代教师教育》2020年第1期。

胡汉辉、申杰：《全国统一大市场建设如何赋能乡村振兴》，《华南农业大学学报》（社会科学版）2023年第1期。

胡月、田志宏：《如何实现乡村的振兴？——基于美国乡村发展政策演变的经验借鉴》，《中国农村经济》2019年第3期。

胡正明：《高职院校社会服务"三螺旋"模式研究》，《教育发展研究》2017年第11期。

黄承伟：《中国式现代化的乡村振兴道路》，《行政管理改革》2022年第12期。

黄瑶、王铭：《"三螺旋"到"四螺旋"：知识生产模式的动力机制演变》，《教育发展研究》2018年第1期。

黄祖辉：《实施乡村振兴战略须厘清四个关系》，《农民科技培训》2018年第10期。

黄祖辉：《准确把握中国乡村振兴战略》，《中国农村经济》2018年第4期。

黄祖辉、胡伟斌：《中国农民工的演变轨迹与发展前瞻》，《学术月刊》2019年第3期。

黄祖辉、钱泽森：《做好巩固拓展脱贫攻坚成果同乡村振兴有效衔接》，《南京农业大学学报》（社会科学版）2021年第6期。

姜李丹、何海燕、李芳、李宏宽：《耦合作用下我国产学研创新系统涌现效应研究》，《科技进步与对策》2016年第14期。

姜璐、李玉清、董维春：《我国高等教育结构与产业结构的互动与共变研究——基于系统耦合关系的视角》，《教育科学》2018年第3期。

姜昕：《高校远程教育要为新农村建设服务》，《管理观察》2008年第10期。

蒋成飞、朱德全、王凯：《生态振兴：职业教育服务乡村振兴的生态和谐"5G"共生模式》，《民族教育研究》2020年第3期。

蒋红霞、熊威：《乡村振兴背景下高校扶贫的使命与行动》，《教育文化论坛》2019年第6期。

金志峰、庞丽娟、杨小敏：《乡村振兴战略背景下城乡义务教育学校布局——现实问题与路径思考》,《北京师范大学学报》(社会科学版) 2019 年第 5 期。

康健、胡祖光:《基于区域产业互动的三螺旋协同创新能力评价研究》,《科研管理》2014 年第 5 期。

康永征、薛珂凝:《从乡村振兴战略看农村现代化与新型城镇化的关系》,《山东农业大学学报》(社会科学版) 2018 年第 1 期。

匡维:《"三螺旋"理论下的高等职业技术教育校企合作》,《高教探索》2010 年第 1 期。

乐传永:《教育在新时代乡村振兴战略的实施中大有作为——〈新型农民教育培训的现状调查与理论思考〉评介》,《宁波大学学报》(教育科学版) 2019 年第 3 期。

雷洪、赵晓歌:《"城归"现象:主体特征、形成机理与生成逻辑》,《河南师范大学学报》(哲学社会科学版) 2017 年第 4 期。

李超民:《城乡对立:制度根源、矛盾化解与农村发展立法——以美国为例》,《农业经济问题》2008 年第 6 期。

李福华:《治理现代化视野中高校职能部门的管理决策》,《高等教育研究》2021 年第 11 期。

李海金、焦方杨:《乡村人才振兴:人力资本、城乡融合与农民主体性的三维分析》,《南京农业大学学报》(社会科学版) 2021 年第 6 期。

李华忠、杨桓:《当前"大学生村官"的实践成效及政策建议》,《社会主义研究》2009 年第 5 期。

李丽莉、俞剑、张忠根:《中国农村人力资本投资:政策回顾与展望——基于中央"一号文件"的内容分析》,《浙江大学学报》(人文社会科学版) 2021 年第 1 期。

李强:《影响中国城乡流动人口的推力与拉力因素分析》,《中国社会科学》2003 年第 1 期。

李水山:《韩国新村运动的背景、社会特征及其启示》,《职业技术教育》2007 年第 1 期。

李小玺、权琨：《论三螺旋理论视域下高等教育运行机制的建构》，《中国成人教育》2017 年第 20 期。

李效宁：《高校毕业生通向农村的意义及途径》，《中国高教研究》1992 年第 4 期。

李兴洲：《公平正义：教育扶贫的价值追求》，《教育研究》2017 年第 3 期。

李兴洲、赵陶然：《职业教育促进乡村振兴之比较优势探析》，《职教通讯》2019 年第 5 期。

李悦、王振伟：《高职学生创新创业助推乡村振兴的实现机制探索》，《教育与职业》2019 年第 6 期。

李振宇、李涛：《财政分权视角下地方政府高等教育投入的竞争效应分析》，《中国高教研究》2022 年第 3 期。

李周：《乡村振兴战略的主要含义、实施策略和预期变化》，《求索》2018 年第 2 期。

梁成艾：《地方高校教育政策的价值意蕴及创新诉求——基于乡村振兴战略之视角》，《贵州社会科学》2019 年第 4 期。

梁栋、吴存玉：《论乡村振兴的精准推进——基于农民工返乡创业与乡村振兴的内在逻辑与机制构建》，《青海社会科学》2019 年第 2 期。

梁树德：《参加农村社教是培养高校青年教师的有效途径》，《中国高等教育》1992 年第 4 期。

廖小平、李志强：《林业高校发挥学科优势助力脱贫攻坚的实践与思考——以中南林业科技大学为例》，《中国农业教育》2019 年第 4 期。

刘海峰、郑若玲：《自学考试是中国高等教育大众化的重要途径》，《高等教育研究》1999 年第 5 期。

刘合光：《激活参与主体积极性，大力实施乡村振兴战略》，《农业经济问题》2018 年第 1 期。

刘录护、扈中平：《个人教育获得：学校取代抑或延续了家庭的影响——两种理论视野的比较》,《华南师范大学学报》(社会科学版) 2012 年第 1 期。

刘婷:《地方高职院校乡村振兴带头人培养实践研究——以咸宁职业技术学院"一村多名大学生"为例》,《湖北科技学院学报》2020 年第 4 期。

刘晓燕、赵楷:《数字经济对乡村振兴高质量发展推动作用研究》,《农业经济》2023 年第 1 期。

刘耀彬、李仁东、宋学锋:《中国城市化与生态环境耦合度分析》,《自然资源学报》2005 年第 1 期。

刘玉侠、任丹丹:《返乡创业农民工政策获得的影响因素分析——基于浙江的实证》,《浙江社会科学》2019 年第 11 期。

刘祖云、姜姝:《"城归":乡村振兴中"人的回归"》,《农业经济问题》2019 年第 2 期。

刘祖云、王丹:《"乡村振兴"战略落地的技术支持》,《南京农业大学学报》(社会科学版) 2018 年第 4 期。

卢建强:《广播电视大学伸向农村乡镇势在必行》,《北京成人教育》1988 年第 3 期。

芦千文、姜长云:《乡村振兴的他山之石:美国农业农村政策的演变历程和趋势》,《农村经济》2018 年第 9 期。

鲁银梭:《乡村振兴背景下高等农林院校的经管人才培养》,《高教学刊》2019 年第 18 期。

罗康智、郑茂刚:《论乡村振兴主体的缺失与回归》,《原生态民族文化学刊》2018 年第 4 期。

罗晓林:《乡村振兴战略下大学生返乡创业的困境及对策》,《淮海工学院学报》(人文社会科学版) 2019 年第 6 期。

马红亮、王琳、赵梅、王惠欣:《马云乡村教育人才计划的实施路径及质量评估框架》,《当代教师教育》2020 年第 1 期。

马华、马池春:《乡村振兴战略与国家治理能力现代化的耦合机理》，《江苏行政学院学报》2018 年第 6 期。

马建富、陈春霞：《补齐乡村振兴短板：职业教育和培训精准扶贫的价值追求与推进策略》，《职业技术教育》2019 年第 21 期。

马静：《乡村振兴背景下乡村中小学校长教学领导力研究》，《兵团教育学院学报》2019 年第 5 期。

马莉萍、刘彦林：《高校毕业生基层就业：从中央政策到地方政策》，《北京大学教育评论》2015 年第 2 期。

马彦涛：《谁来担负乡村振兴的重任》，《人民论坛》2018 年第 12 期。

闵琴琴：《农村高等教育扶贫：缘起、困境和突围》，《高等教育研究》2018 年第 5 期。

南海：《论"职教系的'九大属性'"》，《职教论坛》2004 年第 13 期。

潘东华、尹大为：《三螺旋接口组织与创新机制》，《科研管理》2009 年第 1 期。

钱德洲、刘祖云：《从"嵌入"到"融合"：大学生村官制度的弱化与优化》，《江苏社会科学》2018 年第 4 期。

施九铭：《总结经验，坚持改革，稳步前进——整理"百村调查"材料的笔记摘要》，《农业经济丛刊》1982 年第 4 期。

石连海、田晓苗：《我国乡村教师队伍建设政策的发展与创新》，《教育研究》2018 年第 9 期。

石秋香、刘璐、杨倩茜：《乡村振兴战略下农村中小学教育师资均衡化发展对策》，《办公自动化》2019 年第 18 期。

司金贵、罗欣、李明：《牢记强农兴农使命 服务乡村振兴战略——山东农业大学多措并举打出研究生培养"组合拳"》，《山东教育》（高教）2019 年第 12 期。

宋欢：《乡村振兴战略背景下大学生返乡创业研究》，《教育与职业》2019 年第 22 期。

孙丽文、杜娟：《基于推拉理论的生态产业链形成机制研究》，《科技管理研究》2016 年第 16 期。

孙雪晴：《乡村振兴战略背景下教育精准扶贫的内涵、价值及实施路径》，《教学与管理》2019年第22期。

孙月华、李志奎、王洪涛：《推进校企融合办学 提高人才培养质量——以山东畜牧兽医职业学院为例》，《当代教育实践与教学研究》2015年第1期。

孙云霞：《新时代中国特色乡村振兴战略分析》，《南方农业》2018年第30期。

覃兵、何维英、胡蓉：《基于乡村振兴战略的农村职业教育问题审视与路径构建》，《成人教育》2019年第8期。

万信、龙迎伟：《论乡村振兴战略的基本内涵、价值及实现理路》，《江苏农业科学》2018年第17期。

汪锦军、王凤杰：《激发乡村振兴的内生动力：基于城乡多元互动的分析》，《浙江社会科学》2019年第11期。

王金辉：《"三螺旋"理论下高职院校政校企合作的运行机制建构》，《职业技术教育》2014年第14期。

王娟娟、史锦梅：《基于推拉理论构建欠发达地区承接产业转移的动力系统模型》，《经济研究参考》2013年第47期。

王磊：《职业教育对经济增长贡献研究——基于省际面板数据的实证研究》，《中央财经大学学报》2011年第8期。

王晓毅、梁昕、杨蓉蓉：《从脱贫攻坚到乡村振兴：内生动力的视角》，《学习与探索》2023年第1期。

王亚华：《推进乡村振兴与建设农业强国》，《求索》2023年第1期。

王志远、朱德全：《职业教育高质量服务乡村振兴的逻辑证成与发展路向》，《西南民族大学学报》（人文社会科学版）2023年第2期。

王智超、杨颖秀：《地方免费师范生：政策分析及现状调查》，《教育研究》2018年第5期。

魏后凯：《论中国城市转型战略》，《城市与区域规划研究》2017年第2期。

温忠麟、侯杰泰、张雷：《调节效应与中介效应的比较和应用》，《心理学报》2005年第2期。

吴理财、解胜利：《文化治理视角下的乡村文化振兴：价值耦合与体系建构》，《华中农业大学学报》（社会科学版）2019年第1期。

吴卫红、陈高翔、张爱美：《"政产学研用资"多元主体协同创新三三螺旋模式及机理》，《中国科技论坛》2018年第5期。

吴晓燕、赵普兵：《回归与重塑：乡村振兴中的乡贤参与》，《理论探讨》2019年第4期。

吴玉鸣、柏玲：《广西城市化与环境系统的耦合协调测度与互动分析》，《地理科学》2011年第12期。

解涛、杜建国、许玲燕：《高校服务乡村振兴的知识溢出绩效影响因素研究》，《科学学研究》2019年第11期。

向德平、华汛子：《意蕴与取向：社会政策视角下的乡村振兴战略》，《吉林大学社会科学学报》2019年第4期。

肖国华、杨云秀、王江琦：《四螺旋参与度对技术转移及其效率的影响研究》，《科技进步与对策》2016年第4期。

肖周燕：《人口迁移势能转化的理论假说——对人口迁移推—拉理论的重释》，《人口与经济》2010年第6期。

谢地、李梓旗：《城镇化与乡村振兴并行背景下的城乡人口流动：理论、矛盾与出路》，《经济体制改革》2020年第3期。

谢君君：《教育扶贫研究述评》，《复旦教育论坛》2012年第3期。

徐莉：《地方高校服务乡村教育振兴模式及其路径探索》，《宁波大学学报》（教育科学版）2022年第3期。

徐小容、李炯光、苟淋：《产业振兴：职业教育与乡村产业的融合机理及旨归》，《民族教育研究》2020年第3期。

徐育才：《农村劳动力转移：从"推拉模型"到"三力模型"的设想》，《学术研究》2006年第5期。

许竹青、刘冬梅、王伟楠：《公益性还是市场化：高等学校新农村发展研究院建设的现状、问题及建议》,《中国科技论坛》2016 年第 2 期。

闫广芬、田蕊:《"情"与"理"的交融:大学生返乡发展的源动力——基于 X 省 J 市基层调研的质性研究》,《国家教育行政学院学报》2019 年第 12 期。

闫广芬、张磊:《高校专业结构地区治理需跨越"低水平发展陷阱"——基于专业设置与经济结构的耦合分析》,《教育发展研究》2016 年第 21 期。

杨江华:《我国高等教育入学机会的区域差异及其变迁》,《高等教育研究》2014 年第 12 期。

杨顺光:《职业教育助力乡村振兴的逻辑起点、关键任务与行动策略》,《教育发展研究》2022 年第 1 期。

杨晓军、宁国良:《县域经济:乡村振兴战略的重要支撑》,《中共中央党校学报》2018 年第 6 期。

杨勇、康欢:《五维合一:职业教育助力乡村振兴的价值坐标》,《中国职业技术教育》2021 年第 3 期。

于爱水、李江涛、汪大海:《习近平乡村振兴战略观的基本内涵、理论贡献与实践路径》,《学术探索》2023 年第 4 期。

于东超:《高等教育助力乡村振兴的时代诠释》,《中国高等教育》2021 年第 22 期。

余应鸿:《乡村振兴背景下教育精准扶贫面临的问题及其治理》,《探索》2018 年第 3 期。

俞淼:《乡村振兴和新型城镇化深度融合:机理与进路》,《理论导刊》2023 年第 2 期。

曾欢、朱德全:《新时代民族地区职业教育服务乡村人才振兴的逻辑向度》,《民族教育研究》2021 年第 1 期。

曾伟、胡向东、吴大明:《高等教育自学考试产生的回顾与思考》,《高等教育研究》1999 年第 2 期。

詹国辉、张新文：《乡村振兴下传统村落的共生性发展研究——基于江苏 S 县的分析》，《求实》2017 年第 11 期。

张琛、孔祥智：《乡村振兴与新型城镇化的深度融合思考》，《理论探索》2021 年第 1 期。

张桂文、孙亚南：《人力资本与产业结构演进耦合关系的实证研究》，《中国人口科学》2014 年第 6 期。

张海鹏、郜亮亮、闫坤：《乡村振兴战略思想的理论渊源、主要创新和实现路径》，《中国农村经济》2018 年第 11 期。

张晖：《乡村振兴战略的政治经济学阐释》，《求索》2020 年第 1 期。

张季风：《乡村振兴视阈下的城乡融合发展：日本的实践与启示》，《中国农村经济》2022 年第 12 期。

张强、张怀超、刘占芳：《乡村振兴：从衰落走向复兴的战略选择》，《经济与管理》2018 年第 1 期。

张社梅、张敏、蒋远胜：《高校新农村发展研究院绩效评价实证研究》，《高等农业教育》2015 年第 8 期。

张万朋、张瑛：《乡村振兴背景下教育"扶智扶志"长效机制的构建》，《苏州大学学报》（教育科学版）2023 年第 1 期。

张秀萍、黄晓颖：《三螺旋理论：传统"产学研"理论的创新范式》，《大连理工大学学报》（社会科学版）2013 年第 4 期。

张秀萍、卢小君、黄晓颖：《基于三螺旋理论的区域协同创新网络结构分析》，《中国科技论坛》2016 年第 11 期。

赵光勇：《乡村振兴要激活乡村社会的内生资源——"米提斯"知识与认识论的视角》，《浙江社会科学》2018 年第 5 期。

赵小敏、蔡海生：《新中国成立 70 周年以来地方农业高校服务农村人才振兴的实践与探索——以江西农业大学为例》，《中国农业教育》2019 年第 4 期。

赵秀玲：《乡村振兴下的人才发展战略构想》，《江汉论坛》2018 年第 4 期。

郑宝东、周阿容、曾绍校、郭泽镔：《涉农高校服务乡村振兴战略的思考》，《中国高校科技》2018年第12期。

钟楚原、李华胤：《青年人才何以助力乡村振兴——基于"嵌入性—公共性"框架的分析》，《南京农业大学学报》（社会科学版）2023年第1期。

周春彦、李海波、李星洲、高晓瑾：《国内外三螺旋研究的理论前沿与实践探索》，《科学与管理》2011年第4期。

周晔、徐好好：《乡村教师在乡村振兴中的应为与可为》，《苏州大学学报》（教育科学版）2022年第1期。

周永平、杨和平、杨鸿：《文化振兴：职业教育融合赋能机制构建》，《民族教育研究》2020年第3期。

朱成晨、闫广芬：《精神与逻辑：职业教育的技术理性与跨界思维》，《教育研究》2020年第7期。

朱德全：《乡村"五大振兴"与职业教育融合发展》，《民族教育研究》2020年第3期。

朱德全、杨磊：《职业教育服务乡村振兴的贡献测度——基于柯布—道格拉斯生产函数的测算分析》，《教育研究》2021年第6期。

朱冬亮、洪利华：《"寡头"还是"乡贤"：返乡精英村治参与反思》，《厦门大学学报》（哲学社会科学版）2020年第3期。

朱迎春、王大鹏：《高等教育对区域经济增长贡献——基于省际面板数据的实证研究》，《软科学》2010年第2期。

朱正奎：《高校教师职称评审的制度缺陷及其纠偏》，《江苏高教》2019年第11期。

卓玛草：《新时代乡村振兴与新型城镇化融合发展的理论依据与实现路径》，《经济学家》2019年第1期。

邹波、郭峰、王晓红、张巍：《三螺旋协同创新的机制与路径》，《自然辩证法研究》2013年第7期。

（三）学位论文

段从宇：《资源视角的高等教育区域协调发展研究》，博士学位论文，大连理工大学，2015年。

范明：《江苏省高等教育与经济协调发展研究》，博士学位论文，河海大学，2003年。

李萍：《高等教育与区域经济互动发展研究》，博士学位论文，西北大学，2006年。

刘博：《教育公平视域下〈乡村教师支持计划〉实施现状——以河南省泌阳县与商水县为例》，硕士学位论文，华中师范大学，2018年。

刘晋强：《推—拉理论在中国乡—城劳动力转移中的应用与启示》，硕士学位论文，山西财经大学，2015年。

刘娟：《新农村建设背景下大学生村官问题研究》，硕士学位论文，天津大学，2010年。

任江林：《大学生"三下乡"的问题与对策研究》，硕士学位论文，西南大学，2008年。

史沙沙：《地方高校服务乡村振兴的问题与对策研究——以地方高校X大学为例》，硕士学位论文，渤海大学，2020年。

田丽：《乡村振兴战略背景下高职院校培育新型职业农民路径研究》，硕士学位论文，山东师范大学，2020年。

王小婷：《高校对区域经济增长综合贡献的量化研究》，博士学位论文，苏州大学，2017年。

王宇飞：《高等教育与区域经济发展关系的实证研究——以河北省为例》，硕士学位论文，河北工业大学，2010年。

张瑞娟：《我国高校专项计划的招生政策研究——基于补偿性公平的视角》，硕士学位论文，华东师范大学，2018年。

张少栋：《基于乡村振兴的大学生村官工作满意度及提升策略研究——以福建省为例》，硕士学位论文，福建农林大学，2018年。

（四）报纸、网络文献

蔡昉：《乡村振兴战略与新型城镇》，https://www.sohu.com/a/252177013_99951786，2018-09-05。

陈至立：《自考成为普通高校一项重要任务》，《中国教育报》1998年8月24日。

程姝雯：《农业农村部部长韩长赋："没有人乡村振兴就是一句空话！"》，《南方都市报》2018年4月9日。

杜玉波：《巩固教育脱贫攻坚成果要与乡村振兴有效衔接》，《中国教育报》2021年3月2日。

方梦宇：《安徽农大每年8000多人次专家奔走在脱贫攻坚一线，打造100多个特色产业——"哪里有贫困，哪里就是主战场"》，《中国教育报》2020年7月3日。

丰捷：《"两基"攻坚：为西部赢得未来》，《光明日报》2007年11月29日。

黄祖辉、蒋文龙：《多元主体助力乡村振兴》，《光明日报》2023年2月13日。

教育部高教司：《农林高校在新农村建设中的智慧与作为》，《中国教育报》2008年3月17日。

鲁磊：《电子科技大学携手校友企业打造"e帮扶"电商平台——"电子信息+"畅通精准扶贫高速路》，《中国教育报》2020年6月27日。

《农林高校在新农村建设中的智慧与作为》，《中国教育报》2008年3月17日。

吕慈仙、孙百才、李政：《助推乡村振兴，高校如何持续发力》，《中国教育报》2021年6月28日。

彭飞：《人民论坛：把论文写在祖国大地上》，《人民日报》2019年5月31日。

苏令、黄兴园、余闯、程墨：《湖北巧破乡村学校师资困局》，《中国教育报》2016年7月11日。

薛二勇、国秀平：《教育扶贫须打通"最后一公里"》，《中国教育报》2018年3月30日。

叶雨婷、邱晨辉：《穿越40年的青春回答"从我做起，从现在做起"》，《中国青年报》2019年12月6日。

臧智强、娄晓静：《山东畜牧兽医职业学院　高质量发展农牧职业教育为乡村振兴赋能增效》，《大众日报》2021年7月28日。

赵婀娜、吴月：《创造更为公平的受教育机会》，《人民日报》2021年3月2日。

邹晓青：《在乡村振兴战略中贡献地方高校智慧》，《贵州日报》2021年6月23日。

二　外文文献

Bencheva, N., Stoeva, T., Terziev, V., Tepavicharova, M. & Arabska, E., "The Role of Social Entrepreneurship for Rural Development", *Agricultural Sciences*, Vol. 21, No. 9, 2017, 89–99.

Boardman, P. C., "Government Centrality to University-Industry Interactions: University Research Centers and The Industry Involvement of Academic Researchers", *Research Policy*, Vol. 38, No. 10, 2009, 1505–1516.

Booyens, I., "Are Small, Medium and Micro-Sized Enterprises Engines of Innovation? The Reality in South Africa", *Science and Public Policy*, Vol. 38, No. 1, 2011, 67–78.

Braczyk, H., Cooke, P. & Heidenreich, M., eds., *Regional Innovation Systems*, London: Routledge, 2004.

Carlsson, B., Jacobsson, S., Holmén, M., Rickne A., "Innovation Systems: Analytical and Methodological Issues", *Research Policy*, Vol. 31, No. 2, 2002, 233–245.

Donovan, J., Blare, T., Poole, N., "Stuck in A Rut: Emerging Co-

coa Cooperatives in Peru and the Factors That Influence Their Performance", *International Journal of Agricultural Sustainability*, Vol. 15, No. 2, 2017, 169 – 184.

Etzkowitz, H. & Leydesdorff, L. , "The Endless Transition: A Triple Helix of University-Industry-Government Relations", *Minerva*, No. 36, 1998, 203 – 208.

Etzkowitz, H. , "Academic-industry Relations: a Sociological Paradigm for Economic Development", *Evolutionary Economics and Chaos Theory: New Directions in Technology Studies*, 1994, 139 – 151.

Etzkowitz, H. , "A Triple Helix of Academic-Industry-Government Relations: Development Models Beyond 'Capitalism versus Socialism'", *Current Science*, Vol. 70, No. 8, 1996, 690 – 693.

Etzkowitz, H. , "Entrepreneurial Scientists and Entrepreneurial Universities in American Academic Science", *Minerva*, Vol. 21, No. 2, 1983, 198 – 233.

Etzkowitz, H. , "Innovation in Innovation: The Triple Helix of University-Industry-Government Relations", *Social Science Information*, Vol. 42, No. 3, 2003, 293 – 337.

Etzkowitz, H. & Leydesdorff, L. , "A Triple Helix of Academic – Industry – Government Relations: Development Models Beyond Capitalism Versus Socialism", *Current Science*, 1996 (70): 690 – 693.

Etzkowitz, H. , Mello, J. & Almeida, M. , "Towards Meta-Innovation in Brazil: The Evolution of the Incubator and the Emergence of a Triple Helix", *Research Policy*, Vol. 34, No. 4, 2005, 411 – 424.

Ford, C. M. , O'Neal, T. , Sullivan, D. M. , "Promoting Regional Entrepreneurship through University, Government, and Industry Alliances: Initiatives from Florida's High Tech Corridor", *Journal of Small Business and Entrepreneurship*, Vol. 23, No. 1, 2010, 691 – 708.

Furman, J. L. & MacGarvie, M., "Academic Collaboration and Organizational Innovation: The Development of Research Capabilities in the US Pharmaceutical Industry, 1927 – 1946", *Industrial and Corporate Change*, Vol. 18, No. 5, 2009, 929 – 961.

Hekkert, M., Suurs, R. A. A., Negro, S., Kuhlmann S. & Smits R., "Functions of Innovation Systems: A New Approach for Analyzing Technological Change", *Technological Forecasting and Social Change*, Vol. 74, No. 4, 2008, 413 – 432.

Karen, S., Frances, R. & Venda, P., "Creating the Good Life? A WellBeing Perspective on Cultural Value in Rural Development", *Journal of Rural Studies*, Vol. 59, No. 4, 2018, 173 – 182.

Kruss, G., "Balancing Old and New Organisational Forms: Changing Dynamics of Government, Industry and University Interaction in South Africa", *Technology Analysis & Strategic Management*, Vol. 20, No. 6, 2008, 667 – 682.

Lane, S. M., "Macroscope: Should Universities Imitate Industry?" *American Scientist*, Vol. 84, No. 6, 1996, 520 – 521.

Leydesdorff, L., *Evolutionary Economics and Chaos Theory: New Directions in Technology Studies*, London: Pinter, 1994, 180 – 192.

Leydesdorff, L., "The Triple Helix—University-Industry Government Relations: A Laboratory for Knowledge – Based Economic Development", *Social Science Electronic Publishing*, Vol. 14, No. 1, 1995, 14 – 19.

Leydesdorff, L., Zeng, G., "University-Industry Government Relations in China: An Emergent National System of Innovation", *Industry and Higher Education*, Vol. 15, No. 3, 2001, 179 – 182.

Leydesdorff, L., Zeng Guoping, University – Industry – Government Relations in China, *Industry and Higher Education*, 2001, 15 (3): 179 – 182.

Loveridge, S., Albrecht, D., Velbora, R. & Goetz, S., "Opportunities for Rural Development in Cooperative Extension's Second Century", *Choices*, Vol. 29, No. 1, 2014, 1126 – 1165.

Marques, J. P. C., Caraça, J. M. G. & Diz, H., "How Can University-Industry-Government Interactions Change The Innovation Scenario in Portugal? —the case of the University of Coimbra", *Technovation*, Vol. 26, No. 4, 2006, 534 – 542.

Meissner, D., Cervantes, M. & Kratzer, J., "Enhancing University-Industry Linkages Potentials and Limitations of Government Policies", *International Journal of Technology Management*, Vol. 78, No. 1 – 2, 2018, 147 – 162.

Mello, J. M. C. & Alves Rocha, F. C., "Networking for Regional Innovation and Economic Growth: The Brazilian Petropolis Technopole", *International Journal of Technology Management*, Vol. 27, No. 5, 2004, 488 – 497.

Perkmann, M., Tartari, V. & Mc Kelvey, M., et al., "Academic Engagement and Commercialization: A Review of the Literature on University-Industry Relations", *Research Policy*, Vol. 42, No. 2, 2013, 423 – 442.

Ranga, M. & Etzkowitz, H., "Triple Helix Systems: An Analytical Framework for Innovation Policy and Practice in the Knowledge Society", *Industry and Higher Education*, Vol. 27, No. 3, 2013, 237 – 262.

Saenz, T. W., "The Path to Innovation: The Cuban Experience", *International Journal of Technology Management and Sustainable Development*, Vol. 7, No. 3, 2008, 205 – 221.

Schofield, T., "Critical Success Factors for Knowledge Transfer Collaborations Between University and Industry", *Journal of Research Administration*, Vol. 44, No. 2, 2013, 38 – 56.

Shortall, S., Alston, M., "To Rural Proof or Not to Rural Proof: A Comparative Analysis", *Politics & Policy*, Vol. 44, No. 1, 2016, 35 –55.

Svensson, P. , Klofsten, M. & Etzkowitz, H. , "The Norrkoping Way: A Knowledge-based Strategy for Renewing a Declining Industrial City", *European Planning Studies*, Vol. 20, No. 4, 2012, 505 –525.

Swith, H. L. & Bagchi-Sen, S. , "Triple Helix and Regional Development: A Perspective from Oxford Shire in the UK", *Technology Analysis and Strategic Management*, Vol. 22, No. 7, 2010, 805 –818.

Wang, J. & Shapira, P. , "Partnering with Universities: A Good Choice for Nanotechnology Start-up Firms?" *Small Business Economics*, Vol. 38, No. 2, 2012, 197 –215.

后　记

　　中国实现共同富裕最艰巨最繁重的任务仍然在农村。笔者出生于浙江省温州市和台州市交界处的一个偏僻小山村，目睹了农村逐渐出现孤寂和凋敝的现象。因此，也非常希望国家、省、市各级政府和社会组织通过乡村振兴战略改变农村现状。在本书成稿过程中，全国人民代表大会常务委员会颁布了《中华人民共和国乡村振兴促进法》，提出国家健全乡村人才工作体制机制，采取措施鼓励和支持社会各方面提供教育培训、技术支持、创业指导等服务，培养本土人才，引导城市人才下乡，推动专业人才服务乡村，促进农业农村人才队伍建设。县级以上人民政府及其教育行政部门应当指导、支持高等学校、职业学校设置涉农相关专业，加大农村专业人才培养力度，鼓励高等学校、职业学校毕业生到农村就业创业。2021年和2022年的中央一号文件均提出支持高校为乡村振兴提供智力服务，优化高校学科专业结构，实施高素质农民和乡村产业振兴带头人的培育计划，培养有文化、懂技术、善经营、会管理的高素质农民和农村实用人才、创新创业带头人。

　　国内外大量研究表明，人才振兴和智力支持是乡村振兴得以实现的关键因素。党的十八大以来，教育部直属高校全面投入"脱贫攻坚战"，走出了一条特色鲜明、成效显著的高校服务乡村道路。本书研究发现各地高校能积极面对本区域乡村振兴的时代需求，主动将服务乡村振兴纳入学校事业部署，寻求两者之间的连接点、共振区，优化学科布局和专业结构，设立乡村振兴"研究院""学院""实践基地"等组织机构，以调动广大师生的积极性，为乡村产业、生态文明、基层治理、乡村教育等提供人才支撑和智力服务。本书认为地方高校乡村振兴研究院（学院、实践基地）正是在"高校、产业和政府"三螺旋体系中诞生的创新型、交叉性的"混合组织"。希望本书的出版，能够为各地方政府、高校进一步完善乡村振兴相关政策提供理论指导和实践借鉴。

同时，以此书怀念我亲爱的父亲吕孟来。一个憨厚、淳朴且刚毅、勤奋的老农民，凭一己之力带领全家从"新坑崀"到"马路湾"完成长途迁徙，为子女操劳了一辈子。我要感谢我的夫人和可爱的儿子，给了我无限的精神力量。感谢研究团队的小伙伴刘恩贤、王鲁刚、陈民伟、李政、姚奇富、张宝歌、单正义、杜运潮、周爱华等，一起解决研究过程中的种种困难。

吕慈仙
2024 年 5 月 10 日